PLOTIN

ENNÉADES

II

COLLECTION DES UNIVERSITÉS DE FRANCE
publiée sous le patronage de l'ASSOCIATION GUILLAUME BUDÉ

PLOTIN

ENNÉADES

TOME II

TEXTE ÉTABLI ET TRADUIT

PAR

ÉMILE BRÉHIER

Huitième tirage

PARIS

LES BELLES LETTRES

2023

Conformément aux statuts de l'Association Guillaume Budé, ce volume a été soumis à l'approbation de la commission technique, qui a chargé M. Aimé Puech d'en faire la révision et d'en surveiller la correction en collaboration avec M. Émile Bréhier.

95 boulevard Raspail, 75006 Paris
www.lesbelleslettres.com

Premier tirage 1924

ISBN : 978-2-251-00242-2
ISSN : 0184-7155

DEUXIÈME ENNÉADE

NOTICE

Le dogme de l'incorruptibilité du monde est la thèse qui, dans l'antiquité finissante, a séparé, de la manière la plus tranchée, les derniers tenants de l' « hellénisme » de la pensée chrétienne envahissante. Ce dogme, qui est au cœur du néoplatonisme, impliquait en effet, sur la destinée humaine et sur le mode de l'action divine, des vues inacceptables pour le christianisme. Plotin a rencontré, dans la secte gnostique qu'il connut à Rome, ces adversaires chrétiens, et il les vise expressément dans ce traité (chapitre IV, fin).

Pourtant sa principale préoccupation n'est pas là ; elle est surtout, nous allons le montrer, de défendre la pure doctrine du *Timée* contre des interprètes stoïcisants. Il faut distinguer dans ce traité deux parties ; la première, qui va jusqu'à la fin du chapitre V (moins la série de questions qui ouvre le chapitre IV), est consacrée à rechercher dans le *Timée* une preuve certaine de la thèse de l'incorruptibilité du monde. Les difficultés ne manquaient pas, comme le font voir le premier chapitre et le début du deuxième ; l'argumentation banale en faveur de cette thèse, que des platoniciens (comme Philon d'Alexandrie dans le *de Incorruptibilitate mundi*) avait essayé de tirer du *Timée*, ne paraissait pas suffisante ; Plotin la reproduit en en montrant les faiblesses : la volonté de Dieu qu'invoque Platon (41 a. b) n'est pas un argument clair ; les deux preuves sur lesquelles insiste tant Philon[1] (le monde ne peut périr, puisqu'il n'y a rien en quoi il puisse changer

1. *De Incorrupt. mundi*, ch. 3, p. 491 Mangey.

et qu'il n'y a aucune réalité extérieure qui puisse le détruire) prouvent seulement l'identité spécifique du monde, qui est parfaitement conciliable avec des transformations telles que la conflagration universelle. Enfin Platon lui-même ne nous répète-t-il pas à tout moment que tout corps est dans un perpétuel devenir ? Comment admettre alors l'incorruptibilité du ciel, sans admettre aussi la quintessence d'Aristote, dont personne ne veut ?

La réponse de Plotin est double : d'une part, ceux qui interprètent ainsi Platon ont tort de chercher les raisons de l'incorruptibilité du corps dans la nature même du corps, alors que les véritables raisons sont dans la nature de l'âme qui le contient (idée indiquée au milieu du chapitre II et développée dans le chapitre V) ; si le ciel est incorruptible, tandis que les individus du monde sublunaire sont sujets à la destruction, c'est qu'ils ont été créés par des âmes moins puissantes que celle qui a créé le ciel, à laquelle elles sont hiérarchiquement subordonnées. D'autre part, les corps, bien qu'ils ne soient pas incorruptibles par nature, peuvent se prêter à cette action conservatrice de l'âme ; les altérations que subit le corps de l'univers dans sa partie sublunaire n'empêchent pas que les éléments restent en quantité et en proportion constante ; et le corps du ciel est formé d'un feu qui, ayant atteint son lieu naturel, n'est plus sujet à s'altérer.

La deuxième partie traite plus précisément de l'incorruptibilité du ciel. Sur ce point encore, certains interprètes semblent avoir lu dans le *Timée* une doctrine qui n'y est pas. Ils y avaient lu que les astres sont composés pour la plus grande partie de feu, mais aussi d'autres éléments. Ce qui prouve combien cette interprétation était en faveur, c'est qu'elle est l'opinion attribuée à Platon par les doxographes : « Platon dit que les astres sont des corps ignés pour leur plus grande partie, mais ont aussi en eux d'autres éléments qui leur servent de ciment[1]. » A cette opinion, les platoniciens stoï-

1. κόλλης δίκην (Diels, *Dox. gr.* p. 342). Cette opinion se rattache à *Timée*, 40 *a* : τοῦ μὲν οὖν θείου (σώματος) τὴν πλείστην ἰδέαν ἐκ πυρὸς ἀπήρξατο.

cisants rattachaient les idées propres aux Stoïciens sur la « nourriture » des astres, faite des émanations de l'eau et de la terre, et sur la liaison indissoluble des éléments dont aucun ne peut exister séparé des autres. Enfin, on voyait des platoniciens, comme Plutarque, reprendre les vieilles idées de Démocrite et d'Anaxagore [1], d'après qui certains astres au moins, comme la lune, seraient des solides terrestres [2]. Tel est l'ensemble des théories qui introduisent dans le ciel un germe de corruption, et que Plotin envisage à partir du chapitre 6.

Selon Plotin, le *Timée* nous enseigne clairement que toute la substance du ciel est du feu pur, qui n'admet en lui aucun autre élément. Il s'agit seulement d'expliquer comment les corps des astres, qui sont de feu, peuvent présenter une propriété telle que la solidité, qui semble être exclusivement celle de la terre. Selon une théorie des éléments, qui est fondée avant tout sur l'observation de la fusion des métaux et qui se rattache au *Timée*, l'élément, tout en restant lui-même, peut passer par des états différents, solide, liquide ou fluide ; ainsi l'or, étant fusible, n'est que de l'eau condensée [3]. Il y a ainsi, dans tout le chapitre VI, qui est fondamental, une tendance des plus curieuses à séparer deux notions indissolublement liées dans la théorie ordinaire des éléments, la notion de la substance des corps, et la notion de leur état.

C'est cette distinction qui permet à Plotin d'attribuer au feu céleste des propriétés telles que la solidité : ces propriétés se réfèrent à un état du feu, et n'exigent nullement que le ciel contienne l'élément que l'on considère comme le solide par excellence, la terre.

1. Diels, *Doxographi graeci* 356 a.
2. Plutarque, *de facie in orbe lunae*, ch. XVI.
3. Cf. aussi Aristote, *Météorologiques* Δ 10, 389 a 7.

I [40].

DU MONDE OU DU CIEL

1 Le monde, dit-on, est éternel ; il a toujours eu et il aura toujours le corps qu'il possède. Si l'on ramène à la volonté de Dieu la raison de cette éternité[1], on dit peut-être vrai, mais on ne nous éclaire pas du tout. De plus, les éléments se transforment les uns dans les autres ; sur terre, les animaux sont sujets à la destruction, et, seule, leur espèce se conserve ; on jugera qu'il en est sans doute de même dans l'univers. L'univers a un corps qui, toujours, s'échappe et s'écoule ; dans ce changement incessant, Dieu a seulement le pouvoir de lui imposer un même type spécifique ; ce que la volonté divine conserve éternellement identique, ce ne serait pas l'unité numérique, mais l'unité spécifique de l'univers. Pourquoi, d'ailleurs, les choses terrestres posséderaient-elles seulement l'éternité dans leurs espèces, tandis que les choses célestes et le ciel lui-même jouiraient individuellement de l'éternité ? Est-ce parce que le ciel comprend tout, qu'il n'y a rien en quoi il puisse changer, et qu'il ne rencontre aucune réalité extérieure capable de le détruire[2] ? Verrons-nous là la cause de son incorruptibilité ? De ce raisonnement, l'on pourrait conclure à l'incorruptibilité de l'ensemble ; mais le soleil et les astres ne sont que des parties ; ils ne sont pas chacun un univers. Notre raisonnement ne prouve donc pas qu'ils persisteront éternellement ; il paraît juste de leur accorder seulement la permanence spécifique, comme au feu et aux choses analogues. Il en est ainsi d'ailleurs du monde entier lui-même. Aucune réalité extérieure ne le détruit, soit ! Mais,

1. Comme Platon, *Timée*, 41 a, dans le discours du démiurge.
2. Preuve de Philon, *de incorruptib. mundi*, II, 491 Mangey.

I [40]

ΠΕΡΙ ΤΟΥ ΚΟΣΜΟΥ

1 Τὸν κόσμον ἀεὶ λέγοντες καὶ πρόσθεν εἶναι καὶ ἔσεσθαι σῶμα ἔχοντα εἰ μὲν ἐπὶ τὴν βούλησιν τοῦ θεοῦ ἀνάγοιμεν τὴν αἰτίαν, πρῶτον μὲν ἀληθὲς μὲν ἴσως ἂν λέγοιμεν, σαφήνειαν δὲ οὐδεμίαν ἂν παρεχοίμεθα. Ἔπειτα τῶν στοιχείων ἡ μεταβολὴ καὶ τῶν ζῴων τῶν περὶ γῆν ἡ φθορὰ τὸ εἶδος σῴζουσα μήποτε οὕτω καὶ ἐπὶ τοῦ παντὸς ἀξιώσει γίγνεσθαι ὡς τῆς βουλήσεως τοῦτο δυναμένης ἀεὶ ὑπεκφεύγοντος καὶ ῥέοντος τοῦ σώματος ἐπιτιθέναι τὸ εἶδος τὸ αὐτὸ ἄλλοτε ἄλλῳ, ὡς μὴ σῴζεσθαι τὸ ἓν ἀριθμῷ εἰς τὸ ἀεί, ἀλλὰ τὸ ἓν τῷ εἴδει· ἐπεὶ διὰ τί τὰ μὲν οὕτω κατὰ τὸ εἶδος μόνον τὸ ἀεὶ ἕξει, τὰ δὲ ἐν οὐρανῷ καὶ αὐτὸς ὁ οὐρανὸς κατὰ τόδε ἕξει τὸ ἀεί ; Εἰ δὲ τῷ πάντα συνειληφέναι καὶ μὴ εἶναι εἰς ὃ τὴν μεταβολὴν ποιήσεται μηδέ τι ἔξωθεν ἂν προσπεσὸν φθεῖραι δύνασθαι τούτῳ δώσομεν τὴν αἰτίαν τῆς οὐ φθορᾶς, τῷ μὲν ὅλῳ καὶ παντὶ δώσομεν ἐκ τοῦ λόγου τὸ μὴ ἂν φθαρῆναι, ὁ δὲ ἥλιος ἡμῖν καὶ τῶν ἄλλων ἄστρων ἡ οὐσία τῷ μέρη καὶ μὴ ὅλον ἕκαστον εἶναι καὶ πᾶν οὐχ ἕξει τὴν πίστιν παρὰ τοῦ λόγου, ὅτι εἰς ἅπαντα μενεῖ τὸν χρόνον, τὸ δὲ κατὰ εἶδος τὴν μονὴν αὐτοῖς εἶναι, ὥσπερ καὶ πυρὶ καὶ τοῖς τοιούτοις μόνον ἂν δόξειε παρεῖναι καὶ αὐτῷ δὲ παντὶ τῷ κόσμῳ·

1 3 ἴσως ἂν : ἂν ἴσως CE || 6 οὕτω : τοῦτο C || 14 τι F in marg. Kirchhoff : τὸ BCE τῷ F || 17 οὐσία : συνουσία A Leid Mon. A Vat. || 19 μενεῖ Volkmann : μένει || 20 αὐτοῖς : αὐτὴν AE Darm.

si ses parties se détruisent les unes les autres, rien n'empêche que dans cette incessante destruction, il garde seulement son identité spécifique, et que, sa substance s'écoulant toujours, et recevant d'ailleurs sa marque spécifique, il puisse se passer pour l'animal-univers, ce qui se passe pour l'homme, le cheval et les autres animaux ; il y a toujours des hommes et des chevaux, mais ce ne sont pas les mêmes [1]. Alors il n'y aurait pas dans l'univers une partie, le ciel, qui persiste éternellement, et une autre, les choses terrestres, qui périt ; tout périrait également, mais en des temps différents, et la durée des choses célestes serait seulement plus longue. Si nous admettions qu'il n'y a pas d'autre éternité que celle-ci, soit dans le tout, soit dans les parties, notre opinion offrirait moins de difficulté ; et même toute difficulté disparaîtrait, si nous montrions que, dans cette hypothèse aussi, la volonté divine est capable de maintenir l'univers. Mais, si nous disions que c'est l'individualité même de l'univers, en toute son étendue, qui est éternelle, il faudra montrer que la volonté divine est capable de produire ce résultat ; et les difficultés suivantes subsisteront : pourquoi certaines parties sont-elles éternelles individuellement et d'autres ne sont-elles éternelles que dans leurs espèces ? Comment se comportent les parties du ciel, prises en elles-mêmes ? Car, telles elles seront, tel sera l'ensemble qu'elles forment.

2 Admettons l'opinion suivante : le ciel avec tout ce qui est en lui a l'éternité individuelle, et les choses qui sont sous la sphère de la lune ont l'éternité spécifique. Il faut alors montrer comment un être corporel peut garder son individualité au sens propre et son identité avec lui-même, bien qu'il soit de la nature d'un corps d'être en un écoulement perpétuel. Car c'est là l'opinion des physiciens et de Platon lui-même [2], au sujet des corps célestes aussi bien que des

1. L'éternité des espèces, considérée comme preuve de l'éternité du monde, est une preuve spécialement développée par le péripatéticien Critolaos (Cf. Philon, *de aet. m.*, II 492), dont l'argument est ici visé par Plotin.

2. Cf. en particulier *Timée*, 43 a : Les dieux inférieurs, imitant le démiurge, « lièrent les périodes de l'âme immortelle à un corps qui afflue, et puis s'écoule. »

Οὐδὲν γὰρ κωλύει ὑπ' ἄλλου ἔξωθεν μὴ φθειρόμενον τῶν μερῶν ἄλληλα φθειρόντων οὕτω τὴν φθορὰν ἀεὶ ἔχοντα τῷ εἴδει μόνον περιμένειν, καὶ ῥεούσης ἀεὶ τῆς φύσεως τοῦ ὑποκειμένου τὸ εἶδος ἄλλου διδόντος γίγνεσθαι τὸ αὐτὸ ἐπὶ τοῦ παντὸς ζῴου, ὅπερ καὶ ἐπὶ ἀνθρώπου καὶ ἵππου καὶ τῶν ἄλλων· ἀεὶ γὰρ ἄνθρωπος καὶ ἵππος, ἀλλ' οὐχ ὁ αὐτός. Οὐ τοίνυν ἔσται τὸ μέν μένον αὐτοῦ ἀεί, ὥσπερ ὁ οὐρανός, τὰ δὲ περὶ γῆν φθειρόμενα, ἀλλ' ὁμοίως ἅπαντα, τὴν διαφορὰν ἔχοντα μόνῳ τῷ χρόνῳ· ἔστω γὰρ πολυχρονιώτερα τὰ ἐν οὐρανῷ. Εἰ μὲν οὖν οὕτω συγχωρησαίμεθα τὸ ἀεὶ ἐπὶ τοῦ παντὸς καὶ ἐπὶ τῶν μερῶν εἶναι, ἧττον ἂν τὸ ἄπορον τῇ δόξῃ προσείη· μᾶλλον δὲ παντάπασιν ἔξω ἀπορίας ἂν γιγνοίμεθα, εἰ τὸ τῆς βουλήσεως τοῦ θεοῦ ἱκανὸν εἶναι δεικνύοιτο κἂν οὕτω καὶ τοῦτον τὸν τρόπον συνέχειν τὸ πᾶν. Εἰ δὲ καὶ τὸ τόδε τι αὐτοῦ ὁποσονοῦν λέγοιμεν ἔχειν τὸ ἀεί, ἥ τε βούλησις δεικτέα εἰ ἱκανὴ ποιεῖν τοῦτο, τό τε ἄπορον μένει διὰ τί τὰ μὲν οὕτω, τὰ δὲ οὐχ οὕτως, ἀλλὰ τῷ εἴδει μόνον, τά τε μέρη τὰ ἐν οὐρανῷ πῶς καὶ αὐτά· ἐπειδὴ οὕτω καὶ αὐτὰ τὰ πάντα εἶναι.

2 Εἰ οὖν ταύτην παραδεχόμεθα τὴν δόξαν καί φαμεν τὸν μὲν οὐρανὸν καὶ πάντα τὰ ἐν αὐτῷ κατὰ τὸ τόδε ἔχειν τὸ ἀεί, τὰ δὲ ὑπὸ τῇ τῆς σελήνης σφαίρᾳ τὸ κατ' εἶδος, δεικτέον πῶς σῶμα ἔχων ἕξει τὸ τόδε ἐπὶ τοῦ αὐτοῦ κυρίως, ὡς τὸ καθ' ἕκαστον καὶ τὸ ὡσαύτως, τῆς φύσεως τοῦ σώματος ῥεούσης ἀεί. Τοῦτο γὰρ δοκεῖ τοῖς τε ἄλλοις τοῖς περὶ φύσεως εἰρηκόσι καὶ αὐτῷ τῷ Πλάτωνι οὐ μόνον περὶ τῶν

22 ἄλλου : ἄλλων Ciz Leid Mon. A Vat. || φθειρόμενον τῶν : φθειρόμενον πάντων τῶν E φθειρόμενον ὑπ' αὐτοῦ τῶν AC || 23 οὕτω omis. BE Ciz Leid || 24 περιμένειν : μένειν BCE Ciz Leid || 28 μένον : μόνον AE || 30 μόνῳ : μόνον AEF || ἔστω : ἔσται Vat. in marg. Volkmann || 36 τὸ om. CF || ὁποσονοῦν : ὁπωσοῦν C Ciz Leid Vat. Vind. A || 40 εἶναι : εἴη ἂν Volkmann.

2 2 τόδε : τόδε τι C Ciz Leid Vat. || 4 ἔχων : ἔχον EF || 5 καὶ τὸ : καίτοι Philop., *de aetern. mundi* 524, 17 ἀεὶ Volkmann.

autres corps. « Comment, dit Platon, des choses corporelles et visibles pourraient-elles garder leur permanence et leur identité avec elles-mêmes? » Il admet évidemment l'opinion d'Héraclite qui dit que « le soleil même est en perpétuel devenir[1]. » Ce n'est point là un embarras pour Aristote, si l'on admet son hypothèse du cinquième corps. Mais si on ne l'admet pas, si le corps du ciel est fait des mêmes choses que les animaux terrestres, comment possède-t-il l'éternité individuelle? Et, à plus forte raison, comment la possèdent le soleil et les parties du ciel?

Tout animal est composé d'une âme et d'un corps ; le ciel, s'il possède l'éternité individuelle, la possède grâce aux deux à la fois, ou grâce à l'un des deux, soit l'âme, soit le corps. Accorder l'incorruptibilité à son corps[2], c'est dire qu'il n'a pas besoin d'âme pour être incorruptible ou de s'unir éternellement à elle pour former un être animé. Dit-on que le corps, de lui-même, est corruptible et cherche-t-on dans l'âme le principe de son incorruptibilité? Il faut alors essayer de montrer que la manière d'être du corps ne s'oppose pas à sa combinaison avec l'âme et à la persistance de cette combinaison, qu'il n'y a aucun défaut d'harmonie dans les combinaisons naturelles, et que la matière même se prête à la volonté que Dieu a d'accomplir le monde.

3 Comment donc la matière et le corps de l'univers peuvent-ils concourir à l'immortalité du monde, puisqu'ils s'écoulent toujours? Le corps s'écoule, dirons-nous, mais non pas au dehors ; il reste dans l'univers et n'en sort pas ; il reste donc le même et ne subit ni augmentation ni diminution ; il ne vieillit même pas. Il faut bien voir que la terre garde éternellement sa forme et sa masse, et il n'y a pas de danger que l'air ni l'eau fassent jamais défaut ; et la transformation

1. On sait que Platon cite souvent avec éloge les théories d'Héraclite sur les choses sensibles, particulièrement *Cratyle*, 402 a, et surtout *Rép.*, 498 a, d'où Plotin doit tenir ce renseignement sur Héraclite.

2. Comme le fait Aristote. Aristote a en effet entièrement abandonné la thèse de l'âme du monde, c'est-à-dire la thèse commune à Platon et aux stoïciens, thèse compatible avec les deux affirmations inverses de la corruptibilité et de l'incorruptibilité.

ἄλλων σωμάτων, ἀλλὰ καὶ περὶ τῶν οὐρανίων αὐτῶν. Πῶς γὰρ ἄν, φησι, σώματα ἔχοντα καὶ δρώμενα ἀπαραλλάκτως ἕξει καὶ τὸ ὡσαύτως ; Συγχωρῶν καὶ ἐπὶ τούτων δηλονότι τῷ Ἡρακλείτῳ, ὅς ἔφη ἀεὶ καὶ τὸν ἥλιον γίνεσθαι. Ἀριστοτέλει μὲν γὰρ οὐδὲν ἂν πρᾶγμα εἴη, εἴ τις αὐτοῦ τὰς ὑποθέσεις ⟨τὰς περὶ⟩ τοῦ πέμπτου παραδέξαιτο σώματος. Τοῖς δὲ μὴ τοῦτο τιθεμένοις, τοῦ σώματος δὲ ἐκ τούτων ὄντος τοῦ οὐρανοῦ, ἐξ ὧνπερ καὶ τὰ τῇδε ζῷα, πῶς τὸ τόδε ⟨ἀεὶ⟩ ἂν ἔχοι ; Ἔτι δὲ μᾶλλον πῶς ἥλιος καὶ τὰ ἐν τῷ οὐρανῷ μόρια ὄντα ; Συγκειμένου δὴ παντὸς ζῴου ἐκ ψυχῆς καὶ τῆς σώματος φύσεως ἀνάγκη τὸν οὐρανόν, εἴπερ ἀεὶ κατ᾽ ἀριθμὸν ἔσται, ἢ δι᾽ ἄμφω ἔσεσθαι, ἢ διὰ θάτερον τῶν ἐνόντων, οἷον ψυχὴν ἢ σῶμα. Ὁ μὲν δὴ τῷ σώματι διδοὺς τὸ ἄφθαρτον οὐδὲν ἂν εἰς τοῦτο τῆς ψυχῆς δέοιτο, ἢ τοῦ ὁμοῦ ἀεὶ εἶναι πρὸς ζῴου σύστασιν· τῷ δὲ τὸ σῶμα παρ᾽ αὐτοῦ φθαρτὸν εἶναι λέγοντι καὶ τῇ ψυχῇ διδόντι τὴν αἰτίαν πειρατέον καὶ τὴν τοῦ σώματος ἕξιν μηδ᾽ αὐτὴν ἐναντιουμένην τῇ συστάσει καὶ τῇ διαμονῇ δεικνύναι ὅτι μηδὲν ἀσύμφωνον ἐν τοῖς συνεστηκόσιν ἐστὶ κατὰ φύσιν, ἀλλὰ πρόσφορον καὶ τὴν ὕλην πρὸς τὸ βούλημα τοῦ ἀποτελέσματος ὑπάρχειν προσήκει.

3 Πῶς οὖν ἡ ὕλη καὶ τὸ σῶμα τοῦ παντὸς συνεργὸν ἂν εἴη πρὸς τὴν τοῦ κόσμου ἀθανασίαν ἀεὶ ῥέον ; Ἢ ὅτι, φαῖμεν ἄν, ⟨ῥεῖ⟩· Ῥεῖ γὰρ οὐκ ἔξω. Εἰ οὖν ἐν αὐτῷ καὶ οὐκ ἀπ᾽ αὐτοῦ, μένον τὸ αὐτὸ οὔτ᾽ ἂν αὔξοιτο οὔτε φθίνοι· οὐ τοίνυν οὐδὲ γηράσκει. Ὁρᾶν δὲ δεῖ καὶ γῆν μένουσαν ἀεὶ ἐν σχήματι τῷ αὐτῷ ἐξ ἀιδίου καὶ ὄγκῳ, καὶ ἀὴρ οὐ μήποτ᾽ ἐπιλείπῃ οὐδὲ ἡ ὕδατος φύσις· καὶ τοίνυν

9 ἀπαραλλάκτως : τὸ ἀπαραλλάκτως Philop., 525, 5 || 13 τὰς περὶ Volkmann e Proclo *in Tim.* 73 || 16 ἀεὶ Volkmann || τὰ ἐν : τὰ ἄλλα ἐν F τὰ ἄλλα τὰ ἐν B || 22 ἢ τοῦ : ἢ τὸ Leid Marc A Mon. A || 23 αὐτοῦ : αὑτοῦ Volkmann.

3 3 ῥεῖ Volkmann.

de ces éléments l'un dans l'autre n'altère pas l'animal universel. Bien que nous changions sans cesse, à cause de l'entrée et de la sortie continuelle des matériaux de notre corps, chacun de nous persiste assez longtemps ; mais, puisque le monde n'a rien en dehors de lui, la nature de son corps ne s'oppose pas à ce que l'âme forme avec lui un animal éternellement subsistant et identique à lui-même.

Le feu est actif et rapide, parce qu'il ne peut séjourner ici ; la terre ne l'est pas moins, parce qu'elle ne peut rester en haut ; et on ne doit pas s'imaginer que le feu, parvenu où il doit s'arrêter, et une fois logé en son lieu propre, ne cherche pas, comme les autres éléments à s'arrêter dans les deux sens ; se mouvoir en haut ? c'est impossible, car il n'y a plus de haut ; en bas ? c'est contraire à sa nature ; il lui reste à se prêter docilement à l'attraction naturelle qu'il reçoit de l'âme et, pour vivre heureusement, à se mouvoir dans la plus belle des régions, dans l'âme. Ne craignons pas qu'il tombe, et rassurons-nous ; le mouvement circulaire de l'âme prévient sa chute ; il le domine et le retient. Puisque, en outre, il n'a de lui-même aucune impulsion à descendre, il séjourne en haut sans aucune tendance contraire. Les parties de notre corps, qui reçoivent la forme spécifique, ne gardent pas la constitution qu'elles ont acquise ; aussi le corps, pour subsister, exige des parties qui viennent d'ailleurs ; mais, du ciel, rien ne s'écoule ; il n'a donc pas besoin d'aliments. Si du feu céleste s'éteignait et s'écoulait du ciel, il faudrait qu'un autre feu s'allumât ; si le ciel contenait un élément étranger qui s'écoulât de lui, il en faudrait un autre pour le remplacer. Dans ces hypothèses, l'animal universel ne resterait plus identique à lui-même.

4 Mais posons la question en elle-même, sans la rapporter à l'objet actuel de notre recherche : de la matière s'écoule-t-elle du ciel, si bien que les choses célestes, elles aussi, ont besoin de ce qu'on appelle improprement de la nourriture ? Ou bien les choses célestes, une fois ordonnées, subsistent-elles, sans admettre un tel écoulement ? Est-ce que le ciel contient seulement du feu, ou bien contient-il, avec une plus grande proportion de feu, des matières différentes qui peuvent être suspendues et retenues en haut grâce au feu qui les soutient ? Si, outre la pureté et la bonté parfaite des corps

ὅσον μεταβάλλει αὐτῶν οὐκ ἠλλοίωσε τὴν τοῦ ὅλου ζῴου φύσιν. Καὶ γὰρ ἡμῶν ἀεὶ μεταβαλλόντων μορίων ⟨εἰσιόντων⟩ καὶ εἰς τὸ ἔξω ἀπιόντων μένει ἕκαστος εἰς πολύ· ᾧ δὲ ἔξω μηδέν, οὐκ ἀσύμφωνος ἂν τούτῳ ἡ σώματος φύσις πρὸς ψυχὴν πρὸς τὸ τὸ αὐτὸ εἶναι ζῷον καὶ ἀεὶ μένον. Πῦρ δὲ ὀξὺ μὲν καὶ ταχὺ τῷ μὴ ὧδε μένειν, ὥσπερ καὶ γῆ τῷ μὴ ἄνω· γενόμενον δὲ ἐκεῖ, οὗ στῆναι δεῖ, οὔτοι δεῖ νομίζειν οὕτως ἔχειν ἐν τῷ οἰκείῳ ἱδρυμένον, ὡς μὴ καὶ αὐτὸ ὥσπερ καὶ τὰ ἄλλα στάσιν ἐπ' ἄμφω ζητεῖν. Ἀνωτέρω μὲν γὰρ οὐκ ἂν φέροιτο· οὐδὲν γὰρ ἔτι· κάτω δ' οὐ πέφυκε. Λείπεται δὴ αὐτῷ εὐαγώγῳ τε εἶναι καὶ κατὰ φυσικὴν ὁλκὴν ἑλκομένῳ ὑπὸ ψυχῆς πρὸς τὸ ζῆν εὖ μάλα ἐν καλῷ τόπῳ κινεῖσθαι ἐν τῇ ψυχῇ. Καὶ γάρ, εἴ τῳ φόβος μὴ πέσῃ, θαρρεῖν δεῖ· φθάνει γὰρ ἡ τῆς ψυχῆς περιαγωγὴ πᾶσαν νεῦσιν, ὡς κρατοῦσαν ἀνέχειν. Εἰ δὲ μηδὲ ῥοπὴν πρὸς τὸ κάτω ἔχει παρ' αὐτοῦ, οὐκ ἀντιτεῖνον μένει. Τὰ μὲν οὖν ἡμέτερα μέρη ἐν μορφῇ γενόμενα οὐ στέγοντα αὐτῶν τὴν σύστασιν ἀπαιτεῖ ἀπ' ἄλλων μόρια, ἵνα μένῃ· εἰ δ' ἐκεῖθεν μὴ ἀπορρέοι, οὐδὲν δεῖ τρέφεσθαι. Εἰ δὲ ἀπορρέοι ἀποσβεννύμενον ἐκεῖθεν, πῦρ δεῖ ἕτερον ἐξάπτεσθαι καί, εἰ ἄλλου τινὸς ἔχοι καὶ ἐκεῖθεν ἀπορρέοι, δεῖ καὶ ἀντ' ἐκείνου ἄλλου. Ἀλλὰ διὰ τοῦτο οὐ μένοι ἂν τὸ πᾶν ζῷον τὸ αὐτό, εἰ καὶ οὕτως.

4 Ἀλλ' αὐτό γ' ἐφ' ἑαυτοῦ, οὐχ ὡς πρὸς τὸ ζητούμενον, σκεπτέον εἴτε τι ἀπορρεῖ ἐκεῖθεν, ὥστε δεῖσθαι κἀκεῖνα τῆς λεγομένης οὐ κυρίως τροφῆς, ἢ ἅπαξ τὰ ἐκεῖ ταχθέντα κατὰ φύσιν μένοντα οὐδεμίαν πάσχει ἀπορροήν· καὶ πότερον πῦρ μόνον ἢ πλέον τὸ πῦρ καὶ ἔστι τοῖς ἄλλοις αἰωρεῖσθαι καὶ μετεωρίζεσθαι ὑπὸ τοῦ κρατοῦντος. Εἰ γάρ τις προσθείη καὶ τὴν κυριωτάτην αἰτίαν, τὴν ψυχήν,

9 ἡμῶν Volkmann : ἡμῖν codd. || <εἰσιόντων> inserui || 11 ἂν τούτῳ : ἀεὶ τούτων BC || 16 στάσιν : ἔκτασιν Creuzer Müller *amplificationem* Ficin || 24 στέγοντα : στέργοντα C Ciz Vat.

célestes (dans les autres animaux, aussi, la nature choisit les meilleurs corps pour en former les parties principales de l'animal), on tient compte de la cause principale, qui est l'âme, on aura une opinion très assurée de l'immortalité du ciel. Aristote a raison de dire que « la flamme est un bouillonnement [1] » et un feu qui fait rage avec excès ; mais le feu céleste est calme, immobile, et il convient à la nature des astres. Pour la cause principale, l'âme, elle vient, avec ses pouvoirs merveilleux, immédiatement après les réalités des meilleures ; comment donc des choses, une fois logées en elle, lui échapperaient-elles pour s'anéantir ? Ne pas croire que cette âme, issue de Dieu, est plus forte que tout lien, c'est ignorer la cause suprême qui contient toutes choses. Il est absurde de croire que l'âme qui a pu, pendant si longtemps, maintenir le ciel, ne le fasse pas éternellement. Est-ce donc par violence qu'elle le maintient ? L'état naturel serait-il différent de l'état actuel réalisé dans la nature du tout et dans sa belle ordonnance ? Ou encore y a-t-il un principe qui va détruire violemment la constitution de l'univers, et qui va dissoudre la nature de l'âme, comme on détruit un royaume et un empire ?

Le monde n'a jamais commencé (le contraire est absurde, on l'a déjà dit), et cela fait foi de son avenir. Pourquoi y aurait-il un moment où il ne serait plus ? Les éléments ne s'usent pas, comme du bois et autres choses pareilles ; et s'ils subsistent toujours, l'univers subsiste. — Mais il se modifie toujours. — Oui, mais l'ensemble reste ; car la cause des modifications subsiste.

Quant au « repentir de l'âme » [2], cela n'a pas de sens, nous l'avons démontré, puisqu'elle gouverne sans fatigue et sans usure ; et si tout corps pouvait périr, elle n'en éprouverait aucun changement.

5 Comment se fait-il que les parties du ciel subsistent et que les éléments et animaux terrestres ne subsistent pas ? Platon le dit : « les unes viennent du Dieu suprême, les autres viennent des dieux qui sont issus de lui. Il n'est pas permis

1. La définition se trouve dans *Météorologiques* 340 b 23 ; 341 b 21.

2. Il s'agit ici de la manière dont finit le monde d'après les gnostiques (cf. 2, 9), par le repentir du démiurge.

μετὰ τῶν οὕτω σωμάτων καθαρῶν καὶ πάντως ἀμεινόνων — ἐπεὶ καὶ ἐν τοῖς ἄλλοις ζῴοις ἐν τοῖς κυρίοις αὐτῶν τὰ ἀμείνω ἐκλέγεται ἡ φύσις — πάγιον ἂν τὴν δόξαν περὶ τοῦ οὐρανοῦ τῆς ἀθανασίας λάβοι. Ὀρθῶς γὰρ καὶ Ἀριστοτέλης τὴν φλόγα ζέσιν τινὰ καὶ πῦρ οἷον διὰ κόρον ὑβρίζον· τὸ δὲ ἐκεῖ ὁμαλὸν καὶ ἠρεμαῖον καὶ τῇ τῶν ἄστρων πρόσφορον φύσει. Τὸ δὲ δὴ μέγιστον, τὴν ψυχὴν ἐφεξῆς τοῖς ἀρίστοις δυνάμει θαυμαστῇ κειμένην, πῶς ἐκφεύξεταί τι αὐτὴν εἰς τὸ μὴ εἶναι τῶν ἅπαξ ἐν αὐτῇ τεθέντων ; Μὴ παντὸς δὲ δεσμοῦ οἴεσθαι κρείττονα εἶναι ἐκ θεοῦ ὡρμημένην, ἀνθρώπων ἀπείρων ἐστὶν αἰτίας τῆς συνεχούσης τὰ πάντα. Ἄτοπον γὰρ τὴν καὶ ὁποσονοῦν χρόνον δυνηθεῖσαν συνέχειν μὴ καὶ ἀεὶ ποιεῖν τοῦτο, ὥσπερ βίᾳ τοῦ συνέχειν γεγονότος καὶ τοῦ κατὰ φύσιν ἄλλου ἢ τούτου ὄντος, ὃ ἐν τῇ τοῦ παντός ἐστι φύσει καὶ ἐν τοῖς καλῶς τεθεῖσιν, ἢ ὄντος τινὸς τοῦ βιασομένου καὶ διαλύσοντος τὴν σύστασιν καὶ οἷον βασιλείας τινὸς καὶ ἀρχῆς καταλύσοντος τὴν ψυχῆς φύσιν. Τό τε μήποτε ἄρξασθαι — ἄτοπον γὰρ καὶ ἤδη εἴρηται — πίστιν καὶ περὶ τοῦ μέλλοντος ἔχει. Διὰ τί γὰρ ἔσται, ὅτε καὶ οὐκ ἤδη ; Οὐ γὰρ ἐκτέτριπται τὰ στοιχεῖα, ὥσπερ ξύλα καὶ τὰ τοιαῦτα· μενόντων δ᾽ ἀεὶ καὶ τὸ πᾶν μένει. Καὶ εἰ μεταβάλλοι ἀεί, τὸ πᾶν μένει· μένει γὰρ καὶ ἡ τῆς μεταβολῆς αἰτία. Ἡ δὲ μετάνοια τῆς ψυχῆς ὅτι κενόν ἐστι δέδεικται, ὅτι ἄπονος καὶ ἀβλαβὴς ἡ διοίκησις· καὶ εἰ πᾶν οἷόν τε σῶμα ἀπολέσθαι, οὐδὲν ἂν ἀλλοιότερον αὐτῇ γίνοιτο.

5 Πῶς οὖν τὰ ἐκεῖ μέρη μένει, τὰ δὲ ἐνταῦθα στοιχεῖά τε καὶ ζῷα οὐ μένει ; Ἤ, φησὶν ὁ Πλάτων, τὰ μὲν παρὰ θεοῦ γεγένηται, τὰ δὲ ἐνταῦθα ζῷα παρὰ τῶν γενομένων παρ᾽ αὐτοῦ θεῶν· γενόμενα δὲ παρ᾽ ἐκείνου οὐ θεμιτὸν φθείρεσθαι. Τοῦτο δὲ ταὐτὸν

4 10 πάγιον : πάλιν Marc C || 15 δυνάμει θαυμαστῇ κειμένην omis. Leid Marc A || 29 ἀεί, τὸ : ἀεί, καὶ τὸ AF.

que périssent les êtres venus de Dieu ». C'est dire que, immédiatement après le démiurge, vient l'âme du ciel ainsi que les nôtres d'ailleurs [1]; une image de cette âme, venue d'elle et émanant, en quelque sorte, des êtres supérieurs, crée les animaux terrestres. Cette image imite l'âme du ciel, mais elle est impuissante, parce qu'elle se sert, pour sa création, de matériaux inférieurs, et parce qu'elle est dans un lieu inférieur. Les choses qu'elle prend pour constituer le corps se refusent à rester immobiles; aussi les animaux terrestres ne peuvent-ils être éternels, et leurs corps ne sont pas dominés par l'âme, comme celui du ciel; c'est une âme différente de l'âme céleste qui les dirige immédiatement.

Si l'ensemble du ciel est éternel, ses parties, à savoir les astres qui sont en lui, le sont aussi; comment serait-il éternel, si les astres ne l'étaient point? Quant aux choses qui sont au-dessous du ciel, elles ne sont plus des parties du ciel; sinon le ciel irait plus loin que la lune. Pour nous, nous sommes façonnés par l'âme qui dérive des dieux du ciel et par le ciel lui-même, et, sous cet aspect, nous sommes unis au corps. Mais nous avons une autre âme, qui fait que nous sommes nous-mêmes; elle est cause non pas de notre existence, mais du bien qui est en nous; elle survient quand le corps est déjà formé, elle est le peu de raison que nous avons et contribue à notre existence.

6 Revenons à nos questions : le ciel contient-il seulement du feu? De la matière s'en écoule-t-elle? A-t-il besoin d'aliments? — Timée compose d'abord le corps de l'univers de terre et de feu, de feu, afin qu'il soit visible, et de terre, afin qu'il soit solide; il en conclut que les astres sont faits en grande partie de feu, mais non pas complètement, puisqu'ils paraissent avoir les propriétés d'un solide [2]. C'est sans doute exact, puisque Platon appuie cette idée sur une raison vraisemblable : d'après nos sens, d'après la vue et le toucher, ils paraissent être faits surtout ou même complètement de feu;

1. Cf. *Timée* 69 c; imitation libre.

2. Il est impossible qu'un élément existe sans être mélangé aux autres; c'est la thèse stoïcienne exposée par Sénèque, *Nat. Quaest.* III, 10, 4. Comparer Sénèque; « Jam mixta est » et Plotin, l. 23. 24.

τῷ ἐφεξῆς μὲν τῷ δημιουργῷ εἶναι τὴν ψυχὴν τὴν οὐρανίαν, καὶ τὰς ἡμετέρας δέ· ἀπὸ δὲ τῆς οὐρανίας ἴνδαλμα αὐτῆς ἰὸν καὶ οἷον ἀπορρέον ἀπὸ τῶν ἄνω τὰ ἐπὶ γῆς ζῷα ποιεῖν. Ψυχῆς οὖν μιμουμένης τοιαύτης τὴν ἐκεῖ, ἀδυνατούσης δὲ τῷ καὶ χείροσι σώμασι χρῆσθαι πρὸς τὴν ποίησιν καὶ ἐν τόπῳ χείρονι καὶ τῶν εἰς τὴν σύστασιν ληφθέντων οὐκ ἐθελόντων μένειν, τά τε ζῷα ἐνταῦθα οὐκ ἀεὶ δύναται μένειν, τά τε σώματα οὐχ ὁμοίως κρατοῖτο ἄν, ὡς ἂν ἄλλης ψυχῆς αὐτῶν προσεχῶς ἀρχούσης. Τὸν δὲ ὅλον οὐρανὸν εἴπερ ἔδει μένειν, καὶ τὰ μόρια αὐτοῦ, τὰ ἄστρα τὰ ἐν αὐτῷ, ἔδει· ἢ πῶς ἂν ἔμεινε μὴ ὁμοίως καὶ τούτων μενόντων; Τὰ γὰρ ὑπὸ τὸν οὐρανὸν οὐκέτι οὐρανοῦ μέρη· ἢ οὐ μέχρι σελήνης ὁ οὐρανός. Ἡμεῖς δὲ πλασθέντες ὑπὸ τῆς διδομένης παρὰ τῶν ἐν οὐρανῷ θεῶν ψυχῆς καὶ αὐτοῦ τοῦ οὐρανοῦ κατ᾽ ἐκείνην καὶ σύνεσμεν τοῖς σώμασιν· ἡ γὰρ ἄλλη ψυχή, καθ᾽ ἣν ἡμεῖς, τοῦ εὖ εἶναι, οὐ τοῦ εἶναι αἰτία. Ἤδη γοῦν τοῦ σώματος ἔρχεται γενομένου μικρὰ ἐκ λογισμοῦ πρὸς τὸ εἶναι συνεκλαμβανομένη.

6 Ἀλλὰ πότερον πῦρ μόνον καὶ εἰ ἀπορρεῖ ἐκεῖθεν καὶ δεῖται τροφῆς νῦν σκεπτέον. Τῷ μὲν οὖν Τιμαίῳ τὸ τοῦ παντὸς σῶμα πεποιηκότι πρῶτον ἐκ γῆς καὶ πυρός, ἵνα ὁρατόν τε ᾖ διὰ τὸ πῦρ, στερεὸν δὲ διὰ τὴν γῆν, ἀκολουθεῖν ἔδοξε καὶ τὰ ἄστρα ποιεῖν οὐ πᾶν, ἀλλὰ τὸ πλεῖστον πυρὸς ἔχειν, ἐπειδὴ τὰ ἄστρα τὸ στερεὸν φαίνεται ἔχοντα. Καὶ ἴσως ὀρθῶς ἂν ἔχοι συνεπικρίναντος καὶ Πλάτωνος τῷ εἰκότι τὴν γνώμην ταύτην. Παρὰ μὲν γὰρ τῆς αἰσθήσεως κατά τε τὴν ὄψιν κατά τε τὴν τῆς ἁφῆς ἀντίληψιν πυρὸς ἔχειν τὸ πλεῖστον ἢ τὸ πᾶν φαίνεται, διὰ δὲ τοῦ λόγου

5 7 καὶ τὰς ἡμετέρας δέ del. Müller || 24 συνεκλαμβανομένη : συνεπιλαμβανομένη Volkmann.

6 6 ἐπείδη : ἐπεὶ Philoponus 525, 17 || 10 πλεῖστον : πλεῖον Philoponus 525, 21.

mais, à l'examen de la raison, puisqu'un solide ne peut exister sans terre, on voit qu'ils contiennent de la terre. Leur faut-il encore de l'eau et de l'air? Il semblera absurde qu'il y ait de l'eau au milieu de tant de feu; quant à l'air, s'il y en avait, il se changerait en feu. Si, en mathématique, deux nombres solides qui sont entre eux comme des extrêmes ont besoin de deux moyens, l'on peut se demander s'il en est ainsi en physique; car on peut mélanger de la terre avec de l'eau sans avoir besoin d'aucun intermédiaire. — Dira-t-on que les autres éléments sont déjà dans la terre et dans l'eau? — C'est sans doute dire quelque chose; mais on peut répondre qu'ils ne servent pas à lier la terre et l'eau que l'on combine. — Nous dirons pourtant qu'elles sont déjà liées, parce que chacune d'elles renferme tous les autres éléments. — Il faut examiner si la terre n'est pas visible sans le feu, et si le feu n'est pas solide sans la terre. S'il en était ainsi, aucun élément n'aurait sa propre essence à part des autres, mais ils seraient tous mélangés, et chacun serait dénommé d'après l'élément qui domine en lui. — La terre, dit-on, ne peut avoir de consistance sans l'humidité; l'humidité de l'eau est pour elle une colle. — Admettons-le; il reste absurde, si l'on parle de chaque élément comme d'une réalité, de ne pas leur attribuer une constitution définie, et de dire qu'ils ne sont quelque chose que dans leur union avec d'autres éléments, dont chacun, pris à part, n'est rien. Comment admettre une nature ou une essence de la terre, s'il n'y a aucune partie de terre qui soit terre, à moins qu'elle ne contienne de l'eau pour l'agglomérer? Qu'est-ce que l'eau aurait à unir, s'il n'y avait en général une particule d'une certaine dimension que l'eau joindra à une autre particule en un tout continu? Et s'il y a une particule de terre, si petite qu'elle soit, il peut exister de la terre qui possède sa propre nature sans l'eau; sinon, l'eau n'aura rien du tout à unir. De plus quel besoin une masse de terre a-t-elle de l'air pour exister, j'entends d'un air qui persisterait encore dans sa nature avant de se transformer en un autre élément? — Quant au feu, on ne dit pas qu'il soit la condition d'existence de la terre, mais la condition à laquelle la terre ainsi que les autres choses sont visibles; car il ne faut pas dire que l'obscurité est visible, mais qu'elle est invisible, de même que le silence n'est pas entendu. — Mais la présence du feu dans la

ἐπισκοποῦσιν, εἰ τὸ στερεὸν ἄνευ γῆς οὐκ ἂν γένοιτο, καὶ γῆς ἂν ἔχοι. Ὕδατος δὲ καὶ ἀέρος τί ἂν δέοιτο; Ἄτοπόν τε γὰρ δόξει ὕδατος εἶναι ἐν τοσούτῳ πυρί, ὅ τε ἀὴρ εἰ ἐνείη μεταβάλλοι ἂν εἰς πυρὸς φύσιν. Ἀλλ' εἰ δύο στερεὰ ἄκρων λόγον ἔχοντα δύο μέσων δεῖται, ἀπορήσειεν ἄν τις, εἰ καὶ ἐν φυσικοῖς οὕτως· ἐπεὶ καὶ γῆν ἄν τις ὕδατι μίξειεν οὐδενὸς δεηθεὶς μέσου. Εἰ δὲ λέγοιμεν « ἐνυπάρχει γὰρ ἤδη ἐν τῇ γῇ καὶ τῷ ὕδατι τὰ ἄλλα », δόξομεν ἴσως τι λέγειν· εἴποι δ' ἄν τις « ἀλλ' οὐ πρὸς τὸ συνδῆσαι συνιόντα τὰ δύο ». Ἀλλ' ὅμως ἐροῦμεν ἤδη συνδεῖσθαι τῷ ἔχειν ἑκάτερον πάντα. Ἀλλ' ἐπισκεπτέον, εἰ ἄνευ πυρὸς οὐχ ὁρατὸν γῆ, καὶ ἄνευ γῆς οὐ στερεὸν πῦρ· εἰ γὰρ τοῦτο, τάχα ἂν οὐδὲν ἔχοι ἐφ' ἑαυτοῦ τὴν αὑτοῦ οὐσίαν, ἀλλὰ πάντα μὲν μέμικται, λέγεται δὲ κατὰ τὸ ἐπικρατοῦν ἕκαστον. Ἐπεὶ οὐδὲ τὴν γῆν ἄνευ ὑγροῦ φασι συστῆναι δύνασθαι· κόλλαν γὰρ εἶναι τῇ γῇ τὴν ὕδατος ὑγρότητα. Ἀλλ' εἰ καὶ δώσομεν οὕτως, ἀλλ' ἕκαστόν γε ἄτοπον λέγοντα εἶναί τι ἐφ' ἑαυτοῦ μὲν μὴ διδόναι σύστασιν αὐτῷ, μετὰ δὲ τῶν ἄλλων ὁμοῦ, οὐδενὸς ἑκάστου ὄντος. Πῶς γὰρ ἂν εἴη γῆς φύσις καὶ τὸ τί ἦν εἶναι γῇ μηδενὸς ὄντος μορίου γῆς ὃ γῆ ἐστιν, εἰ μὴ καὶ ὕδωρ ἐνείη εἰς κόλλησιν; Τί δ' ἂν κολλήσειε μὴ ὄντος ὅλως μεγέθους, ὃ πρὸς ἄλλο μόριον συνεχὲς συνάψει; Εἰ γὰρ καὶ ὁτιοῦν μέγεθος γῆς αὐτῆς ἔσται, ἔσται γῆν φύσει καὶ ἄνευ ὕδατος εἶναι· ἤ, εἰ μὴ τοῦτο, οὐδὲν ἔσται, ὃ κολλήσεται ὑπὸ τοῦ ὕδατος. Ἀέρος δὲ τί ἂν δέοιτο γῆς ὄγκος πρὸς τὸ εἶναι ἔτι ἀέρος μένοντος πρὶν μεταβάλλειν; Περὶ δὲ πυρὸς εἰς μὲν τὸ γῆ εἶναι οὐκ εἴρηται, εἰς δὲ τὸ ὁρατὴ εἶναι καὶ αὐτὴ καὶ τὰ ἄλλα· εὔλογον μὲν γὰρ συγχωρεῖν παρὰ φωτὸς τὸ ὁρᾶσθαι γίνεσθαι. Οὐ γὰρ δὴ τὸ σκότος ὁρᾶσθαι, ἀλλὰ μὴ ὁρᾶσθαι φατέον, ὥσπερ τὴν ἀψοφίαν μὴ ἀκούεσθαι. Ἀλλὰ πῦρ γε ἐν αὐτῇ οὐκ ἀνάγκη παρεῖναι· φῶς γὰρ ἀρκεῖ. Χιὼν γοῦν καὶ τὰ ψυχρότατα

13 δόξει : δόξειεν Philoponus 525, 24 || 38 αὐτή : αὐτὸ AF.

terre n'est point nécessaire : la lumière suffit ; la neige et les corps les plus froids sont très éclatants, sans le feu. — Mais, dira-t-on, il est venu en ces corps, et les a colorés avant de s'en éloigner [1].

— Il faut aussi se demander si l'eau n'existe pas, à moins de contenir une part de terre. Et comment peut-on dire que l'air, avec sa fluidité, participe à la terre ? Et le feu a-t-il besoin de terre et n'a-t-il pas de lui-même une étendue continue à trois dimensions ? Pourquoi la solidité aussi ne lui appartiendrait-elle pas ? Non pas évidemment en tant qu'il est étendu dans les trois dimensions, mais il possède la résistance puisqu'il est un corps physique. C'est la dureté qui est spéciale à la terre ; la contexture serrée de l'or, qui est de l'eau, lui appartient non parce que de la terre s'y ajoute, mais par sa densité et sa solidification. Pourquoi le feu par lui-même, et grâce à la présence de l'âme, ne serait-il pas assez consistant pour que l'âme y exerçât son pouvoir ? Il y a bien des êtres vivants de feu parmi les démons. — Ébranlons-nous ainsi ce principe que tout être animé tient sa constitution de tous les éléments ? — C'est vrai des animaux terrestres, dirons-nous, mais il est contraire à la nature et à son ordonnance d'élever la terre jusqu'au ciel ; il n'est pas croyable que des corps terrestres soient animés du mouvement circulaire le plus rapide ; de plus la terre serait un obstacle à la splendeur et à l'éclat du feu céleste.

7 Le mieux, sans doute, est d'écouter Platon : il faut, dit-il, qu'il y ait dans l'univers un solide qui soit résistant ; c'est pourquoi la terre est située au centre comme un pont sur l'abîme ; elle offre un sol ferme à qui marche sur elle, et les animaux qui sont à sa surface en tirent nécessairement une solidité semblable à la sienne. La terre tient d'elle-même sa propre continuité ; mais c'est le feu qui l'illumine ; de plus, elle contient de l'eau pour ne pas sécher ; la sécheresse n'empêcherait d'ailleurs pas que ses parties fussent unies entre elles ; enfin elle contient de l'air qui allège sa masse. Mais la terre ne se mélange point au feu céleste pour constituer les astres ; la vérité, c'est que chaque élément existant dans le

1. Sur la blancheur de la neige comme argument pour la thèse stoïcienne, cf. Galien (Arnim, *Vet. St. fr.* II nº 433).

πολλὰ λαμπρὰ πυρὸς ἄνευ. Ἀλλ' ἐνεγένετο, φήσει τις, καὶ ἔχρωσε πρὶν ἀπελθεῖν. Καὶ περὶ ὕδατος δὲ ἀπορητέον, εἰ μὴ ἔστιν ὕδωρ, εἰ μὴ γῆς λάβοι. Ἀὴρ δὲ πῶς ἂν λέγοιτο μετέχειν γῆς εὔθρυπτος ὤν ; Περὶ δὲ πυρός, εἰ γῆς δεῖ αὐτῷ τὸ συνεχὲς παρ' αὐτοῦ οὐκ ἔχοντι οὐδὲ τὸ διάστατον τριχῇ. Ἡ δὲ στερεότης αὐτῷ, οὐ κατὰ τὴν διάστασιν τὴν τριχῇ, ἀλλὰ κατὰ τὴν ἀντέρεισιν δηλονότι, διὰ τί οὐκ ἔσται ᾗ φυσικὸν σῶμα ; Σκληρότης δὲ γῇ μόνῃ. Ἐπεὶ καὶ τὸ πυκνὸν τῷ χρυσῷ ὕδατι ὄντι προσγίνεται οὐ γῆς προσγενομένης, ἀλλὰ πυκνότητος ἢ πήξεως. Καὶ πῦρ δὲ ἐφ' αὐτοῦ διὰ τί ψυχῆς παρούσης οὐ συστήσεται πρὸς τὴν δύναμιν αὐτῆς ; Καὶ ζῷα δὲ πύρινά ἐστι δαιμόνων. Ἀλλὰ κινήσομεν τὸ ⟨τὸ⟩ πᾶν ζῷον ἐκ πάντων τὴν σύστασιν ἔχειν ; Ἢ τὰ ἐπὶ γῆς τις ἐρεῖ, γῆν δὲ εἰς τὸν οὐρανὸν εἴρειν παρὰ φύσιν εἶναι καὶ ἐναντίον τοῖς ὑπ' αὐτῆς τεταγμένοις· συμπεριάγειν δὲ τὴν ταχίστην φορὰν γεηρὰ σώματα οὐ πιθανὸν εἶναι ἐμπόδιόν τε καὶ πρὸς τὸ φανὸν καὶ λευκὸν τοῦ ἐκεῖ πυρός.

7 Ἴσως οὖν βέλτιον χρὴ ἀκούειν τοῦ Πλάτωνος λέγοντος ἐν μὲν τῷ παντὶ κόσμῳ δεῖν εἶναι τὸ τοιοῦτον στερεόν, τὸ ἀντίτυπον ὄν, ἵνα τε ἡ γῆ ἐν μέσῳ ἱδρυμένη ἐπιβάθρα καὶ τοῖς ἐπ' αὐτῆς βεβηκόσιν ἑδραία ᾖ, τά τε ζῷα τὰ ἐπ' αὐτῆς ἐξ ἀνάγκης τὸ τοιοῦτο στερεὸν ἔχῃ ⟨παρὰ γῆς⟩, ἡ δὲ γῆ τὸ μὲν εἶναι συνεχὴς καὶ παρ' αὐτῆς ἔχοι, ἐπιλάμποιτο δὲ ὑπὸ πυρός· μετέχειν δὲ ὕδατος πρὸς τὸ μὴ αὐχμηρόν· ἔχοι δ' ⟨ἂν⟩ καὶ μερῶν πρὸς τὰ μέρη μὴ κωλύεσθαι συναγωγήν· ἀέρα δὲ κουφίζειν γῆς ὄγκους· μεμῖχθαι δὲ τῷ ἄνω πυρὶ οὐκ ἐν τῇ συστάσει τῶν ἄστρων τὴν γῆν, ἀλλ' ἐν κόσμῳ γενομένου ἑκάστου καὶ τὸ πῦρ

54 καὶ ζῷα — δαιμόνων glossa videtur Heinemann *Plotin*, p. 91 || 55 τὸ τὸ πᾶν Kirchhoff : τὸ πᾶν codd.

7 6 παρὰ γῆς Müller e *Timæo* 31 b || καὶ del. Müller || 8 αὐχμηρόν · ἔχοι δ' ἂν καὶ μερῶν πρὸς τὰ μέρη μὴ : ἂν addidi αὐχμηρὸν καὶ μερῶν πρὸς τὸ μὴ Müller.

monde jouit de quelques propriétés de la terre, et la terre de quelques propriétés de feu ; non pas que, pour en jouir, l'élément soit fait de deux choses, de lui-même et de celui duquel il participe ; mais, étant donnée la liaison universelle, il peut, tout en restant ce qu'il est, s'adjoindre non pas un autre élément mais une propriété de cet élément ; par exemple il s'adjoindra non pas l'air lui-même, mais la fluidité de l'air, non pas le feu, mais l'éclat du feu. Ce mélange lui donne toutes les propriétés de l'autre élément, et il en résulte un couple ; ce couple n'est pas simplement de la terre et du feu ; c'est du feu avec la solidité et la contexture serrée de la terre. Platon lui-même en témoigne : « Dieu, dit-il, alluma une lumière dans le deuxième cercle à partir de la terre » ; c'est le soleil, qu'il appelle ailleurs le plus brillant et le plus éclatant des astres ; il veut ainsi nous détourner de croire qu'il soit autre chose qu'un être de feu ; il n'est d'aucune des deux espèces de feu dont il parle ailleurs ; mais il est cette lumière qui, dit-il, est différente de la flamme, et n'a qu'une douce chaleur. La lumière, prise en ce sens, est un corps ; d'elle rayonne une chose qu'on appelle du même nom, une lumière que nous déclarons incorporelle ; elle dérive de la lumière corps ; et, venue d'elle, elle brille comme la fleur ou l'éclat de ce corps, qui est le corps essentiellement blanc. « Ce corps est terrestre » ; nous prenons à tort cette expression de Platon au sens inférieur du mot terrestre ; pourtant Platon entend ici par terre la propriété d'être solide ; nous désignons par le mot *terre* une chose unique alors que Platon reconnaît des espèces différentes de terre [1].

Ce feu qui produit la lumière la plus pure, est situé dans la région du ciel et y est logé en vertu de sa nature. On ne doit pas penser que la flamme terrestre se mêle aux corps célestes ; arrivée à un certain point, elle s'éteint parce qu'elle rencontre un excès d'air ; quand elle est montée avec de la terre, elle retombe en bas avec elle ; en tout cas, elle ne peut continuer à monter vers le ciel ; et elle s'arrête sous la lune ; elle rend plus subtil l'air de cette région ; si elle persiste comme flamme, elle s'y affaiblit et devient plus bénigne ; elle

1. La citation sur le soleil se trouve dans le *Timée* 39 b, sur les diverses espèces de feu, *Timée* 58 c, et sur les diverses espèces de terre, *Timée* 60 b.

ἀπολαῦσαί τι τῆς γῆς, ὥσπερ καὶ τὴν γῆν τοῦ πυρὸς κα ἕκαστον ἑκάστων, οὐχ ὡς τὸ ἀπολαῦσαν γενέσθαι ἐξ ἀμφοῖν, ἑαυτοῦ τε καὶ οὗ μετέσχεν, ἀλλὰ κατὰ τὴν ἐν κόσμῳ κοινωνίαν, ὃν ὅ ἐστι, λαβεῖν οὐκ αὐτὸ ἀλλά τι αὐτοῦ, οἷον οὐκ ἀέρα, ἀλλ᾽ ἀέρος τὴν ἁπαλότητα καὶ [τὴν γῆν] πυρὸς τὴν λαμπρότητα· τὴν δὲ μῖξιν πάντα διδόναι καὶ τὸ συναμφότερον τότε ποιεῖν, οὐ γῆν μόνον καὶ τὴν πυρὸς φύσιν, τὴν στερεότητα ταύτην καὶ τὴν πυκνότητα. Μαρτυρεῖ δὲ καὶ αὐτὸς τούτοις εἰπών « φῶς ἀνῆψεν ὁ θεὸς περὶ τὴν δευτέραν ἀπὸ γῆς περιφοράν », τὸν ἥλιον λέγων καὶ λαμπρότατόν που λέγει ἀλλαχοῦ τὸν ἥλιον, τὸν αὐτὸν δὲ λευκότατον, ἀπάγων ἡμᾶς τοῦ ἄλλο τι νομίζειν ἢ πυρὸς εἶναι, πυρὸς δὲ οὐδετέρων τῶν εἰδῶν αὐτοῦ τῶν ἄλλων, ἀλλὰ τὸ φῶς ὅ φησιν ἕτερον φλογὸς εἶναι, θερμὸν δὲ προσηνῶς μόνον· τοῦτο δὲ τὸ φῶς σῶμα εἶναι, ἀποστίλβειν δὲ ἀπ᾽ αὐτοῦ τὸ ὁμώνυμον αὐτῷ φῶς, ὃ δή φαμεν καὶ ἀσώματον εἶναι· τοῦτο δὲ ἀπ᾽ ἐκείνου τοῦ φωτὸς παρέχεσθαι, ἐκλάμπον ἐξ ἐκείνου ὥσπερ ἄνθος ἐκείνου καὶ στιλπνότητα, ὃ δὴ καὶ εἶναι τὸ ὄντως λευκὸν σῶμα. Ἡμεῖς δὲ τὸ γεηρὸν πρὸς τὸ χεῖρον λαμβάνοντες, τοῦ Πλάτωνος κατὰ τὴν στερεότητα λαβόντος τὴν γῆν, ἕν τι δὴ γῆν ὀνομάζομεν ἡμεῖς διαφορὰς γῆς ἐκείνου τιθεμένου. Τοῦ δὴ τοιούτου πυρὸς τοῦ φῶς παρέχοντος τὸ καθαρώτατον ἐν τῷ ἄνω τόπῳ κειμένου καὶ κατὰ φύσιν ἐκεῖ ἱδρυμένου, ταύτην τὴν φλόγα οὐκ ἐπιμίγνυσθαι τοῖς ἐκεῖ ὑποληπτέον, ἀλλὰ φθάνουσαν μέχρι τινὸς ἀποσβέννυσθαι ἐντυχοῦσαν πλείονι ἀέρι ἀνελθοῦσάν τε μετὰ γῆς ῥίπτεσθαι κάτω οὐ δυναμένην ὑπερβαίνειν πρὸς τὸ ἄνω, κάτω δὲ τῆς σελήνης ἵστασθαι,

16 τὴν γῆν del. Müller || 18 οὐ γῆν μόνον — φύσιν del. Müller : οὐ γῆν μόνον <ἀλλὰ> καὶ — φύσιν Gollwitzer || 19 φύσιν, τὴν : ἢ πῦρ καὶ τὴν F in marg. || πυκνότητα: πυρότητα Gollwitzer || 23 πυρὸς εἶναι, πυρὸς : πῦρ εἶναι πῦρ Müller || 24 οὐδετέρων : οὐδέτερον Gollwitzer || 26 προσηνῶς : προσηνές correxit F || 27 αὐτῷ : αὐτοῦ AEF.

n'a plus l'éclat qu'elle avait lorsqu'elle bouillonnait, mais celui qu'elle emprunte à la lumière céleste.

Pour la lumière céleste, elle se nuance dans les astres en proportions variées et produit ainsi leurs différences de couleur non moins que celles de grandeur [1]. Mais le reste du ciel est fait aussi de cette lumière ; on ne la voit pas à cause de la subtilité de sa matière et de sa transparence où rien n'arrête la vue (on ne voit pas non plus l'air pur), et en outre à cause de son éloignement.

8 Puisque cette lumière reste au ciel, au lieu assigné, puisque, étant pure, elle reste dans le lieu le plus pur, de quelle manière pourrait-elle s'en écouler ? Par sa nature, un tel être ne s'écoule pas vers le bas, et, d'autre part, il n'y a rien dans le ciel qui lui donne par violence une impulsion vers le bas. De plus tout corps, accompagné d'une âme, est bien différent de ce qu'il était tout seul ; tel est le corps du ciel, et il n'est pas ce qu'il serait, s'il était seul. En outre ce qui est au voisinage du ciel, c'est de l'air ou du feu ; pour l'air, que pourrait-il faire ? Quant au feu, rien en lui n'est capable d'agir sur le ciel ; il ne pourrait même entrer en contact avec lui pour cette action ; car l'extrême vitesse du ciel le modifierait avant qu'il ait rien produit ; il est d'ailleurs moindre et moins puissant que le feu qui est sur la terre. De plus l'action du feu est l'échauffement ; or ce qui s'échauffe ne doit pas être chaud par soi-même ; donc, quand le feu détruit un corps, il faut d'abord que ce corps s'échauffe et qu'il parvienne à cet état contre sa nature.

Donc le ciel n'a pas besoin d'un autre corps que le sien pour subsister [2], ni pour exécuter sa révolution naturelle ; car l'on n'a pas encore démontré que son mouvement naturel était en ligne droite ; par nature, les corps célestes sont ou bien immobiles ou bien animés d'un mouvement circulaire ;

1. Sur la variété de couleurs des astres, voyez Platon, *Républ.*, 617 a.

2. Ces mots s'opposent à la fois à la thèse stoïcienne de la nourriture des astres, que Plotin a déjà prise plusieurs fois à partie, et à une thèse comme celle de Plutarque (cf. Duhem, *Système du monde*, II 361) qui admettait des matières en suspension dans le ciel.

ὥστε καὶ λεπτότερον ποιεῖν τὸν ἐκεῖ ἀέρα καὶ φλόγα, εἰ μένοι, μαραινομένην εἰς τὸ πρᾳότερον γίγνεσθαι καὶ τὸ λαμπρὸν μὴ ἔχειν ὅσον εἰς τὴν ζέσιν, ἀλλ' ἢ ὅσον παρὰ τοῦ φωτὸς τοῦ ἄνω ἐναυγάζεσθαι· τὸ δὲ φῶς ⟨τὸ⟩ ἐκεῖ, τὸ μὲν ποικιλθὲν ἐν λόγοις τοῖς ἄστροις, ὥσπερ ἐν τοῖς μεγέθεσιν, οὕτω καὶ ἐν ταῖς χρόαις τὴν διαφορὰν ἐργάσασθαι, τὸν δ' ἄλλον οὐρανὸν εἶναι καὶ αὐτὸν τοιούτου φωτός, μὴ ὁρᾶσθαι δὲ λεπτότητι τοῦ σώματος καὶ διαφανείᾳ οὐκ ἀντιτύπῳ, ὥσπερ καὶ τὸν καθαρὸν ἀέρα· πρόσεστι δέ τούτοις καὶ τὸ πόρρω.

8 Τούτου δὴ μείναντος ἄνω τοῦ τοιούτου φωτὸς ἐν ᾧ τέτακται καθαροῦ ἐν καθαρωτάτῳ, τίς ἂν τρόπος ἀπορροῆς ἀπ' αὐτοῦ ἂν γένοιτο; Οὐ γὰρ δὴ πρὸς τὸ κάτω πέφυκεν ἀπορρεῖν ἡ τοιαύτη φύσις, οὐδ' αὖ τί ἐστιν ἐκεῖ τῶν βιαζομένων ὠθεῖν πρὸς τὸ κάτω. Πᾶν δὲ σῶμα μετὰ ψυχῆς ἄλλο καὶ οὐ ταὐτόν, οἷον μόνον ἦν· τοιοῦτον δὲ τὸ ἐκεῖ, οὐχ οἷον τὸ μόνον. Τό τε γειτονοῦν εἴτε ἀὴρ εἴτε πῦρ εἴη, ἀὴρ μὲν τί ἂν ποιήσειε; Πυρὸς δὲ οὐδ' ἂν ἐναρμόσειε πρὸς τὸ ποιῆσαι, οὐδ' ἂν ἐφάψαιτο εἰς τὸ δρᾶσαι· τῇ ῥύμῃ τε γὰρ παραλλάξειεν ἂν πρὶν παθεῖν ἐκεῖνο, ἔλαττόν τε τοῦτο ἰσχύον τε οὐκ ἴσα τοῖς ἐνθάδε. Εἶτα καὶ τὸ ποιῆσαι θερμῆναί ἐστι· δεῖ δὲ τὸ θερμανθησόμενον μὴ θερμὸν παρ' αὐτοῦ εἶναι. Εἰ δέ τι φθαρήσεται παρὰ πυρός, θερμανθῆναι δεῖ πρότερον αὐτὸ καὶ παρὰ φύσιν αὐτὸ ἐν τῷ θερμαίνεσθαι γίνεσθαι. Οὐδὲν δεῖ τοίνυν ἄλλου σώματος τῷ οὐρανῷ, ἵνα μένῃ, οὐδ' αὖ, ἵνα κατὰ φύσιν ⟨ᾖ⟩ ἡ περιφορά· οὐ γάρ πω δέδεικται οὐδὲ ἐπ' εὐθείας οὖσα ἡ κατὰ φύσιν αὐτῷ φορά· ἢ γὰρ μένειν ἢ περιφέρεσθαι κατὰ φύσιν

43 τὸ Kirchhoff || 44 ὥσπερ ἐν τοῖς : ὥσπερ τοῖς Marc C || 49 τό : τῷ Kirchhoff.

8 4 ἡ τοιαύτη : ἡ ἄνω τοιαύτη AEF || 8 πυρὸς δὲ οὐδ' ἂν : πυρὸς δὲ οὐδὲν ἂν Gollwitzer πῦρ δὲ οὐδ' ἂν Kirchhoff || 11 τοῦτο del. Müller || 16 ᾖ Kirchhoff || 17 οὐδὲ del. Kirchhoff.

les autres mouvements sont pour eux des mouvements violents.

Il faut donc dire que les corps célestes n'ont pas besoin d'aliments. Il ne faut pas conclure des corps terrestres aux corps célestes ; ils n'ont pas, pour les contenir, un âme identique à la nôtre ; ils n'occupent pas la même région ; et il n'y a pas dans le ciel de raison pour cet écoulement continuel qui fait que les corps composés d'ici-bas doivent se nourrir ; les changements de ces corps proviennent d'eux-mêmes ; de plus, ils sont dirigés par une nature différente de l'âme céleste qui, à cause de sa faiblesse, ne sait pas les maintenir dans l'existence ; elle produit, dans le devenir et dans la génération, une imitation de la nature qui lui est supérieure. Et pourtant, comme on l'a dit ailleurs, les choses célestes ne restent pas entièrement identiques à elles-mêmes, comme le sont les intelligibles.

αὐτοῖς· αἱ δ' ἄλλαι βιασθέντων. Οὐ τοίνυν οὐδὲ τροφῆς δεῖσθαι φατέον τὰ ἐκεῖ, οὐδὲ ἀπὸ τῶν τῇδε περὶ ἐκείνων ἀποφαντέον οὔτε ψυχὴν τὴν αὐτὴν τὴν συνέχουσαν ἐχόντων οὔτε τὸν αὐτὸν τόπον οὔτε αἰτίας οὔσης ἐκεῖ, δι' ἣν τὰ τῇδε τρέφεται συγκρίματα ἀεὶ ῥέοντα, τήν τε μεταβολὴν τῶν τῇδε σωμάτων ἀφ' αὐτῶν μεταβάλλειν ⟨τε⟩ ἄλλης ἐπιστατούσης φύσεως αὐτοῖς, ἣ ὑπ' ἀσθενείας οὐκ οἶδε κατέχειν ἐν τῷ εἶναι, μιμεῖται δὲ ἐν τῷ γίγνεσθαι ἢ γεννᾶν τὴν πρὸ αὐτῆς φύσιν. Τὸ δὲ μὴ ὡσαύτως πάντη, ὥσπερ τὰ νοητά, εἴρηται.

24 τε inserui.

NOTICE

Selon Aristote, le mouvement circulaire du ciel est dû à l'action incessamment renouvelée d'un moteur immobile et transcendant, l'intelligence ; la substance du ciel, la quintessence, se prête à ce mouvement, parce qu'elle a en elle la capacité de se mouvoir d'un mouvement circulaire. Au contraire, d'après Platon, le moteur du ciel est une âme, coextensive au monde sensible ; et la substance du ciel est le feu qui n'a d'autre capacité naturelle que le mouvement vers le haut. C'est cette conception du *Timée* qu'il s'agit, pour Plotin, de défendre contre le péripatétisme : à plusieurs reprises (par exemple 1, 49 sq.), il fait nettement allusion à l'impossibilité d'un moteur immobile.

Le but de Plotin semble être avant tout d'enlever à cette action de l'âme sur le corps du ciel le caractère d'impulsion mécanique qu'elle avait pris chez les Stoïciens. La marche de sa pensée est assez compliquée et obscure. Le chapitre 1 pose l'alternative suivante : ou bien le mouvement du ciel est dû à une impulsion de l'âme, qui, elle-même, est en mouvement ; ou bien, il est dû à un mouvement spontané du feu. La première solution est impossible, parce que l'âme ne se meut pas d'un mouvement local (1, 4-8) ; la seconde l'est aussi ; car le corps igné n'a d'autre impulsion naturelle que le mouvement vers le haut (1, 19-31)[1]. S'il en est ainsi,

1. La solution matérialiste (stoïcienne) du problème exposé dans ces lignes est en effet rejetée ; le passage sur la providence (l. 25-27) est destiné à montrer une contradiction interne dans le système stoïcien ; ce système, qui veut expliquer le mouvement circulaire par la nature du corps igné, est obligé de faire appel à la providence.

c'est que le problème est mal posé ; on a eu le tort de prendre le mouvement du ciel comme s'il était essentiellement un mouvement local ; il n'est local que par accident ; les seuls mouvements locaux sont les mouvements vers le haut et vers le bas ; le mouvement circulaire, lui, symbolise et imite dans le lieu, le mouvement de réflexion et de retour sur soi qui est le mouvement de l'âme. Il est le *mouvement du même* de l'âme, autant que ce mouvement peut se réaliser dans un corps.

Ce qui obscurcit ce chapitre, c'est que la solution propre de Plotin (1, 8-19 ; 1, 31-51) est mêlée à l'examen des deux termes de l'alternative posée au début.

Le chapitre II est consacré à une difficulté dont l'examen est pourtant interrompu (2, 5-14) par un retour à l'exposé du chapitre précédent. Pourquoi, se demande Plotin, chaque être animé ne se comporte-t-il pas, sous l'influence de son âme, comme le ciel lui-même ?

Enfin le chapitre III est un commentaire du passage suivant du *Timée* (36 e) : « L'âme s'étend partout depuis le centre du monde jusqu'aux confins du ciel ; elle enveloppe circulairement le ciel du dehors ; et, animée d'un mouvement de révolution en elle-même, elle commence à vivre d'une vie intelligente qui ne doit pas finir » [1].

1. L'interprétation que nous donnons de ce traité nous dispense d'examiner en détail les raisons que propose Heinemann pour en rejeter l'authenticité (*Plotin*, p. 54). Ces arguments sont au nombre de cinq. 1° L'intervention de la προνοία (1, 25) est d'un stoïcisme étranger à Plotin. — Mais il s'agit précisément en ce passage d'une critique interne du stoïcisme. 2° Contrairement à sa doctrine habituelle, il ne distingue pas le feu terrestre du feu céleste. — C'est qu'il n'a pas à les distinguer, puisqu'il ne parle que du feu céleste. 3° Il donne successivement deux causes au mouvement céleste : l'imitation du mouvement de l'intelligence (1, 1) et le mélange du mouvement rectiligne du corps avec le mouvement de l'âme (1, 16 sq.). — Mais ces deux explications ne sont ni incompatibles ensemble, ni incompatibles avec celle que Plotin donne III, 7, 4 ; dans tous les cas, il s'agit d'une participation du corps au mouvement des réalités intelligibles. 4° La théorie de l'âme du chapitre 3 contredit la théorie plotinienne, d'abord en ne distinguant pas nettement la

faculté de sentir de la faculté d'opiner (cette distinction n'avait pas ici à être précisée, et le δοξαστικόν reste d'ailleurs intermédiaire entre l'αἰσθητικόν et le νοητικόν), ensuite en mettant le νοητικόν hors du monde sensible (mais le texte du *Timée* impose cette vue), enfin en considérant la hiérarchie ascendante et non descendante des facultés de l'âme (ici encore, le texte du *Timée* est suivi à la lettre). 5° L'idée d'un πνεῦμα (2, 21) est antiplotinienne (affirmation qui n'est nullement prouvée).

II [14].

DU MOUVEMENT DU CIEL OU MOUVEMENT CIRCULAIRE

1 Pourquoi le ciel se meut-il d'un mouvement circulaire? — Parce qu'il imite l'intelligence. — A quel sujet appartient ce mouvement? Est-ce à l'âme du ciel ou à son corps? — Et pourquoi? Est-ce parce que l'âme est en elle-même, et parce qu'elle fait toujours effort pour aller vers elle-même? Est-ce parce qu'elle est en elle-même, sans y être continuellement? D'ailleurs, est-ce en se mouvant d'un mouvement local qu'elle meut le corps avec elle? S'il en était ainsi, il faudrait qu'elle cessât de le transporter, et que ce transport arrivât à sa fin; elle devrait rendre les sphères immobiles, et non pas les faire éternellement tourner. L'âme est immobile, ou du moins, si elle se meut, ce n'est pas d'un mouvement local. — Comment alors produit-elle le mouvement local, puisqu'elle est mue d'une autre espèce de mouvement? — Mais peut-être le mouvement circulaire n'est-il pas un mouvement local. — S'il n'est un mouvement local que par accident, qu'est-il donc? — C'est un mouvement qui revient sur lui-même, mouvement de la conscience, de la réflexion et de la vie; jamais il ne sort de son cercle, et il n'y fait rien entrer d'ailleurs, pour cette raison aussi qu'il doit embrasser toutes choses; la partie principale de l'animal universel, [le ciel], embrasse toutes les choses et les unifie. Mais s'il restait immobile, il n'embrasserait pas toutes les choses à la manière d'un être vivant; s'il a un corps, il ne maintiendrait pas ce qui est en ce corps; car la vie d'un corps, c'est le mouvement. Si donc ce mouvement est aussi un mouvement local, le ciel aura le mouvement qu'il peut avoir, et il sera mû non seulement comme se meut une âme, mais comme se meuvent un corps animé et un être vivant. Le mouvement circulaire est donc composé du mouvement du corps et du mouvement de l'âme : le corps se meut par nature en ligne droite, et l'âme retient le corps; des deux ensemble, du corps mobile et de l'âme immobile, vient le mouvement circulaire. Dit-on en effet

II [14]

ΠΕΡΙ ΤΗΣ ΚΥΚΛΟΦΟΡΙΑΣ

1 Διὰ τί κύκλῳ κινεῖται ; Ὅτι νοῦν μιμεῖται. Καὶ τίνος ἡ κίνησις ; Ψυχῆς ἢ σώματος ; Τί οὖν ; Ὅτι ψυχὴ ἐν αὐτῇ ἔστι καὶ πρὸς αὐτὴν ἀεὶ σπεύδει ἰέναι ; Ἢ ἔστιν ἐν αὐτῇ οὐ συνεχεῖ οὖσα ; Ἢ φερομένη συμφέρει ; Ἀλλ' ἔδει συμφέρουσαν μηκέτι φέρειν, ἀλλ' ἐνηνοχέναι, τουτέστι στῆναι μᾶλλον ποιῆσαι καὶ μὴ ἀεὶ κύκλῳ. Ἢ καὶ αὐτὴ στήσεται ἤ, εἰ κινεῖται, οὔτι γε τοπικῶς. Πῶς οὖν τοπικῶς κινεῖ αὐτὴ ἄλλον τρόπον κινουμένη ; Ἢ ἴσως οὐδὲ τοπικὴ ἡ κύκλῳ. Ἀλλ' εἰ ἄρα κατὰ συμβεβηκός, ποία οὖν τις ; Εἰς αὐτὴν συναισθητικὴ καὶ συννοητικὴ καὶ ζωτικὴ καὶ οὐδαμοῦ ἔξω οὐδ' ἄλλοθι καὶ τῷ πάντα δεῖν περιλαμβάνειν· τοῦ γὰρ ζῴου τὸ κύριον περιληπτικὸν καὶ ποιοῦν ἕν. Οὐ περιλήψεται δὲ ζωτικῶς, εἰ μένοι, οὐδὲ σώσει τὰ ἔνδον σῶμα ἔχον· καὶ γὰρ σώματος ζωὴ κίνησις. Εἰ οὖν καὶ τοπική, ὡς δυνήσεται κινήσεται καὶ οὐχ ὡς ψυχὴ μόνον, ἀλλ' ὡς σῶμα ἔμψυχον καὶ ὡς ζῷον· ὥστε εἶναι μικτὴν ἐκ σωματικῆς καὶ ψυχικῆς, τοῦ μὲν σώματος εὐθὺ φερομένου φύσει, τῆς δὲ ψυχῆς κατεχούσης, ἐκ δ' ἀμφοῖν γενομένου φερομένου τε καὶ μένοντος. Εἰ δὲ σώματος ἡ κύκλῳ λέγοιτο, πῶς παντὸς εὐθυποροῦντος ⟨ὡς⟩ καὶ τοῦ πυρός ; Ἢ

1 4 συνεχεῖ CEA super lineam : συνεχής A Vat. in margine Müller *continua* Ficin συνέχεια Ciz συνεχείᾳ fortasse || 11 καὶ τῷ conieci : καὶ τὸ codd. κατὰ τὸ Kirchhoff || 13 ζωτικῶς εἰ A in marg. Müller Ciz Leid : τοπικῶς AF Darm. || 18 γενομένου : γενομένην Volkmann || 20 ὡς Vitringa.

que le mouvement circulaire ne vient que du corps? Comment est-ce possible, puisque tous les corps, et même le feu, se meuvent en ligne droite? Il se meut en ligne droite jusqu'au lieu propre qui lui est assigné; mais, arrivé à sa place, il semble qu'il est naturel qu'il s'arrête et qu'il se meuve seulement jusqu'au lieu où il est au rang qui lui convient. Pourquoi donc le feu, arrivé là, ne reste-t-il pas immobile? Est-ce parce que la nature du feu est d'être toujours en mouvement? Par conséquent, s'il n'était pas animé d'un mouvement circulaire, il se dissiperait par un mouvement rectiligne. Il doit donc être animé d'un mouvement circulaire. Mais c'est alors le résultat de la providence; ce mouvement vient en lui de la providence; le feu, arrivé au ciel, doit se mouvoir de lui-même d'un mouvement circulaire, à moins qu'on ne dise que le feu, tendant toujours à se mouvoir en ligne droite, mais n'ayant plus de place où monter, glisse le long de la sphère, et se recourbe sur lui-même à l'endroit où il peut; car il n'y a plus de région supérieure après lui; la région du ciel est la dernière. Il circule dans la région qu'il occupe; il est à lui-même son propre lieu, non pas pour y rester immobile, une fois arrivé, mais pour s'y mouvoir.

Dans un cercle, le centre est naturellement immobile; mais si la circonférence l'était aussi, elle ne serait qu'un centre immense. Il est mieux qu'elle tourne autour de son centre, si le corps est un corps vivant et organisé par la nature. De cette manière, elle tendra vers le centre, non pas en s'infléchissant vers lui, ce qui détruirait le cercle, mais, puisque cela est impossible, en tournant autour de lui. De cette manière seulement, elle satisfera son désir; l'âme qui la fait tourner ne se fatiguera pas; car cette âme ne l'entraîne pas, et il n'y a là rien de contraire à la nature, la nature n'étant que l'ordonnance de l'âme universelle. En outre l'âme est tout entière partout, sans division locale; l'âme de l'univers permet aussi au ciel d'être partout, autant qu'il le peut, et partie par partie; il le peut, en parcourant et en traversant successivement toutes les parties du lieu.

Si l'âme était immobile en un lieu, le feu resterait immobile, arrivé là-bas; mais, comme le tout d'elle-même est partout, il désire aller partout. — Quoi donc? Il ne l'atteindra jamais? — Au contraire, il l'atteint toujours, ou plutôt l'âme le mène éternellement vers elle, et, en l'y amenant, elle le meut

εὐθυπορεῖ, ἕως ἂν ἥκῃ εἰς τὸ οὗ τέτακται· ὡς γὰρ ἂν ταχθῇ, οὕτω δοκεῖ καὶ ἑστάναι κατὰ φύσιν καὶ φέρεσθαι εἰς ὃ ἐτάχθη. Διὰ τί οὖν οὐ μένει ἐλθόν ; Ἆρα, ὅτι ἡ φύσις τῷ πυρὶ ἐν κινήσει ; Εἰ οὖν μὴ κύκλῳ, σκεδασθήσεται ἐπ' εὐθύ· δεῖ ἄρα κύκλῳ. Ἀλλὰ τοῦτο προνοίας· ἀλλ' ἐν αὐτῷ παρὰ τῆς προνοίας· ὥστε, εἰ ἐκεῖ γένοιτο, κύκλῳ κινεῖσθαι ἐξ αὐτοῦ. Ἢ ἐφιέμενον τοῦ εὐθέος οὐκ ἔχον οὐκέτι τόπον ὥσπερ περιολισθάνον ἀνακάμπτει ἐν οἷς τόποις δύναται· οὐ γὰρ ἔχει τόπον μεθ' ἑαυτό· οὗτος γὰρ ἔσχατος. Θεῖ οὖν ἐν ᾧ ἔχει καὶ αὐτὸ αὐτοῦ τόπος, οὐκ ἵνα μένῃ ⟨ἐκεῖ⟩ γεγενημένον, ἀλλ' ἵνα φέρηται. Καὶ κύκλου δὲ τὸ μὲν κέντρον μένει κατὰ φύσιν, ἡ δὲ ἔξωθεν περιφέρεια εἰ μένοι, κέντρον ἔσται μέγα. Μᾶλλον οὖν ἔσται περὶ τὸ κέντρον καὶ ζῶντι καὶ κατὰ φύσιν δὲ ἔχοντι σώματι. Οὕτω γὰρ συννεύσει πρὸς τὸ κέντρον, οὐ τῇ συνιζήσει — ἀπολεῖ γὰρ τὸν κύκλον — ἀλλ' ἐπεὶ τοῦτο οὐ δύναται, τῇ περιδινήσει· οὕτω γὰρ μόνως ἀποπληρώσει τὴν ἔφεσιν. Εἰ ψυχὴ δὲ περιάγοι, οὐ καμεῖται· οὐ γὰρ ἕλκει, οὐδὲ παρὰ φύσιν· ἡ γὰρ φύσις τὸ ὑπὸ ψυχῆς τῆς πάσης ταχθέν. Ἔτι πανταχοῦ οὖσα ἡ ψυχὴ ὅλη καὶ οὐ διειλημμένη ἡ τοῦ παντὸς κατὰ μέρος δίδωσι καὶ τῷ οὐρανῷ, ὡς δύναται, πανταχοῦ εἶναι· δύναται δὲ τῷ πάντα μετιέναι καὶ ἐπιπορεύεσθαι. Ἔστη μὲν γάρ, εἴ που ἑστῶσα ἦν ἡ ψυχή, ἐλθὸν ἐκεῖ· νῦν δέ, ἐπειδή, πᾶσά ἐστιν αὐτῆς, παντὸς ἐφίεται. Τί οὖν ; Οὐδέποτε τεύξεται ; Ἢ οὕτως ἀεὶ τυγχάνει, μᾶλλον δὲ αὐτὴ πρὸς αὐτὴν ἄγουσα ἀεὶ ἐν τῷ ἀεὶ ἄγειν ἀεὶ κινεῖ, καὶ οὐκ ἀλλαχοῦ κινοῦσα ἀλλὰ πρὸς αὐτὴν ἐν τῷ αὐτῷ, οὐκ ἐπ' εὐθὺ ἀλλὰ κύκλῳ ἄγουσα δίδωσιν αὐτῷ οὗ ἂν ἥκῃ ἐκεῖ ἔχειν αὐτήν. Εἰ δὲ μένοι, ὡς ἐκεῖ οὔσης μόνον, οὗ ἕκαστον μένει, στήσεται. Εἰ οὖν μὴ ἐκεῖ μόνον ὁπουοῦν, πανταχοῦ οἰσθήσεται καὶ οὐκ ἔξω· κύκλῳ ἄρα.

30 καὶ αὐτὸ Vitringa : καὶ αὐτὸς codd. || αὐτοῦ : αὐτοῦ A B Vat. || μένῃ ἐκεῖ γεγενημένον Vitringa : μένῃ γεγενημένος codd..

éternellement; en le menant toujours vers elle, elle le maintient au même endroit; en le menant non pas en ligne droite mais circulairement, elle lui permet de la posséder partout où il passe. Si l'âme était immobile, si elle était seulement dans cette région des intelligibles où tout est immobile, le ciel s'arrêterait. Si donc elle n'est pas seulement dans cette région ni dans un lieu défini, le ciel se meut à travers tout l'espace mais non pas en dehors de son cercle; il se meut donc en cercle.

2 Et les autres choses? Comment se meuvent-elles? — Chacune d'elles est non pas un tout, mais une partie, et elle est contenue dans une partie du lieu. Le ciel au contraire est un tout, il est en quelque sorte son lieu, et rien ne l'entrave, parce qu'il est tout.

— Comment donc les hommes se meuvent-ils? — L'homme, dans la mesure où il provient de l'univers est une partie, et, dans la mesure où il est lui-même, il est un tout particulier.

— Si le ciel possède l'âme, en quelque situation qu'il soit, pourquoi doit-il tourner sur lui-même? — C'est que l'âme n'est pas seulement dans le monde intelligible; et si elle a une puissance qui tourne elle-même autour d'un centre, par cette raison aussi le ciel sera animé d'un mouvement circulaire (Il ne faut pas entendre le terme *centre* quand on parle du corps de la même manière que quand on parle de l'âme; en ce dernier cas, le centre est l'origine d'où vient l'âme; dans le premier, il a un sens local. C'est par analogie qu'on emploie le mot centre; dans l'âme comme dans le corps du monde, il faut qu'il y ait un centre qui, dans le corps, est seulement le centre de la sphère; comme l'âme tourne sur elle-même, la sphère tourne aussi sur elle-même). Si l'âme universelle circule donc autour de Dieu, elle l'environne de son amour, elle se fixe, autant qu'elle peut, autour de lui; car tout dépend de lui; ne pouvant être dirigée vers lui, elle se meut autour de lui. — Pourquoi chaque âme n'en fait-elle pas autant? — Chacune en fait autant, selon le lieu où elle est. — Pourquoi alors nos corps ne se meuvent-ils pas comme le ciel? — Parce que des éléments à trajectoire rectiligne se fixent à eux; parce que nos inclinations nous portent vers des objets sans cesse différents; parce que l'élément sphérique qui est en nous est mal arrondi; il est terrestre et n'a pas la subtilité et la mobilité qui accompagnent les choses

2 Τὰ οὖν ἄλλα πῶς; Ἢ οὐχ ὅλον ἕκαστον, μέρος δὲ καὶ κατεχόμενον μερικῷ τόπῳ. Ἐκεῖνο δὲ ὅλον καὶ οἷον τόπος καὶ οὐδὲν κωλύει· αὐτὸ γὰρ τὸ πᾶν. Πῶς οὖν ἄνθρωποι; Ἤ, ὅσον παρὰ τοῦ παντός, μέρος, ὅσον δὲ αὐτοί, οἰκεῖον ὅλον. Εἰ οὖν πανταχοῦ οὗ ἂν ᾖ ἔχει αὐτήν, τί δεῖ περιιέναι; Ἢ ὅτι μὴ μόνον ἐκεῖ. Εἰ δὲ ἡ δύναμις αὐτῆς περὶ τὸ μέσον, καὶ ταύτῃ ἂν κύκλῳ· μέσον δὲ οὐχ ὡσαύτως σώματος καὶ φύσεως ψυχῆς ληπτέον, ἀλλ᾽ ἐκεῖ μὲν μέσον, ἀφ᾽ οὗ ἡ ἄλλη, τοπικῶς δὲ σώματος. Ἀνάλογον οὖν δεῖ τὸ μέσον· ὡς γὰρ ἐκεῖ, οὕτως καὶ ἐνταῦθα μέσον δεῖ εἶναι, ὃ μόνως ἐστὶ μέσον σώματος καὶ σφαιρικοῦ· ὡς γὰρ ἐκεῖνο περὶ αὐτό, οὕτω καὶ τοῦτο. Εἰ δὴ ψυχή ἐστι περιθέουσα τὸν θεόν, ἀμφαγαπάζεται καὶ περὶ αὐτὸν ὡς οἷόν τε αὐτῇ ἔχει· ἐξήρτηται γὰρ αὐτοῦ πάντα. Ἐπεὶ οὖν οὐκ ἔστι πρὸς αὐτόν, περὶ αὐτόν. Πῶς οὖν οὐ πᾶσαι οὕτως; Ἢ ἑκάστη ὅπου ἐστὶν οὕτως. Διὰ τί οὖν οὐ καὶ τὰ σώματα ἡμῶν οὕτως; Ὅτι τὸ εὐθύπορον προσήρτηται καὶ πρὸς ἄλλα αἱ ὁρμαὶ καὶ τὸ σφαιροειδὲς ἡμῶν οὐκ εὔτροχον· γεηρὸν γάρ· ἐκεῖ δὲ συνέπεται λεπτὸν καὶ εὐκίνητον· διὰ τί γὰρ ἂν καὶ σταίη ἡντιναοῦν κίνησιν τῆς ψυχῆς κινουμένης; Ἴσως δὲ καὶ παρ᾽ ἡμῖν τὸ πνεῦμα τὸ περὶ τὴν ψυχὴν τοῦτο ποιεῖ. Εἰ γὰρ ἔστιν ὁ θεὸς ἐν πᾶσι, τὴν συνεῖναι βουλομένην ψυχὴν περὶ αὐτὸν δεῖ γίνεσθαι· οὐ γάρ πῃ. Καὶ Πλάτων δὲ τοῖς ἄστροις οὐ μόνον τὴν μετὰ τοῦ ὅλου σφαιρικὴν κίνησιν, ἀλλὰ καὶ ἑκάστῳ δίδωσι τὴν περὶ τὸ κέντρον αὐτῶν· ἕκαστον γὰρ οὗ ἔστι περιειληφὸς τὸν θεὸν ἀγάλλεται οὐ λογισμῷ ἀλλὰ φυσικαῖς ἀνάγκαις.

3 Ἔστω δὲ καὶ ὧδε· τῆς ψυχῆς ἡ μέν τις δύναμις ἡ ἐσχάτη ἀπὸ γῆς ἀρξαμένη καὶ δι᾽ ὅλου διαπλακεῖσά ἐστιν, ἡ δὲ αἰσθάνεσθαι πεφυκυῖα καὶ ἡ λόγον δοξαστικὸν

2 6 ἐκεῖ : ἔχει Vitringa || 10 οὖν δεῖ τό : οὖν τὸ B Vitringa || 11 καὶ del. Kirchhoff || 12 ψυχή Vat. Müller : ψυχῆς codd. || 14 αὐτῇ Kirchhoff : αὐτή || 21 περὶ τὴν ψυχὴν : ἐν τῇ ψυχῇ AE Darm.

célestes. Sinon, pourquoi s'arrêterait-il, dès que l'âme est agitée d'une émotion quelconque? Pourtant, il y a peut-être aussi en nous un souffle qui tourne autour de l'âme. Car si Dieu est en toute chose, l'âme qui veut s'unir à lui doit tourner autour de lui, puisqu'il n'est pas ici ou là. Platon accorde aux astres [errants] non seulement le mouvement de rotation qui leur est commun avec le ciel, mais un mouvement particulier de révolution autour de leur propre centre. Car chaque être, où qu'il soit, embrasse Dieu avec joie non par la réflexion, mais par une nécessité naturelle.

3 Voici comment se produit ce mouvement. Il y a dans l'âme universelle une puissance dernière qui part de la terre et s'étend à travers l'univers; puis, en montant, une autre puissance, qui possède par nature la sensation et qui est douée de la faculté de l'opinion; elle se tient dans les sphères; elle siège au-dessus de la première et elle lui communique son pouvoir pour la vivifier. La puissance inférieure est donc mue par la puissance supérieure qui l'embrasse circulairement et qui siège au-dessus de l'univers, pour autant du moins que cette puissance inférieure est remontée jusqu'aux sphères. Donc là puissance supérieure l'entoure en cercle; la puissance inférieure tend vers la puissance supérieure, en se tournant vers elle, et cette conversion produit un mouvement de rotation dans le corps où elle est insérée. Car, si une partie quelconque d'une sphère se meut, au cas où cette partie se meut sans changer de lieu, elle ébranle la sphère dans laquelle elle est, et son mouvement se communique à la sphère. C'est ce qui arrive dans notre corps; l'âme se meut d'un mouvement qui n'est pas un mouvement du corps, par exemple dans la joie ou dans la vision d'un bien; et il se produit un mouvement du corps et un mouvement local. De même là-bas, l'âme universelle, venue près du bien, le perçoit mieux, et elle anime le corps du mouvement local qui convient au ciel. La puissance sensitive, à son tour, qui reçoit son bien d'en haut et qui a ses jouissances propres, poursuit ce bien qui est partout et se porte partout. C'est là un mouvement comme celui de l'Intelligence; l'Intelligence se meut en restant immobile; car elle tourne sur elle-même. C'est ainsi que l'univers, en se mouvant en cercle, reste pourtant à la même place.

δεχομένη πρὸς τὸ ἄνω ἐν ταῖς σφαίραις ἑαυτὴν ἔχει ἐποχουμένη καὶ τῇ προτέρᾳ καὶ δύναμιν διδοῦσα παρ' αὐτῆς εἰς τὸ ποιεῖν ζωτικωτέραν. Κινεῖται οὖν ὑπ' αὐτῆς κύκλῳ περιεχούσης καὶ ἐφιδρυμένης παντὶ ὅσον αὐτῆς εἰς τὰς σφαίρας ἀνέδραμε. Κύκλῳ οὖν ἐκείνης περιεχούσης συννεύουσα ἐπιστρέφεται πρὸς αὐτήν, ἡ δὲ ἐπιστροφὴ αὐτῆς περιάγει τὸ σῶμα, ἐν ᾧ ἐμπέπλεκται. Ἑκάστου γὰρ μορίου κἂν ὁπωσοῦν κινηθέντος ἐν σφαίρᾳ, εἰ μένον κινοῖτο, ἔσεισεν ἐν ᾧ ἔστι καὶ τῇ σφαίρᾳ κίνησις γίνεται. Καὶ γὰρ ἐπὶ τῶν σωμάτων τῶν ἡμετέρων τῆς ψυχῆς ἄλλως κινουμένης, οἷον ἐν χαραῖς καὶ τῷ φανέντι ἀγαθῷ, τοῦ σώματος ἡ κίνησις καὶ τοπικὴ γίνεται. Ἐκεῖ δὴ ἐν ἀγαθῷ γινομένη ψυχὴ καὶ αἰσθητικωτέρα γενομένη κινεῖται πρὸς τὸ ἀγαθὸν καὶ σείει ὡς πέφυκεν ἐκεῖ τοπικῶς τὸ σῶμα. Ἥ τε αἰσθητικὴ ἀπὸ τοῦ ἄνω αὖ καὶ αὐτὴ τὸ ἀγαθὸν λαβοῦσα καὶ τὰ αὐτῆς ἡσθεῖσα διώκουσα αὐτὸ ὂν πανταχοῦ πρὸς τὸ πανταχοῦ συμφέρεται. Ὁ δὲ νοῦς οὕτω κινεῖται· ἕστηκε γὰρ καὶ κινεῖται· περὶ αὐτὸν γάρ. Οὕτως οὖν καὶ τὸ πᾶν τῷ κύκλῳ κινεῖται ἅμα καὶ ἕστηκεν.

3 20 οὕτω : οὔπω Kirchhoff.

NOTICE

Ce traité trouve sa place naturelle entre le premier traité de la troisième Ennéade (chap. v et vi), qui expose des objections générales contre l'astrologie, et le premier traité de la première Ennéade qui définit l'essence de l'homme. De ces deux traités, Plotin, en commençant, rappelle le premier, et il annonce le second au début du chap. xv. Partant de là, nous pouvons suivre aisément la suite du développement : une première partie (ch. i à vi) est un approfondissement des arguments généraux contre l'astrologie ; c'est une argumentation « plus exacte », c'est-à-dire qui pénètre dans les minuties des théories astrologiques.

On sait que, pour déterminer le thème de la géniture, d'où l'on conclut à l'avenir matériel et moral du nouveau-né, il faut considérer non seulement la planète « horoscopique », c'est-à-dire celle qui se trouve dans le signe du zodiaque qui se lève au moment de la naissance, mais les planètes qui se trouvent au même moment sur les « centres », c'est-à-dire au point le plus élevé du Zodiaque (μεσουράνημα), et au couchant. De plus l'influence de ces planètes est déterminée non pas seulement par leur nature propre, mais pas deux autres considérations ; leur influence, est en effet différente, d'abord selon les planètes qu'elles regardent [1], ensuite selon le signe du zodiaque, dans lequel elles se trouvent [2]. Enfin chaque pla-

1. Une planète est considérée comme en regardant une autre, lorsque la seconde est dans le troisième, quatrième ou sixième signe zodiacal, compté à partir de la première (cf. 4, 1 sq., et Bouché Leclercq, *Astrologie grecque*, p. 163).

2. Chaque planète a sa « maison », c'est-à-dire un signe du zodiaque

nète voit son influence augmenter, quand elle est à son apogée, et diminuer, quand elle est au périgée [1].

De ce petit nombre de principes suit une infinité de règles indiquant à l'astrologue comment l'influence de chaque planète doit être modifiée selon chacune de ces circonstances.

La critique de Plotin est très différente des anciennes critiques des Académiciens et des Sceptiques, en ce qu'elle ne vise nullement, comme nous allons le voir, à ruiner la pratique de la divination astrologique. Elle se présente sous deux aspects qui sont mal dégagés dans l'exposition : 1° Les principes de l'astrologie sont incompatibles avec l'astronomie scientifique ; le lever d'une planète, son coucher, sa position sur le zodiaque, tout cela n'a de sens que relativement à un observateur terrestre, et n'affecte pas les planètes elles-mêmes [2] ; 2° Les applications que l'on en fait sont directement contraires au principe de la physique platonicienne, qui est l'immutabilité des êtres célestes ; tous les changements d'humeur que l'on prête aux astres, leur sont attribués selon des règles complètement arbitraires.

Remarquons-le bien ; cette première partie n'est point malgré l'apparence, une critique de la divination par les astres : Plotin admet partiellement la valeur des résultats des

avec qui elle a une affinité spéciale et où elle se plaît particulièrement ; la résidence de la planète dans une « maison » qui lui est étrangère, modifie donc son influence.

1. C'est à ce principe que Plotin fait allusion 5, 1 ; or cette vue suppose le système ptoléméen des épicycles, qui, seul, admettait un apogée ou un périgée. Il faut conclure que le manuel d'astrologie dont se sert ici Plotin, est ou bien le livre même que Ptolémée avait consacré à cet art, la *Tetrabiblos,* ou bien un livre qui en dépend (cf. Bouché-Leclercq, p. 113).

2. 3, 4-21 ; 5, 8, 27. Cette critique, si simple et si juste, fait voir à quel point l'astronomie grecque, avec son esprit scientifique est différente des croyances astrologiques issues de l'Orient. Il fallait, pour y arriver, toutes les spéculations sur les distances et les dimensions relatives des corps célestes. Cf. la manière dont Jamblique le néoplatonicien s'efforce de concilier astronomie et astrologie, apud Joh. Lydus, *de mensibus,* p. 93, 9 éd. Wünsch.

tireurs d'horoscope ; ils ont sa faveur, autant que tous les autres genres de devins. Ce qu'il ne veut pas admettre, c'est la conception du monde qu'ils ont liée, arbitrairement, pense-t-il, à leur pratique divinatoire, ces astres qui agissent chacun séparément des autres, comme s'ils n'étaient pas des parties d'un même univers, et dont la volonté capricieuse et tyrannique contredit la nature immuable des dieux célestes. Les théories astrologiques disloquent l'univers. Ce qui répugne à Plotin, c'est, pour parler en langage moderne, leur pluralisme. La divination astrologique bien comprise, au contraire, n'est qu'un exemple de la connaissance inductive par les signes, et elle implique le monisme, l'unité d'une âme qui fait que, selon l'expression stoïcienne, « tout conspire » ; grâce à cette unité harmonique, les événements peuvent se servir de signes les uns aux autres. Ainsi Plotin se sert du monisme stoïcien pour établir la valeur de la divination astrologique, mais aussi pour réfuter les théories des astrologues, double aspect de sa pensée qui pourrait jeter un jour nouveau, croyons-nous, sur les relations de l'astrologie avec la philosophie à la fin de l'antiquité (ch. VII et VIII).

A son tour, cependant, le monisme stoïcien n'est pas le dernier mot de la vérité, parce qu'il nie la destinée individuelle des âmes ; il nie qu'il soit possible de « s'échapper d'ici », puisqu'il fait de l'âme une partie dépendante du tout cosmique. Plotin, à partir du chapitre IX laisse donc là les astrologues, pour combattre les interprétations stoïcisantes des mythes platoniciens de l'âme, interprétations dont nous voyons trop d'exemples dans son œuvre pour croire qu'il a affaire à des adversaires fictifs. Et, de fait, nous savons par Proclus [1] que Numénius d'Apamée « cousait les paroles de Platon » dans les mythes « avec les thèses des tireurs d'horoscope. » Plotin expose cette interprétation avec une grande précision au début des chapitres IX et XV.

Mais sa réfutation n'est malheureusement pas aussi simple que la thèse qu'il combat. C'est que, dans sa pensée et dans

1. *In Rempublicam*, éd. Kroll II,129, 12.

son développement, s'enchevêtrent deux thèmes que nous devons isoler pour le comprendre : 1° Le thème de l'évasion du monde. L'âme, prise dans sa nature propre, et en dehors de sa liaison avec le corps, n'est en aucune manière assujettie à l'univers ni aux astres (ch. IX); au contraire, si elle s'unit au corps, ou si elle aspire seulement à s'y unir, elle devient un fragment de la nature, une esclave du destin (ch, X), auquel les astres collaborent pour leur part (ch. XII). Ce thème, s'il était seul, permettrait bien de résoudre la question, en présentant la liberté de l'âme comme un résultat de l'ascétisme qui l'éloigne du corps; mais il témoignerait d'un dualisme qui ne s'accorde pas avec les intentions profondes de la doctrine ; 2° Le thème de l'âme comme principe du monde. L'ordre de l'univers n'est pas un ordre existant *per se*, mais il dépend de l'âme qui le gouverne selon la raison, et qui donne à chaque partie la place qu'elle doit avoir dans la hiérarchie (ch. XIII) ; chaque être se développe à partir d'une raison séminale ; cette raison, qui est cause productrice, dépend elle-même d'une âme qui contemple l'ordre intelligible. L'âme n'est donc vraiment libre que parce qu'elle a la valeur et la dignité d'un principe. Si Platon représente les Moires filant nos destinées conformément aux révolutions de l'univers, il faut dire que c'est l'âme elle-même qui est le principe de ces révolutions.

L'entrecroisement de ces deux thèmes pose nécessairement le problème du mal, que Plotin traite dans les trois derniers chapitres. D'après le premier thème, le destin et, par conséquent, le monde sont le mal auquel l'âme doit échapper. Dans le second, le destin et le monde deviennent les œuvres d'une âme ordonnatrice. Comment peut-elle produire le mal? Plotin ne fait qu'indiquer ici les réponses qu'il a longuement développées ailleurs.

III 3 [52].

DE L'INFLUENCE DES ASTRES

1 Nous avons déjà dit ailleurs[1] que le mouvement des astres annonce les événements futurs, mais qu'il ne les produit pas, comme on le croit souvent ; et notre traité en a fourni quelques preuves. Il faut maintenant parler de la question avec plus d'exactitude et plus amplement ; car il n'est pas peu important d'avoir sur ce point telle ou telle opinion.

Le mouvement des planètes, dit-on, produit non seulement la pauvreté et la richesse, la santé et la maladie, mais encore la laideur comme, inversement, la beauté, et même, ce qui est le plus important, les vertus et les vices avec les actions qui en dépendent en chaque occasion ; il semble que les planètes soient irritées contre les hommes pour des actions où ils n'ont eux-mêmes aucun tort, puisqu'ils tiennent leurs dispositions de l'influence des planètes. Si elles nous donnent ce que nous appelons des biens, ce n'est point qu'elles aiment ceux qui les reçoivent, c'est qu'elles sont bien ou mal disposées selon les régions du ciel qu'elles occupent ; leurs intentions changent selon qu'elles sont sur les *centres*[2] ou qu'elles *déclinent*. Bien plus, dit-on, certaines planètes sont mauvaises et d'autres sont bonnes ; et pourtant, les mauvaises nous accordent des bienfaits, tandis que les bonnes peuvent devenir méchantes. En outre, suivant qu'elles se *regardent* ou ne se regardent pas, elles produisent des effets différents, comme si elles ne dépendaient pas d'elles-mêmes, mais changeaient selon qu'elles se regardent ou ne se regardent pas. Regar-

1. Dans le traité *sur le destin* (3, 1, 5 et 6), écrit le troisième.
2. Sur le sens des mots techniques, cf. la notice.

III 3 [52]

ΠΕΡΙ ΤΟΥ ΕΙ ΠΟΙΕΙ ΤΑ ΑΣΤΡΑ

1 Ὅτι ἡ τῶν ἄστρων φορὰ σημαίνει περὶ ἕκαστον τὰ ἐσόμενα, ἀλλ᾽ οὐκ αὐτὴ πάντα ποιεῖ, ὡς τοῖς πολλοῖς δοξάζεται, εἴρηται μὲν πρότερον ἐν ἄλλοις, καὶ πίστεις τινὰς παρείχετο ὁ λόγος, λεκτέον δὲ καὶ νῦν ἀκριβέστερον διὰ πλειόνων· οὐ γὰρ μικρὸν τὸ ἢ ὧδε ἢ ὧδε ἔχειν δοξάζειν. Τοὺς δὴ πλανήτας φερομένους ποιεῖν λέγουσιν οὐ μόνον τὰ ἄλλα, πενίας καὶ πλούτους καὶ ὑγιείας καὶ νόσους, ἀλλὰ καὶ αἴσχη καὶ κάλλη αὖ, καὶ δὴ τὸ μέγιστον, καὶ κακίας καὶ ἀρετὰς καὶ δὴ καὶ τὰς ἀπὸ τούτων πράξεις καθ᾽ ἕκαστα ἐπὶ καιρῶν ἑκάστων, ὥσπερ θυμουμένους εἰς ἀνθρώπους, ἐφ᾽ οἷς μηδὲν αὐτοὶ οἱ ἄνθρωποι ἀδικοῦσιν οὕτω παρ᾽ αὐτῶν κατεσκευασμένοι, ὡς ἔχουσι· καὶ τὰ λεγόμενα ἀγαθὰ διδόναι οὐκ ἀγασθέντας τῶν λαμβανόντων, ἀλλ᾽ αὐτοὺς ἢ κακουμένους κατὰ τοὺς τόπους τῆς φορᾶς ἢ αὖ εὐπαθοῦντας καὶ αὖ ἄλλους αὐτοὺς ταῖς διανοίαις γιγνομένους ὅταν τε ἐπὶ κέντρων ὦσι καὶ ἀποκλίνοντας ἄλλους· τὸ δὲ μέγιστον, τοὺς μὲν κακοὺς αὐτῶν λέγοντες, τοὺς δ᾽ ἀγαθοὺς εἶναι, ὅμως καὶ τοὺς κακοὺς αὐτῶν λεγομένους ἀγαθὰ διδόναι, τοὺς δὲ ἀγαθοὺς φαύλους γίνεσθαι· ἔτι δὲ ἀλλήλους ἰδόντας ποιεῖν ἕτερα, μὴ ἰδόντας δὲ ἄλλα, ὥσπερ οὐχ αὐτῶν ὄντας ἀλλὰ ἰδόντας μὲν ἄλλους, μὴ ἰδόντας δὲ

1 10 καιρῶν ἑκάστων : καιρῷ ἑκάστῳ Ciz || 16 ἀποκλίνοντας : ἀποκλίναντας B

dent-elles telle planète ? Elles sont favorables ; en regardent-elles une autre ? Elles se transforment. Elles regardent de manière différente, selon l'*aspect* dans lequel elles se trouvent. De plus l'action mélangée de toutes les planètes produit un effet différent de celui de chacune d'entre elles, comme le mélange de liquides différents produit un liquide tout autre que les liquides mélangés.

On a ces opinions et d'autres analogues. Il importe d'examiner chaque point, et voici comment il convient de commencer :

2 Faut-il croire que les astres sont animés ou inanimés ? S'ils sont inanimés, ils ne produisent rien autre que du chaud ou du froid (en admettant qu'il y ait des astres froids) ; ils borneront leurs bienfaits à notre nature corporelle, et c'est évidemment un mouvement de leurs corps qui viendra d'eux jusqu'à nous, sans que les différences entre leurs corps soient fort nombreuses ; de plus l'influence qui émane de chacun d'eux reste la même ; et ces influences, arrivées sur la terre, se mêlent en une seule, qui varie seulement selon que les régions atteintes sont plus ou moins proches des astres en mouvement. Les astres froids produisent d'ailleurs les mêmes effets. Mais comment pourraient-ils nous rendre sages ou ignorants, grammairiens, rhéteurs, cithariste ou habiles en d'autres arts, riches ou pauvres ? Comment pourraient-ils produire tous les événements qui ne dépendent pas du mélange des corps ? Comment pourraient-ils nous donner tel frère, tel père, tel fils, telle femme, nous faire réussir et nous faire devenir stratèges ou rois ?

S'ils sont animés, et s'ils agissent volontairement, qu'est-ce que nous leur avons fait pour qu'ils veuillent nous faire du mal, eux qui sont situés dans un lieu divin et qui sont des êtres divins[1] ? Ils n'ont même pas en eux ce qui rend les hommes mauvais ; de notre réussite ou de nos revers ne résultent pour eux ni bien ni mal.

3 Mais, dit-on, ils n'agissent pas volontairement ; ils sont déterminés nécessairement par les régions qu'ils occupent et

1. Voir dans Jean le Lydien, *de mens.*, 93, 9 Wünsch comment Jamblique a résolu la question.

ἑτέρους· καὶ τόνδε μὲν ἰδόντα ἀγαθὸν εἶναι, εἰ δ' ἄλλον ἴδοι, ἀλλοιοῦσθαι· καὶ ἄλλως μὲν ὁρᾶν, εἰ κατὰ σχῆμα τόδε ἡ ὄψις, ἄλλως δέ, εἰ κατὰ τόδε· ὁμοῦ τε πάντων τὴν κρᾶσιν ἑτέραν γίγνεσθαι, ὥσπερ ἐξ ὑγρῶν διαφόρων τὸ κρᾶμα ἕτερον παρὰ τὰ μεμιγμένα. Ταῦτα οὖν καὶ τὰ τοιαῦτα δοξαζόντων περὶ ἑκάστου λέγειν ἐπισκοπουμένους προσήκει. Ἀρχὴ δ' ἂν εἴη προσήκουσα αὕτη.

2 Πότερα ἔμψυχα νομιστέον ἢ ἄψυχα ταῦτα τὰ φερόμενα ; Εἰ μὲν γὰρ ἄψυχα, οὐδὲν ἀλλ' ἢ θερμὰ καὶ ψυχρὰ παρεχόμενα, εἰ δὴ καὶ ψυχρὰ ἄττα τῶν ἄστρων φήσομεν, ἀλλ' οὖν ἐν τῇ τῶν σωμάτων ἡμῶν φύσει στήσουσι τὴν δόσιν φορᾶς δηλονότι σωματικῆς εἰς ἡμᾶς γιγνομένης, ὡς μηδὲ πολλὴν τὴν παραλλαγὴν τῶν σωμάτων γίγνεσθαι τῆς τ' ἀπορροῆς ἑκάστων τῆς αὐτῆς οὔσης καὶ δὴ ὁμοῦ εἰς ἓν ἐπὶ γῆς μιγνυμένων, ὡς μόνον κατὰ τοὺς τόπους τὰς διαφορὰς γίγνεσθαι ἐκ τοῦ ἐγγύθεν καὶ πόρρωθεν πρὸς τὴν φοράν, διδόντας καὶ τοῦ ψυχροῦ ὡσαύτως. Σοφοὺς δὲ καὶ ἀμαθεῖς καὶ γραμματικοὺς ἄλλους, τοὺς δὲ ῥήτορας, τοὺς δὲ κιθαριστὰς καὶ τὰς ἄλλας τέχνας, ἔτι δὲ πλουσίους καὶ πένητας, πῶς ; Καὶ τὰ ἄλλα, ὅσα μὴ ἐκ σωμάτων κράσεως τὴν αἰτίαν ἔχει τοῦ γίγνεσθαι ; Οἷον καὶ ἀδελφὸν τοιόνδε καὶ πατέρα καὶ υἱὸν γυναῖκά τε καὶ τὸ νῦν εὐτυχῆσαι καὶ στρατηγὸν καὶ βασιλέα γενέσθαι. Εἰ δ' ἔμψυχα ὄντα προαιρέσει ποιεῖ, τί παρ' ἡμῶν παθόντα κακὰ ἡμᾶς ποιεῖ ἑκόντα, καὶ ταῦτα ἐν θείῳ τόπῳ ἱδρυμένα καὶ αὐτὰ θεῖα ὄντα ; Οὐδὲ γάρ, δι' ἃ ἄνθρωποι γίνονται κακοί, ταῦτα ἐκείνοις ὑπάρχει, οὐδέ γε ὅλως γίνεται ἢ ἀγαθὸν ἢ κακὸν αὐτοῖς ἡμῶν ἢ εὐπαθούντων ἢ κακὰ πασχόντων.

3 Ἀλλ' οὐχ ἑκόντες ταῦτα, ἀλλ' ἠναγκασμένοι τοῖς

26 ταῦτα οὖν : ταῦτα μὲν οὖν Leid Marc C.

2. 3 παρεχόμενα A in marg. F Creuzer Müller : παραδεχόμενα ABE || 7 ἑκάστων : ἑκάστῳ Ciz || 10 φοράν : διαφοράν CE in qua lectione πρὸς τὴν διαφορὰν e διδόντος dependet.

par les *aspects.* — En ce cas, pour une région et un aspect donnés, toutes les planètes devraient produire les mêmes effets. Mais, de fait, quelle modification subit une planète, quand elle passe d'une section du zodiaque à une autre? Notez qu'elle est non pas dans le zodiaque lui-même, mais à une très grande distance au-dessous de lui, et, quel que soit le signe en face duquel elle est, elle reste toujours en face du ciel des fixes. Il est ridicule de dire qu'elle change et produit des effets différents, à son passage en face de chaque section du zodiaque, selon qu'elle se lève, qu'elle est en un centre ou qu'elle décline. Il n'est pas vrai que telle planète éprouve de la joie quand elle est en un centre, qu'elle a du chagrin ou devient inactive quand elle décline, que telle autre est en colère à son lever et s'adoucit à son déclin, que telle autre enfin devient meilleure en déclinant. En effet, à un moment donné, une planète qui, pour certains observateurs, est sur un centre, est pour d'autres sur son déclin; et celle qui, pour les uns, est sur son déclin, est, pour les autres, sur un centre; or elle ne peut pas, au même instant, se réjouir et s'affliger, ou bien être en colère et s'adoucir. On dit encore que certaines planètes sont en joie au moment de leur coucher, et les autres à leur lever; est-ce raisonnable? Il s'ensuivrait qu'elles sont simultanément joyeuses et tristes. De plus, pourquoi leur tristesse nous nuirait-elle?

D'une manière générale, il ne faut pas admettre qu'elles sont joyeuses ou tristes selon les moments; toujours joyeuses, elles jouissent des biens qu'elles possèdent et du spectacle qu'elles contemplent; chacune a sa vie propre et trouve son bien dans sa propre activité; ce n'est là rien qui nous concerne. Vis-à-vis de nous, qui n'avons pas commerce avec elles, c'est de leur part une action tout à fait accidentelle et non leur but principal, ce n'est même pas une action du tout d'annoncer l'avenir comme le font les oiseaux.

4 Il n'est pas raisonnable non plus de dire qu'en *regardant* une autre planète, celle-ci se réjouit et celle-là s'attriste[1]. Il y aurait donc de la haine entre elles? Et à propos de quoi? Pourquoi, si elle la regarde au troisième signe à partir d'elle-même, est-elle autrement disposée que si elle la regarde au

1. Sur le détail de ces règles, Bouché-Leclercq, *Astr. gr.*, p. 309.

τόποις καὶ τοῖς σχήμασιν. Ἀλλ᾽ εἰ ἠναγκασμένοι, τὰ αὐτὰ δήπουθεν ἐχρῆν ἅπαντας ποιεῖν ἐπὶ τῶν αὐτῶν τόπων καὶ σχημάτων γιγνομένους. Νῦν δὲ τί διάφορον πέπονθεν ὅδε τόδε τὸ τμῆμα τοῦ τῶν ζῳδίων κύκλου παριὼν καὶ αὖ τόδε ; Οὐ γὰρ δὴ οὐδ᾽ ἐν αὐτῷ τῷ ζῳδίῳ γίγνεται, ἀλλ᾽ ὑπ᾽ αὐτὸ πλεῖστον ἀπέχων, καὶ καθ᾽ ὁποῖον ἂν γίγνηται κατὰ τὸν οὐρανὸν ὤν. Γελοῖον γὰρ καθ᾽ ἕκαστον ὧν τις παρέρχεται ἄλλον καὶ ἄλλον γίγνεσθαι καὶ διδόναι ἄλλα καὶ ἄλλα· ἀνατέλλων δὲ καὶ ἐπὶ κέντρου γεγονὼς καὶ ἀποκλίνας < ἄλλος καὶ > ἄλλος. Οὐ γὰρ δὴ τοτὲ μὲν ἥδεται ἐπὶ τοῦ κέντρου ὤν, τοτὲ δὲ λυπεῖται ἀποκλίνας ἢ ἀργὸς γίνεται, οὐδ᾽ αὖ θυμοῦται ἀνατειλας ἄλλος, πραΰνεται δὲ ἀποκλίνας, εἷς δέ τις αὐτῶν καὶ ἀποκλίνας ἀμείνων. Ἔστι γὰρ ἀεὶ ἕκαστος καὶ ἐπίκεντρος ἄλλοις ἀποκλίνας ἄλλοις καὶ ἀποκλίνας ἑτέροις ἐπίκεντρος ἄλλοις· καὶ οὐ δήπου κατὰ τὸν αὐτὸν χρόνον χαίρει τε καὶ λυπεῖται καὶ θυμοῦται καὶ πρᾷός ἐστι. Τὸ δὲ τοὺς μὲν αὐτῶν χαίρειν λέγειν δύνοντας, τοὺς δὲ ἐν ἀνατολαῖς ὄντας, πῶς οὐκ ἄλογον ; Καὶ γὰρ οὕτω συμβαίνει ἅμα τε λυπεῖσθαι καὶ χαίρειν. Εἶτα διὰ τί ἡ ἐκείνων λύπη ἡμᾶς κακώσει ; Ὅλως δὲ οὐδὲ λυπεῖσθαι οὐδ᾽ ἐπὶ καιροῦ χαίρειν αὐτοῖς δοτέον, ἀλλ᾽ ἀεὶ τὸ ἵλεων ἔχειν χαίροντας ἐφ᾽ οἷς ἀγαθοῖς ἔχουσι καὶ ἐφ᾽ οἷς ὁρῶσι. Βίος γὰρ ἑκάστου ἐφ᾽ αὑτοῦ ἑκάστῳ καὶ ἐν τῇ ἐνεργείᾳ τὸ εὖ· τὸ δὲ οὐ πρὸς ἡμᾶς. Καὶ μάλιστα τοῖς οὐ κοινωνοῦσιν ἡμῖν ζῴοις, κατὰ συμβεβηκὸς οὐ προηγούμενον, οὐδὲ ὅλως τὸ ἔργον πρὸς ἡμᾶς, εἰ ὥσπερ ὄρνισι κατὰ συμβεβηκὸς τὸ σημαίνειν.

4 Κἀκεῖνο δὲ ἄλογον, τόνδε μὲν τόνδε ὁρῶντα χαίρειν, τόνδε δὲ τόνδε τοὐναντίον· τίς γὰρ αὐτοῖς ἔχθρα ἢ περὶ τίνων ; Διὰ τί δὲ τρίγωνος μὲν ὁρῶν ἄλλως, ἐξ ἐναντίας δὲ ἢ τετράγωνος ἄλλως ; Διὰ τί δὲ ὡδὶ μὲν ἐσχηματισμένος

3 11 ἄλλος καὶ Müller : πῶς ἄλλος Volkmann.

quatrième ou bien si elle est en opposition avec elle ? Pourquoi dit-on que, dans un de ces aspects, elle la regarde, tandis que, si elle se rapproche d'elle de la distance d'un signe, elle ne la regarde plus ? Question plus générale : de quelle manière les planètes opèrent-elles leurs prétendues actions ? Comment opèrent-elles chacune à part ? Comment, en réunissant leurs actions, produisent-elles un effet différent ? S'entendent-elles les unes avec les autres pour ces prétendues actions exercées sur nous ? Chacune d'elles abandonne-t-elle de ses privilèges ? L'une fait-elle violence à l'autre pour l'empêcher de prodiguer ses dons ? Ou bien l'une va-t-elle permettre à l'autre d'agir parce qu'elle a été convaincue par elle ? Voici une planète qui se réjouit de se trouver dans la *maison* d'une autre planète tandis que l'autre s'attriste de se trouver dans la *maison* de la première ; n'est-ce pas comme si l'on prétendait que deux personnes s'aiment bien entre elles, et que pourtant l'une aime l'autre, tandis que la seconde hait la première ?

5 Une de ces planètes, dit-on, est froide ; quand elle est éloignée de nous, elle est plus bienfaisante pour nous, parce que le froid est, prétend-on, le principe de sa malfaisance. — Alors elle devrait être bienfaisante quand elle est dans les signes qui sont en opposition avec nous. — Quand la planète froide est en opposition avec la planète chaude, elles ont à elles deux, dit-on, une terrible influence. — Pourtant elles devraient se tempérer l'une l'autre. — Telle planète [la planète froide, Saturne], dit-on, aime le jour et devient bonne quand elle est réchauffée ; telle autre aime la nuit, parce qu'elle est ignée. — Il ne fait donc pas tout le temps jour pour les planètes ? Ne sont-elles pas toujours dans la lumière et sont-elles saisies par la nuit, elles qui sont bien au-dessus de l'ombre projetée par la terre ? — De plus la conjonction de la lune avec la planète est, dit-on, bienfaisante quand elle est pleine, et malfaisante quand elle est nouvelle. — Si on l'accorde, on prouve le contraire de ce qu'on avançait. Car lorsque la lune est pleine pour nous, son autre hémisphère est obscur pour la planète qui est en conjonction avec elle, puisque cette planète est au-dessus d'elle ; et quand elle est nouvelle pour nous, elle est pleine pour cette planète ; l'effet contraire devrait donc se produire, puisque la lune, quand

ὁρᾷ, κατὰ δὲ τὸ ἑξῆς ζῴδιον ἐγγυτέρω ὢν μᾶλλον οὐχ ὁρᾷ ; Ὅλως δὲ τίς καὶ ὁ τρόπος ἔσται τοῦ ποιεῖν ἃ λέγονται ποιεῖν ; Πῶς τε χωρὶς ἕκαστος καὶ ἔτι πῶς ὁμοῦ πάντες ἄλλο ἐκ πάντων ; Οὐ γὰρ δὴ συνθέμενοι πρὸς ἀλλήλους οὕτω ποιοῦσιν εἰς ἡμᾶς τὰ δόξαντα ὑφεὶς ἕκαστός τι τῶν ἀφ᾽ αὑτοῦ, οὐδ᾽ αὖ ἄλλος ἐκώλυσε τὴν τοῦ ἑτέρου δόσιν γενέσθαι βιασάμενος, οὐδ᾽ αὖ ὁ ἕτερος παρεχώρησε τῷ ἑτέρῳ πεισθεὶς αὐτῷ πράττειν. Τὸ δὲ τόνδε μὲν χαίρειν ἐν τοῖς τοῦδε γενόμενον, ἀνάπαλιν δὲ τὸν ἕτερον ἐν τοῖς τοῦ ἑτέρου γενόμενον, πῶς οὐχ ὅμοιον, ὥσπερ ἂν εἴ τις ὑποθέμενος δύο φιλοῦντας ἀλλήλους ἔπειτα λέγοι τὸν μὲν ἕτερον φιλεῖν τὸν ἕτερον, ἀνάπαλιν δὲ θάτερον μισεῖν θάτερον ;

5 Λέγοντες δὲ ψυχρόν τινα αὐτῶν εἶναι, ἔτι πόρρω γινόμενον ἀφ᾽ ἡμῶν μᾶλλον ἡμῖν ἀγαθὸν εἶναι, ἐν τῷ ψυχρῷ τὸ κακὸν αὐτοῦ εἰς ἡμᾶς τιθέμενοι· καίτοι ἔδει ἐν τοῖς ἀντικειμένοις ἡμῖν ζῳδίοις ἀγαθὸν ἡμῖν εἶναι· καὶ ἐναντίους γινομένους τὸν ψυχρὸν τῷ θερμῷ δεινοὺς ἀμφοτέρους γίνεσθαι· καίτοι ἔδει κρᾶσιν εἶναι· καὶ τόνδε μὲν χαίρειν τῇ ἡμέρᾳ καὶ ἀγαθὸν γίνεσθαι θερμαινόμενον, τόνδε δὲ τῇ νυκτὶ χαίρειν πυρώδη ὄντα, ὥσπερ οὐκ ἀεὶ ἡμέρας αὐτοῖς οὔσης, λέγω δὲ φωτός, ἢ τοῦ ἑτέρου καταλαμβανομένου ὑπὸ νυκτὸς πολὺ ὑπεράνω τῆς σκιᾶς τῆς γῆς ὄντος. Τὸ δὲ τὴν σελήνην πλησίφωτον μὲν οὖσαν ἀγαθὴν εἶναι τῷδε συνερχομένην, λείπουσαν δὲ κακήν, ἀνάπαλιν, εἴπερ δοτέον. Πλήρης γὰρ οὖσα πρὸς ἡμᾶς ἐκείνῳ ὑπεράνω ὄντι ἀφώτιστος ἂν εἴη τῷ ἑτέρῳ ἡμισφαιρίῳ, λείπουσα δὲ ἡμῖν ἐκείνῳ πλησίφωτος· ὥστε τὰ ἐναντία ποιεῖν ἔδει λείπουσαν ἐκεῖνον μετὰ φωτὸς ὁρῶσαν. Αὐτῇ μὲν οὖν ὅπως ἐχούσῃ

4 9 εἰς ἡμᾶς : πρὸς ἡμᾶς AE (cf. 3, 27) || 13 τοῦδε : τούτου E Darm.

5 1 εἶναι del. Müller || 4 ἀντικειμένοις ἡμῖν Marc C : ἀντικειμένοις ceteri codices || 16 ἐκεῖνον Müller : ἐκείνῳ codd.

elle est nouvelle pour nous, envoie toute sa lumière sur la planète : pour la lune elle-même, il n'en résulte aucune différence, puisqu'une de ses faces est toujours éclairée ; mais il n'en est pas de même de la planète qui, d'après ce qu'ils disent, en reçoit la chaleur ; elle s'échauffe donc, quand la lune est nouvelle pour nous ; et la lune agit sur elle d'une manière bienfaisante, quand elle est nouvelle pour nous et pleine pour elle. L'obscurité de la lune pour nous est relative à la terre, et n'afflige donc pas la planète qui est au-dessus d'elle ; mais celle-ci ne supplée point à la lune à cause de son éloignement, et il semble que la nouvelle lune reste malfaisante. Inversement, lorsque la lune est pleine pour nous, elle suffit à la terre, même à supposer que la planète en conjonction agisse de loin ; en ce cas, la lune, qui présente sa face sombre à la planète ignée, reste, croit-on, bienfaisante pour nous ; c'est qu'elle suffit par elle-même à cette heureuse influence, et la planète ignée contient trop de feu pour la produire. Tous les corps des êtres animés qui viennent de là-haut sont chauds, les uns plus, les autres moins : mais aucun d'eux n'est froid ; le lieu où ils sont en est un témoignage. La planète, appelée Jupiter, n'a qu'un feu tempéré, ainsi que Lucifer ; grâce à cette ressemblance, ces deux planètes s'accordent ; combinant leurs influences avec la planète ignée (Mars), elles restent étrangères à Saturne, à cause de son éloignement ; Mercure, lui, est indifférent et se rend semblable, croit-on, à l'une quelconque des autres planètes. — Pourtant toutes concourent à l'univers ; leurs rapports entre elles sont ceux qui importent à l'univers. Ainsi l'on voit, en chaque animal, que chacune des parties est faite surtout en vue de l'ensemble. La bile, par exemple, est faite pour l'ensemble de l'être vivant et correspond à la partie voisine ; il faut qu'elle excite les passions généreuses ; mais il faut aussi que l'ensemble et les parties voisines ne lui permettent pas de dépasser la mesure. De même, dans l'ensemble de l'être vivant, il faut, outre la passion généreuse, une partie qui s'attache au plaisir. D'autres parties, enfin, sont comme les yeux de l'âme ; et elles sont toutes en sympathie avec les parties irrationnelles ; c'est ainsi que l'animal est un et qu'il y règne une harmonie unique. Comment ne verrait-on pas là des preuves par analogie [de l'harmonie de l'univers] ?

οὐδὲ διαφέροι ἂν τὸ ἥμισυ ἀεὶ φωτιζομένῃ· τῷ δ' ἴσως διαφέροι ἂν θερμαινομένῳ, ὥς λέγουσιν. Ἀλλὰ θερμαίνοιτο ἄν, εἰ ἀφώτιστος πρὸς ἡμᾶς ἡ σελήνη εἴη· πρὸς δὲ τὸν ἕτερον ἀγαθὴ οὖσα ἐν τῷ ἀφωτίστῳ πλήρης ἐστὶ πρὸς αὐτόν. Τὸ δὲ πρὸς ἡμᾶς τῆς σελήνης ἀφώτιστόν ἐστι πρὸς τὰ ἐπὶ γῆς, οὐ τὸ ἄνω λυπεῖ. Οὐκ ἐπικουροῦντος δὲ ἐκείνου τῷ πόρρω χεῖρον εἶναι δοκεῖ· ὅταν δὲ πλήρης ᾖ, ἀρκεῖ τῷ κάτω, κἂν ἐκεῖνος πόρρωθεν ᾖ. Πρὸς δὲ τὸν πυρώδη ἀφώτιστος οὖσα πρὸς ἡμᾶς ἔδοξεν εἶναι ἀγαθή· αὐταρκεῖ γὰρ [τὸ] ἐκείνου πυρωδεστέρου ἢ πρὸς ἐκεῖνο ὄντος. Τὰ δὲ ἰόντα ἐκεῖθεν σώματα ἐμψύχων ἄλλα ἄλλων ἐπὶ τὸ μᾶλλον καὶ ἧττον θερμά, ψυχρὸν δὲ οὐδέν· μαρτυρεῖ δὲ ὁ τόπος. Δία δὲ ὃν λέγουσιν, εὔκρατος πυρί· καὶ ὁ Ἑῷος οὕτως· διὸ καὶ σύμφωνοι δοκοῦσιν ὁμοιότητι· πρὸς δὲ τὸν Πυρόεντα καλούμενον τῇ κράσει, πρὸς δὲ Κρόνον ἀλλοτρίως τῷ πόρρω· Ἑρμῆς δ' ἀδιάφορος πρὸς ἅπαντας, ὡς δοκεῖ, ὁμοιούμενος. Πάντες δὲ πρὸς τὸ ὅλον σύμφοροι· ὥστε πρὸς ἀλλήλους οὕτως, ὡς τῷ ὅλῳ συμφέρει, ὡς ἐφ' ἑνὸς ζῴου ἕκαστα τῶν μερῶν ὁρᾶται. Τούτου γὰρ χάριν μάλιστα, οἷον χολὴ καὶ τῷ ὅλῳ καὶ πρὸς τὸ ἐγγύς· καὶ γὰρ ἔδει καὶ θυμὸν ἐγείρειν καὶ τὸ πᾶν καὶ τὸ πλησίον μὴ ἐᾶν ὑβρίζειν. Καὶ δὴ καὶ ἐν τῷ παντελεῖ ἔδει τινὸς τοιούτου καί τινος ἄλλου πρὸς τὸ ἡδὺ ἀνημμένου· τὰ δὲ ὀφθαλμοὺς εἶναι· συμπαθῆ δὲ πάντα τῷ ἀλόγῳ αὐτῶν εἶναι· οὕτω γὰρ ἓν καὶ μία ἁρμονία· ταῦτ' οὖν πῶς οὐ σημεῖα ἐξ ἀναλογίας εἴη ἄν ;

21 τὸ δὲ πρὸς ἡμᾶς usque ad 41 μία ἁρμονία in codicibus inseruntur post 12, 11 τοῦ εἴδους. Transposuit Ficinus quem secuti sunt omnes editores. Interpolata esse putavit ea verba Heinemann, *Plotin*, p. 98 || 26 τὸ seclusi : haec verba sequentiaque corrupta esse monuit Ficinus || ἐκεῖνο A (ν super lineam) Darm. : ἐκείνου Mon. A ἐκεῖνον ceteri codices et editiones || 29 ὁ Ἑῷος οὕτως Creuzer : ἑῷος οὗτος || 30 ὁμοιοτήτι · πρὸς δὲ τὸν : ὁμοιότητι πρὸς τὸν Müller || 31 σύμφορος post καλούμενον ins. Creuzer || 39 καί τινος ἄλλου del. Müller || τὰ δὲ ὀφθαλμοὺς εἶναι del. Müller.

6 On admet que Mars et Vénus, dans une position déterminée, sont cause des adultères, comme si ces astres imitaient l'intempérance des hommes et satisfaisaient leurs désirs l'un par l'autre — Quelle absurdité ! — On pense que les planètes ont plaisir à se contempler les unes les autres, dans certaines positions déterminées, et qu'il n'est pas de limites à leur pouvoir. — Comment admettre pareilles choses ? S'occuper de chacun des innombrables animaux qui naissent et qui existent, faire à chacun les dons convenables, les rendre riches, pauvres ou intempérants, leur faire accomplir chacun de leurs actes, quelle vie pour les planètes ! Comment peuvent-elles faire tant de choses à la fois ? — On dit qu'elles attendent, pour accomplir les destinées, les ascensions des signes du zodiaque, c'est-à-dire un nombre d'années égal au nombre de degrés qu'il y a entre leur lever et leur ascension. Les planètes calculent donc sur leurs doigts le moment où elles agiront, et il ne leur est permis de rien faire avant ce temps ! On refuse à un être unique le pouvoir de gouverner l'univers, et on donne tout aux astres. Comme s'il n'y avait pas un maître unique dont tout dépend ! Il permet à chaque être, selon sa nature, d'atteindre sa fin et d'accomplir sa fonction en se coordonnant avec lui ; penser autrement, c'est détruire la nature du monde ; c'est ignorer qu'il a un principe et une cause première qui s'étend à tous les êtres.

7 Mais, dira-t-on, si les astres ne font qu'indiquer les évènements futurs, s'ils ne font rien de plus que d'être, entre bien d'autres, des signes annonciateurs de l'avenir, quelle sera la cause productrice des événements ? D'où viendra leur ordre régulier (Car ils ne pourraient être annoncés, s'ils n'avaient un ordre régulier). — Nous admettons que les astres sont comme des lettres qui s'écrivent à chaque instant dans le ciel ou plutôt des lettres écrites une fois pour toutes, qui se meuvent ; par suite, tout en accomplissant d'autres fonctions, ils ont aussi le pouvoir de signifier. Tout se passe dans l'univers comme dans un animal où l'on peut, grâce à l'unité de son principe, connaître une partie d'après une autre partie. Ainsi en considérant le regard d'un homme ou tel autre partie de son corps, l'on peut connaître son caractère, les dangers qui le menacent et les moyens qu'il a d'y échapper.

6 Ἄρεα δὲ τόνδε ἢ Ἀφροδίτην θεμένους μοιχείας ποιεῖν, εἰ ὧδί εἶεν, ὥσπερ ἐκ τῆς ἀνθρώπων ἀκολασίας αὐτοὺς ἐμπιπλάντας ὧν πρὸς ἀλλήλους δέονται, πῶς οὐ πολλὴν ἀλογίαν ἔχει ; Καὶ τὴν μὲν θέαν αὐτοῖς τὴν πρὸς ἀλλήλους, εἰ οὑτωσὶ θεῷντο, ἡδεῖαν εἶναι, πέρας δὲ αὐτοῖς μηδὲν εἶναι, πῶς ἄν τις παραδέξαιτο ; Μυριάδων δὲ ζῴων ἀναριθμήτων γινομένων καὶ οὐσῶν ἑκάστῳ τελεῖν ἀεὶ τό τε δόξαν αὐτοῖς διδόναι, πλουτεῖν ποιεῖν, πένητας, ἀκολάστους, καὶ τὰς ἐνεργείας ἑκάστων αὐτοὺς τελεῖν, τίς αὐτοῖς ἐστιν ὁ βίος ; Ἢ πῶς δυνατὸν τοσαῦτα ποιεῖν ; Τὸ δὲ ἀναφορὰς ζῳδίων ἀναμένειν καὶ τότε τελεῖν, καὶ ὅσαις μοίραις ἀνατέλλει ἕκαστον, ἐνιαυτοὺς εἶναι τοσούτους τῆς ἀναφορᾶς, καὶ οἷον ἐπὶ δακτύλων τίθεσθαι, ὅτε ποιήσουσι, μὴ ἐξεῖναι δ' αὐτοῖς πρὸ τούτων τῶν χρόνων, ὅλως δὲ μηδενὶ ἑνὶ τὸ κύριον τῆς διοικήσεως διδόναι, τούτοις δὲ τὰ πάντα διδόναι, ὥσπερ οὐκ ἐπιστατοῦντος ἑνός, ἀφ' οὗ διηρτῆσθαι τὸ πᾶν, ἑκάστῳ διδόντος κατὰ φύσιν τὸ αὑτοῦ περαίνειν καὶ ἐνεργεῖν τὰ αὑτοῦ συντεταγμένον αὖ μετ' αὐτοῦ, λύοντός ἐστι καὶ ἀγνοοῦντος κόσμου φύσιν ἀρχὴν ἔχοντος καὶ αἰτίαν πρώτην ἐπὶ πάντα ἰοῦσαν.

7 Ἀλλ' εἰ σημαίνουσιν οὗτοι τὰ ἐσόμενα, ὥσπερ φαμὲν πολλὰ καὶ ἄλλα σημαντικὰ εἶναι τῶν ἐσομένων, τί ἂν τὸ ποιοῦν εἴη ; Καὶ ἡ τάξις πῶς ; Οὐ γὰρ ἂν ἐσημαίνετο τεταγμένως μὴ ἑκάστων γινομένων. Ἔστω τοίνυν ὥσπερ γράμματα ἐν οὐρανῷ γραφόμενα ἀεὶ ἢ γεγραμμένα καὶ κινούμενα, ποιοῦντα μέντοι ἔργον καὶ ἄλλο· ἐπακολουθείτω δὲ τῷδε ἡ παρ' αὐτῶν σημασία, ὡς ἀπὸ μιᾶς ἀρχῆς ἐν ἑνὶ ζῴῳ παρ' ἄλλου μέρους ἄλλο ἄν τις μάθοι. Καὶ γὰρ καὶ ἦθος ἄν τις γνοίη εἰς ὀφθαλμούς τινος ἰδὼν ἤ τι ἄλλο μέρος τοῦ σώματος καὶ κινδύνους καὶ σωτηρίας. Καὶ οὖν μέρη μὲν ἐκεῖνα, μέρη δὲ καὶ ἡμεῖς· ἄλλα οὖν ἄλλοις.

6 4 ἔχει : ἔχοι AE super lineam.

Comme ce sont là des parties de cet homme, nous sommes nous-mêmes des parties de l'univers ; pour des êtres différents, il y a des parties différentes.

D'autre part tout est plein de signes. Être savant c'est connaître une chose d'après un autre. Tout le monde possède ainsi la connaissance des événements habituels. Or tous les événements sont coordonnés. Ainsi l'on comprend que nous trouvions dans le vol des oiseaux ou chez d'autres animaux des signes de l'avenir. Toutes les choses doivent dépendre les unes des autres ; et, comme on l'a très bien dit, « tout conspire », non seulement dans un individu particulier, mais beaucoup plus encore dans l'univers. L'unité de principe unifie les parties multiples de l'animal et en fait un être unique. Or, de même que, en chaque être individuel, chaque partie a sa fonction particulière, de même dans l'univers chaque être a sa fonction propre, d'autant plus que ces êtres ne sont plus seulement à proprement parler des parties, mais bien des touts d'une assez grande dimension. Chacun donc, procédant d'un principe unique, fait son œuvre propre et tous sont utiles à tous ; car aucun n'est séparé de l'ensemble ; il agit sur les autres et subit leur action ; les êtres se rencontrent, et ils en éprouvent un effet nuisible ou salutaire. Ils ne procèdent d'ailleurs pas au hasard et fortuitement : un être provient d'un autre, et en produit un autre selon une loi naturelle.

8 L'âme, elle aussi, veut accomplir sa fonction ; car l'âme produit tout, parce qu'elle a le rôle de principe du mouvement. Qu'elle marche droit ou que sa voie soit troublée, la Justice universelle suit toutes ses actions, puisque l'univers ne doit pas être détruit ; et il subsiste éternellement, parce qu'il est dirigé par l'ordre et par la puissance de son souverain. Les astres, qui sont des parties importantes du ciel, collaborent à l'univers ; ces êtres magnifiques servent aussi de signes ; ils présagent tout ce qui arrive dans le monde sensible ; mais ils ne sont les causes que des événements qu'ils produisent manifestement. Pour nous, nous accomplissons la fonction que la nature a réservée à notre âme, tant que nous ne nous égarons pas dans la multiplicité des êtres de l'univers ; si nous nous égarons, justice est faite de nous par notre égarement lui-même et par la malheureuse

Μεστὰ δὲ πάντα σημείων καὶ σοφός τις ὁ μαθὼν ἐξ ἄλλου ἄλλο. Πολλὰ δὲ ἤδη ἐν συνηθείᾳ γιγνόμενα γινώσκεται πᾶσι. Τίς οὖν ἡ σύνταξις ἡ μία ; Οὕτω γὰρ καὶ τὸ κατὰ τοὺς ὄρνεις εὔλογον καὶ τὰ ἄλλα ζῷα, ἀφ' ὧν σημαινόμεθα ἕκαστα. Συνηρτῆσθαι δὴ δεῖ ἀλλήλοις τὰ πάντα — καὶ μὴ μόνον ἐν ἑνὶ τῶν καθ' ἕκαστα τοῦ εὖ εἰρημένου σύμπνοια μία, ἀλλὰ πολὺ μᾶλλον καὶ πρότερον ἐν τῷ παντί — καὶ μίαν ἀρχὴν ἓν πολὺ ζῷον ποιῆσαι καὶ ἐκ πάντων ἕν, καὶ ὡς ἐν ἑνὶ ἑκάστῳ τὰ μέρη ἕν τι ἔργον ἕκαστον εἴληφεν, οὕτω καὶ τὰ ἐν τῷ παντι ἕκαστα ἔργα ἕκαστον ἔχειν καὶ μᾶλλον ἢ ταῦτα, ὅσον μὴ μόνον μέρη, ἀλλὰ καὶ ὅλα καὶ μείζω. Πρόεισι μὲν δὴ ἕκαστον ἀπὸ μιᾶς τὸ αὑτοῦ πρᾶττον, συμβάλλει δὲ ἄλλο ἄλλῳ· οὐ γὰρ ἀπήλλακται τοῦ ὅλου· καὶ δὴ καὶ ποιεῖ καὶ πάσχει ὑπ' ἄλλων καὶ ἄλλο αὖ προσῆλθε καὶ ἐλύπησεν ἢ ἧσε. Πρόεισι δὲ οὐκ εἰκῇ οὐδὲ κατ' ἐπιτυχίαν· καὶ γὰρ ἄλλο τι καὶ ἐκ τούτων καὶ ἐφεξῆς κατὰ φύσιν ἄλλο.

8 Καὶ δὴ καὶ ψυχὴ τὸ αὑτῆς ἔργον ποιεῖν ὡρμημένη — ψυχὴ γὰρ πάντα ποιεῖ ἀρχῆς ἔχουσα λόγον — κἂν εὐθυποροῖ καὶ ταράττοιτο αὖ, καὶ ἕπεται τοῖς δρωμένοις ἐν τῷ παντὶ δίκη, εἴπερ μὴ λυθήσεται. Μένει δ' ἀεὶ ὀρθουμένου τοῦ ὅλου τάξει καὶ δυνάμει τοῦ κρατοῦντος· συνεργοῦντα δὲ καὶ τὰ ἄστρα ὡς ἂν μόρια οὐ σμικρὰ ὄντα τοῦ οὐρανοῦ πρὸς τὸ ὅλον ἀριπρεπῆ καὶ πρὸς τὸ σημαίνειν ἐστί. Σημαίνει μὲν οὖν πάντα, ὅσα ἐν αἰσθητῷ, ποιεῖ δὲ ἄλλα, ὅσα φανερῶς ποιεῖ. Ἡμεῖς δὲ ψυχῆς ἔργα κατὰ φύσιν ποιοῦμεν, ἕως μὴ ἐσφάλημεν ἐν τῷ πλήθει τοῦ παντός· σφαλέντες δὲ ἔχομεν δίκην καὶ τὸ σφάλμα αὐτὸ καὶ τὸ ἐν χείρονι μοίρᾳ εἰς ὕστερον. Πλοῦτοι μὲν οὖν καὶ πενίαι συντυχίᾳ τῶν ἔξω· ἀρεταὶ δὲ καὶ κακίαι ⟨πῶς⟩ ;

7 17 εἰρημένου : εἰρομένου Volkmann || 20 ὡς ἐν ἑνὶ Mon. A : ὡς ἑνὶ ceteri codices.

8 3 καὶ ταράττοιτο AE Darm. : παράγοιτο A in marg. Creuzer || 13 πῶς Müller : *quomodo* Ficinus.

destinée qui nous attend plus tard. La richesse et la pauvreté proviennent de rencontres accidentelles. Mais d'où viennent la vertu et le vice ? La vertu dérive de l'élément primitif de l'âme, et le vice des relations de l'âme avec les choses extérieures. Mais nous avons traité ce sujet ailleurs.

9 Mais [dira-t-on] rappelons-nous « le fuseau » ; pour les anciens, c'était un fuseau matériel que tournent en filant, les Moires ; pour Platon, il représente le ciel des fixes ; or les Moires et la Nécessité, leur mère, en le faisant tourner, filent le destin de chaque être à sa naissance ; par elle, les êtres engendrés arrivent à la naissance. Dans le *Timée*, d'autre part, le démiurge fournit le principe de l'âme, mais ce sont les dieux en mouvement dans le ciel qui lui donnent ses passions aussi redoutables que nécessaires, les passions généreuses, le désir, le plaisir, la peine, ainsi que la partie de l'âme d'où proviennent ces passions [1]. De pareilles théories nous lient aux astres ; d'eux nous tirons notre âme ; et nous sommes soumis à la nécessité, à notre arrivée en ce monde. D'eux viennent notre caractère, et, par notre caractère, nos actions et nos passions qui dérivent d'une habitude passive. Qu'est-ce qui reste alors de nous ? — Il reste ce que nous sommes véritablement, ce moi à qui il est donné par la nature de dominer les passions. Au milieu de tous les maux qui nous sont infligés par le corps, Dieu nous a donné la vertu, qui n'a pas de maître. Car ce n'est pas dans le calme que nous avons besoin de la vertu, c'est lorsque nous risquons de tomber dans le mal, si elle n'était là. C'est pourquoi « il faut nous enfuir d'ici » [2] et nous séparer de tout ce qui s'est ajouté à nous-mêmes. Il ne faut pas que nous soyons cet être composite, ce corps animé, où la nature du corps domine et où il reste à peine une trace de l'âme, la vie commune de l'âme et du corps étant plutôt celle du corps ; tout ce qui dépend de cette vie est corporel. A une autre âme, étrangère à cette vie, appartient le mouvement qui nous porte vers la région supérieure, vers la beauté et vers l'être divin, à qui nul ne commande ; grâce à ce mouvement, cette âme s'identifie à ces objets et vit

1. Pour le fuseau, voir *République*, 616 c ; pour le rôle des astres, *Timée*, 41 c-e ; et surtout 69 c-d.

2. *Théétète*, 176 a.

Ἀρεταὶ μὲν διὰ τὸ ἀρχαῖον τῆς ψυχῆς, κακίαι δὲ συντυχίᾳ ψυχῆς πρὸς τὰ ἔξω. Ἀλλὰ περὶ μὲν τούτων ἐν ἄλλοις εἴρηται.

9 Νῦν δὲ ἀναμνησθέντες τοῦ ἀτράκτου, ὃν τοῖς μὲν πρόπαλαι αἱ Μοῖραι ἐπικλώθουσι, Πλάτωνι δὲ ὁ ἄτρακτός ἐστι τό τε πλανώμενον καὶ τὸ ἀπλανὲς τῆς περιφορᾶς, καὶ αἱ Μοῖραι δὲ καὶ ἡ Ἀνάγκη μήτηρ οὖσα στρέφουσι καὶ ἐν τῇ γενέσει ἑκάστου ἐπικλώθουσι καὶ δι᾽ αὐτῆς εἶσιν εἰς γένεσιν τὰ γεννώμενα. Ἐν δὲ Τιμαίῳ θεὸς μὲν ὁ ποιήσας τὴν ἀρχὴν τῆς ψυχῆς δίδωσιν, οἱ δὲ φερόμενοι θεοὶ τὰ δεινὰ καὶ ἀναγκαῖα πάθη, θυμοὺς καὶ ἐπιθυμίας καὶ ἡδονὰς καὶ λύπας αὖ, καὶ ψυχῆς ἄλλο εἶδος, ἀφ᾽ οὗ τὰ παθήματα ταυτί. Οὗτοι γὰρ οἱ λόγοι συνδέουσιν ἡμᾶς τοῖς ἄστροις παρ᾽ αὐτῶν ψυχὴν κομιζομένους καὶ ὑποτάττουσι τῇ ἀνάγκῃ ἐνταῦθα ἰόντας· καὶ ἤθη τοίνυν παρ᾽ αὐτῶν καὶ κατὰ τὰ ἤθη πράξεις καὶ πάθη ἀπὸ ἕξεως παθητικῆς οὔσης· ὥστε τί λοιπὸν ἡμεῖς; Ἢ ὅπερ ἐσμὲν κατ᾽ ἀλήθειαν ἡμεῖς, οἷς καὶ κρατεῖν τῶν παθῶν ἔδωκεν ἡ φύσις. Καὶ γὰρ ὅμως ἐν τούτοις τοῖς κακοῖς διὰ τὴν τοῦ σώματος φύσιν ἀπειλημμένοις ἀδέσποτον ἀρετὴν θεὸς ἔδωκεν. Οὐ γὰρ ἐν ἡσύχῳ οὖσιν ἀρετῆς δεῖ ἡμῖν, ἀλλ᾽ ὅταν κίνδυνος ἐν κακοῖς εἶναι ἀρετῆς οὐ παρούσης. Διὸ καὶ φεύγειν ἐντεῦθεν δεῖ καὶ χωρίζειν αὑτοὺς ἀπὸ τῶν προσγεγενημένων καὶ μὴ τὸ σύνθετον εἶναι σῶμα ἐψυχωμένον ἐν ᾧ κρατεῖ μᾶλλον ἡ σώματος φύσις ψυχῆς τι ἴχνος λαβοῦσα, ὡς τὴν ζωὴν τὴν κοινὴν μᾶλλον τοῦ σώματος εἶναι· πάντα γὰρ σωματικά, ὅσα ταύτης. Τῆς δὲ ἑτέρας τῆς ἔξω ἡ πρὸς τὸ ἄνω φορὰ καὶ τὸ καλὸν καὶ τὸ θεῖον ὧν οὐδεὶς κρατεῖ, ἀλλ᾽ ἢ προσχρῆται, ἵν᾽ ᾖ ἐκεῖνο καὶ κατὰ

9 5 εἶσιν Kirchhoff : ἔστιν ‖ 6 ἐν δὲ : ἔν τε Joh. Lydus, *de Mensibus* ed. Wünsch 96, 21 ‖ 16 διὰ τὴν τοῦ σώματος φύσιν F : διὰ τὴν τοῦ σώματος ACE διὰ τοῦ σώματος Joh. Lydus 96, 21 ‖ 24 ὅσα : ὅλα Joh. Lydus 97, 3.

en conformité avec eux dans le recueillement. C'est l'être privé de cette âme qui a une vie assujettie au Destin ; pour lui, ici-bas, les astres ne sont pas seulement des signes ; il devient lui-même un fragment, et il dépend de l'univers dont il est un fragment. Chaque être est double, il est un composé d'âme et de corps, et il est un moi ; par exemple le monde est d'abord un composé fait d'un corps et d'une âme liée à ce corps, et il est aussi l'âme universelle qui n'est pas dans le corps, mais qui illumine de ses reflets celle qui est dans le corps ; le soleil et les autres astres sont également doubles. Par leur âme pure, ils ne produisent rien de mauvais. Mais ils produisent des effets dans l'univers, puisqu'ils en font partie et qu'ils sont des corps doués d'une âme ; leur corps, qui est une partie de l'univers, agit sur une autre partie ; mais leur volonté et leur âme véritable restent tournées vers le bien suprême. Les autres choses dépendent, elles aussi, de ce principe ou plutôt suivent ce qui est auprès de lui ; il vient jusqu'à eux, comme la chaleur émanée du feu pénètre partout, et comme l'influence d'une âme s'exerce sur une autre âme qui lui est parente.

Les maux viennent du mélange : car la nature de ce monde est mélangée, et, si on lui enlevait l'âme universelle et séparée du corps, il resterait une chose sans valeur. Le monde est un dieu, si l'on fait entrer cette âme en ligne de compte ; ôtez-la, il reste, comme dit Platon, un grand démon qui a les passions propres aux démons[1].

10 S'il en est ainsi, il faut admettre que les astres annoncent les événements ; ils ne produisent point toutes choses, mais seulement les états passifs de l'univers ; et ils ne les produisent pas par leur être tout entier, mais par ce qui reste d'eux, quand on fait abstraction de leur âme. Il faut admettre aussi que l'âme, avant d'arriver à la naissance, apporte avec elle des qualités propres ; viendrait-elle dans un corps, si elle n'était pas grandement disposée à pâtir ? Il faut admettre encore que, une fois entrée dans le corps, elle est soumise à la fortune, puisque son entrée correspond aux révolutions de l'univers. Il faut admettre que le mouvement du ciel concourt à l'univers, qu'il accomplit de lui-même les

1. C'est l'Éros du *Banquet* 202 d-e, qui devient le monde.

τοῦτο ζῇ ἀναχωρήσας· ἢ ἔρημος ταύτης τῆς ψυχῆς γενόμενος ζῇ ἐν εἱμαρμένῃ, καὶ ἐνταῦθα τὰ ἄστρα αὐτῷ οὐ μόνον σημαίνει, ἀλλὰ γίνεται αὐτὸς οἷον μέρος καὶ τῷ ὅλῳ συνέπεται, οὗ μέρος. Διττὸς γὰρ ἕκαστος, ὁ μὲν τὸ συναμφότερόν τι, ὁ δὲ αὐτός· καὶ πᾶς ὁ κόσμος δὲ ὁ μὲν τὸ ἐκ σώματος καὶ ψυχῆς τινος δεθείσης σώματι, ὁ δὲ ἡ τοῦ παντὸς ψυχὴ ἡ μὴ ἐν σώματι, ἐλλάμπουσα δὲ ἴχνη τῇ ἐν σώματι· καὶ ἥλιος δὴ καὶ τὰ ἄλλα διττὰ οὕτω. Καὶ τῇ μὲν ἑτέρᾳ ψυχῇ τῇ καθαρᾷ οὐδὲν φαῦλον δίδωσιν, ἃ δὲ γίνεται εἰς τὸ πᾶν παρ' αὐτῶν, καθ' ὃ μέρος εἰσὶ τοῦ παντὸς καὶ σῶμα ἐψυχωμένον, τὸ σῶμα μέρος μέρει δίδωσι προαιρέσεως τοῦ ἄστρου καὶ ψυχῆς τῆς ὄντως αὐτοῦ πρὸς τὸ ἄριστον βλεπούσης. Παρακολουθεῖ δ' αὐτῷ τὰ ἄλλα, μᾶλλον δ' οὐκ αὐτῷ, ἀλλὰ τοῖς περὶ αὐτόν, οἷον ἐκ πυρὸς θερμότητος εἰς τὸ ὅλον ἰούσης, καὶ εἴ τι παρὰ ψυχῆς τῆς ἄλλης εἰς ψυχὴν ἄλλην συγγενῆ οὖσαν· τὰ δὲ δυσχερῆ διὰ τὴν μῖξιν. Μεμιγμένη γὰρ οὖν δὴ ἡ τοῦδε τοῦ παντὸς φύσις, καὶ εἴ τις τὴν ψυχὴν τὴν χωριστὴν αὐτοῦ χωρίσειε, τὸ λοιπὸν οὐ μέγα. Θεὸς μὲν οὖν ἐκείνης συναριθμουμένης, τὸ δὲ λοιπὸν δαίμων, φησί, μέγας καὶ τὰ πάθη τὰ ἐν αὐτῷ δαιμόνια.

10 Εἰ δ' οὕτω, τὰς σημασίας καὶ νῦν δοτέον· τὰς δὲ ποιήσεις οὐ πάντως οὐδὲ τοῖς ὅλοις αὐτῶν, ἀλλὰ καὶ ὅσα τοῦ παντὸς πάθη, καὶ ὅσον τὸ λοιπὸν αὐτῶν. Καὶ ψυχῇ μὲν καὶ πρὶν ἐλθεῖν εἰς γένεσιν δοτέον ἥκειν τι φερούσῃ παρ' αὐτῆς· οὐ γὰρ ἂν ἔλθοι εἰς σῶμα μὴ μέγα τι παθητικὸν ἔχουσα. Δοτέον δὲ καὶ τύχας εἰσιούσῃ τῷ κατ' αὐτὴν τὴν φορὰν εἰσιέναι. Δοτέον δὲ καὶ αὐτὴν τὴν φορὰν ποιεῖσθαι συνεργοῦσαν καὶ ἀποπληροῦσαν παρ' αὐτῆς,

33 ἐλλάμπουσα AB Darm. : ἐκλάμπουσα EC || 37 καὶ σῶμα Müller : σῶμα καὶ codd. || 45 οὐ μέγα : οὐ θεῖον coni. Gollwitzer.

10 2 ἀλλὰ καὶ ὅσα : ἀλλὰ ὅσα C Leid Vat. || 6 τῷ κατ' αὐτὴν Kirchhoff : τὸ κατ' αὐτὴν codd.

fins de l'univers, et que chacun des corps qu'il emporte y a le rang de parties[1].

11 Il faut bien penser aussi que les dispositions qui nous viennent des astres ne sont plus, quand nous les recevons, ce qu'elles étaient à leur point de départ. De même que le feu terrestre est obscur, de même la disposition à l'amitié s'affaiblit chez celui qui la reçoit, et elle ne produit pas d'amitié parfaitement belle ; la passion généreuse produit l'emportement ou la lâcheté, quand l'homme ne se trouve pas dans le juste milieu grâce auquel elle produirait le courage ; le désir de l'honneur, même s'il vise un fait honnête, nous amène à rechercher une simple apparence d'honnêteté ; de l'intelligence émane la ruse, qui veut égaler l'intelligence, mais ne peut pas y parvenir. Toutes ces dispositions, qui, là-bas, sont excellentes, deviennent mauvaises quand elles sont en nous ; et non seulement à leur arrivée ici, elles ne sont plus ce qu'elles étaient là-bas ; mais elles ne restent même pas ce qu'elles étaient à leur venue, à cause de leur mélange avec le corps, avec la matière et entre elles.

12 Les influences des divers astres se combinent ; chaque être, à sa naissance, apporte, de ce mélange d'influences, sa nature et ses qualités. Car si les astres ne produisent pas le cheval, ils lui donnent au moins quelque chose ; si « le cheval naît du cheval et l'homme de l'homme, le soleil contribue aussi » à sa formation[2] ; si l'homme naît d'une raison séminale, le milieu extérieur peut aussi lui être favorable ou défavorable ; si le fils ressemble à son père, il est souvent mieux fait que lui et quelquefois moins bien fait. Cet exemple ne nous fait pas sortir de notre sujet, bien que parfois la prévalence de la matière sur la nature produise aussi cette imperfection de l'être, dont la forme est vaincue par la matière.

13 Posant que certaines choses dérivent du mouvement

1. La correspondance de la destinée des âmes au mouvement de l'univers est tirée du mythe platonicien, *République*, X 617 b sq.

2. Formule connue d'Aristote, par exemple *Métaph.*, XII, 3.

ἃ δεῖ τελεῖν τὸ πᾶν, ἑκάστου τῶν ἐν αὐτῇ τάξιν μερῶν λαβόντος.

11 Χρὴ δὲ κἀκεῖνο ἐνθυμεῖσθαι, ὡς τὸ ἀπ᾽ ἐκείνων ἰὸν οὐ τοιοῦτον εἶσιν εἰς τοὺς λαβόντας, οἷον παρ᾽ ἐκείνων ἔρχεται· οἷον εἰ πῦρ, ἀμυδρὸν τοῦτο, καὶ ἡ φιλιακὴ διάθεσις ἀσθενὴς γενομένη ἐν τῷ λαβόντι οὐ μάλα καλὴν τὴν φίλησιν εἰργάσατο, καὶ θυμὸς δὴ οὐκ ἐν μέτρῳ τυχόντος, ὡς ἀνδρεῖον γενέσθαι, ἢ ἀκροχολίαν ἢ ἀθυμίαν εἰργάσατο, καὶ τὸ τιμῆς ἐν ἔρωτι ὂν καὶ περὶ τὸ καλὸν ἔχον τῶν δοκούντων καλῶν ἔφεσιν εἰργάσατο, καὶ νοῦ ἀπόρροια πανουργίαν· καὶ γὰρ ἡ πανουργία ἐθέλει νοῦς εἶναι τυχεῖν οὗ ἐφίεται οὐ δυνάμενος. Γίνεται οὖν κακὰ ἕκαστα τούτων ἐν ἡμῖν ἐκεῖ οὐ τούτων ὄντων· ἐπεὶ καὶ τὰ ἐλθόντα, καίτοι οὐκ ἐκεῖνα ὄντα, οὐ μένει οὐδὲ ταῦτα οἷα ἦλθε σώμασι μιγνύμενα καὶ ὕλῃ καὶ ἀλλήλοις.

12 Καὶ δὴ καὶ τὰ ἰόντα εἰς ἓν συμπίπτει καὶ κομίζεται ἕκαστον τῶν γιγνομένων τι ἐκ τούτου τοῦ κράματος, ὥστε ὅ ἐστι καὶ ποιόν τι γενέσθαι. Οὐ γὰρ τὸν ἵππον ποιεῖ, ἀλλὰ τῷ ἵππῳ τι δίδωσιν· ὁ γὰρ ἵππος ἐξ ἵππου καὶ ἐξ ἀνθρώπου ἄνθρωπος· συνεργὸς δὲ ἥλιος τῇ πλάσει· ὁ δὲ ἐκ τοῦ λόγου τοῦ ἀνθρώπου γίνεται. Ἀλλ᾽ ἔβλαψέ ποτε ἢ ὠφέλησε τὸ ἔξω· ὁμοίως γὰρ τῷ πατρί, ἀλλὰ πρὸς τὸ βέλτιον πολλάκις, ἔστι δ᾽ ὅτε πρὸς τὸ χεῖρον συνέπεσεν. Ἀλλ᾽ οὐκ ἐκβιβάζει τοῦ ὑποκειμένου· ὁτὲ δὲ καὶ ἡ ὕλη κρατεῖ, οὐχ ἡ φύσις, ὡς μὴ τέλειον γενέσθαι ἡττωμένου τοῦ εἴδους.

13 Δεῖ τοίνυν τὸ ἐντεῦθεν, ἐπειδὴ τὰ μὲν παρὰ τῆς

11 2 εἶσιν Kirchhoff : ἔστιν || 3 οἷον εἰ πῦρ ἀμυδρὸν τοῦτο glossa videtur Müller *Berl. phil. Woch.* 1917, p. 127 || 3 καὶ ἡ : καὶ εἰ BC Leid. || 7 post ὂν lacunam indicauit Kirchhoff || 13 σώμασι : σώματι C Ciz Vat.

13 1 τὰ μὲν Müller : καὶ τὰ μὲν AE τὰ μὲν καὶ B.

du ciel et que d'autres n'en dérivent pas, nous devons maintenant discerner et séparer ces deux cas, et dire, d'une manière générale, d'où provient chaque chose. Voici notre principe : l'âme gouverne l'univers selon la raison, elle est comparable au principe qui, en chaque animal, façonne les parties de cet animal et les coordonne avec l'ensemble dont elles sont les parties ; l'ensemble contient toutes les parties, mais chaque partie ne contient qu'elle-même ; dans cet animal, les influences extérieures sont tantôt contraires et tantôt conformes à la volonté de la nature. Mais, dans l'univers, tous les êtres sans exception sont coordonnés à l'ensemble, puisqu'ils en sont les parties ; ils ont reçu de lui leur nature et collaborent par leur tendance propre à la vie universelle. Ce sont d'abord les êtres inanimés qui ne sont que des instruments et n'agissent que sous une impulsion extérieure ; puis les êtres animés : les uns ont un mouvement sans direction déterminée ; comme des chevaux attelés avant que le cocher choisisse où les diriger, ils sont menés à coups de fouet ; les autres, qui sont les animaux raisonnables, ont en eux-mêmes leur cocher ; s'il a la science, ils marchent droit et non pas par hasard, comme il arrive souvent. Les uns comme les autres sont à l'intérieur de l'univers et ils concourent à l'ensemble. Les plus grands d'entre eux et les plus élevés en dignité sont très actifs et contribuent grandement à la vie de l'univers ; ils ont un rôle plus actif que passif. D'autres restent passifs, parce qu'ils ont peu de pouvoir pour agir. Enfin ceux qui sont dans un rang intermédiaire sont passifs à l'égard des premiers ; mais ils agissent souvent, et, en beaucoup de cas, ils tirent d'eux-mêmes le principe de leurs actions et de leurs productions [1].

C'est ainsi que naît la vie universelle : les êtres les meilleurs ont l'activité la meilleure, parce qu'ils ont en eux le meilleur principe ; mais ils doivent se subordonner à leur souverain, comme des soldats à leur général [2] ; on dit qu' « ils suivent Zeus » qui se porte vers la nature intelligible. Ceux qui ont une nature inférieure tiennent le second rang dans

1. Tout ce développement rappelle fort la prédication stoïcienne, par exemple Épictète, *Entret.* II, 8, 6-7.

2. C'est la comparaison très fréquente chez Sénèque, Épictète et Marc-Aurèle.

φορᾶς γίνεται, τὰ δὲ οὔ, διαλαβεῖν καὶ διακρῖναι καὶ εἰπεῖν, πόθεν ἕκαστα ὅλως. Ἀρχὴ δὲ ἥδε· ψυχῆς δὴ τὸ πᾶν τόδε διοικούσης κατὰ λόγον, οἵα δὴ καὶ ἐφ᾽ ἑκάστου ζῴου ἡ ἐν αὐτῷ ἀρχή, ἀφ᾽ ἧς ἕκαστα τὰ τοῦ ζῴου μέρη καὶ πλάττεται καὶ πρὸς τὸ ὅλον συντέτακται, οὗ μέρη ἐστίν, ἐν μὲν τῷ ὅλῳ ἐστὶ τὰ πάντα, ἐν δὲ τοῖς μέρεσι τοσοῦτον μόνον, ὅσον ἐστὶν ἕκαστον. Τὰ δὲ ἔξωθεν προσιόντα, τὰ μὲν καὶ ἐναντία τῇ βουλήσει τῆς φύσεως, τὰ δὲ καὶ πρόσφορα· τῷ δὲ ὅλῳ·πάντη ἅτε μέρη ὄντα αὐτοῦ τὰ πάντα συντέτακται φύσιν μὲν λαβόντα ἣν ἔχει καὶ συμπληροῦντα τῇ οἰκείᾳ ὅμως ὁρμῇ πρὸς τὸν ὅλον τοῦ παντὸς βίον. Τὰ μὲν οὖν ἄψυχα τῶν ἐν αὐτῷ πάντη ὄργανα καὶ οἷον ἐξωθούμενα ἔξω εἰς τὸ ποιεῖν· τὰ δὲ ἔμψυχα, τὰ μὲν τὸ κινεῖσθαι ἀορίστως ἔχει, ὡς ὑφ᾽ ἅρμασιν ἵπποι πρὶν τὸν ἡνίοχον ἀφορίσαι αὐτοῖς τὸν δρόμον, ἅτε δὴ πληγῇ νεμόμενα· λογικοῦ δὲ ζῴου φύσις ἔχει παρ᾽ ἑαυτῆς τὸν ἡνίοχον· καὶ ἐπιστήμονα μὲν ἔχουσα κατ᾽ ἰθὺ φέρεται μὴ δὲ ὡς ἔτυχε πολλάκις. Ἄμφω δὲ εἴσω τοῦ παντὸς καὶ συντελοῦντα πρὸς τὸ ὅλον· καὶ τὰ μὲν μείζω αὐτῶν καὶ ἐν πλείονι τῇ ἀξίᾳ πολλὰ ποιεῖ καὶ μεγάλα καὶ πρὸς τὴν τοῦ ὅλου ζωὴν συντελεῖ τάξιν ποιητικὴν μᾶλλον ἢ παθητικὴν ἔχοντα, τὰ δὲ πάσχοντα διατελεῖ μικρὰν δύναμιν πρὸς τὸ ποιεῖν ἔχοντα· τὰ δὲ μεταξὺ τούτων, πάσχοντα μὲν παρ᾽ ἄλλων, ποιοῦντα δὲ πολλὰ καὶ ἐν πολλοῖς ἀρχὴν παρ᾽ αὐτῶν εἰς πράξεις καὶ ποιήσεις ἔχοντα. Καὶ γίνεται τὸ πᾶν ζωὴ παντελὴς τῶν μὲν ἀρίστων ἐνεργούντων τὰ ἄριστα, καθ᾽ ὅσον τὸ ἄριστον ἐν ἑκάστῳ· ὃ δὴ καὶ τῷ ἡγεμονοῦντι συντακτέον, ὥσπερ στρατιώτας στρατηγῷ, οἳ δὴ λέγονται καὶ ἕπεσθαι Διὶ ἐπὶ φύσιν τὴν νοητὴν ἱεμένῳ. Τὰ δὲ ἧττονι τῇ φύσει

3 ὅλως : ὄντως A Darm. Marc B || 10 πάντη Kirchhoff : πάντα codd. || 12 πρὸς τὸν ὅλον : πρὸς <τὸ ὅλον> τὸν ὅλον Seidel || 14 ἐξωθούμενα AE : ὠθούμενα BC || 15 μὲν τὸ : μὲν τῷ Vat. || 19 μὴ δὲ Gollwitzer : μηδὲ codd.

l'univers ; ils y sont comme est en nous ce qui tient le second rang dans l'âme. Les autres, enfin, sont dans l'univers comme sont en nous nos différents organes ; car tous, en nous, ne sont pas égaux.

Tous les animaux vivent donc conformément à la raison universelle, aussi bien tous ceux qui sont dans le ciel que les autres qui sont répartis dans l'univers : aucune partie de l'univers, si importante soit-elle, n'a le pouvoir de changer les raisons mêmes des êtres ni ce qui dérive en eux de ces raisons ; elle peut bien y produire une modification en un sens meilleur ou pire, mais non pas les faire sortir de leur propre nature ; elle les rend pires ou bien en affaiblissant leur force corporelle, ou bien en devenant par accident cause de méchanceté pour l'âme qui est en sympathie avec elle et a reçu d'elle son penchant vers la terre ; ou bien encore elle fait de la mauvaise constitution du corps un obstacle à l'activité de l'être tendu vers elle ; le corps est alors comme une lyre désaccordée et incapable de recevoir l'accord exact qui produit des sons musicaux [1].

14 Mais que dire de la pauvreté et de la richesse, de la réputation et du pouvoir ? — Si la richesse est héritée des parents, les astres l'annoncent, de même qu'ils annoncent la noblesse, dans le cas où on ne la doit qu'à la naissance ; mais si elle est acquise par le mérite, ou bien le corps y a contribué, et alors toutes les causes qui ont donné au corps sa vigueur y contribuent aussi, les parents d'abord, et ensuite les influences régionales du ciel et de la terre ; ou bien le corps n'y est pour rien, et il faut attribuer presque entièrement la richesse au mérite, sans oublier la contribution des dieux qui l'ont récompensé. Si les donateurs sont des gens de bien, il faut encore chercher dans la vertu la cause de la richesse ; et s'ils sont méchants, mais si leurs dons sont conformes à la justice, ils ont agi grâce au bon principe qui est en eux. Si l'homme qui s'enrichit est pervers, la cause principale de son

1. Tous les développements de ce chapitre reproduisent les arguments de théodicée stoïcienne, que Plotin avait développés peu auparavant dans ses traités *sur la Providence* (III, 2 et 3) ; un trait caractéristique en est la place qu'y tient la raison ou logos (voir la notice du volume II).

κεχρημένα δεύτερα τοῦ παντός, οἷα καὶ τὰ ἐν ἡμῖν ψυχῆς δεύτερα· τὰ δ᾽ ἄλλα ἀνὰ λόγον τοῖς ἐν ἡμῖν μέρεσιν· οὐδὲ γὰρ ἐφ᾽ ἡμῶν πάντα ἴσα. Ζῷα μὲν οὖν πάντα κατὰ λόγον τὸν τοῦ παντὸς ὅλον, τά τε ἐν οὐρανῷ πάντα καὶ τὰ ἄλλα, ὅσα εἰς τὸ ὅλον μεμέρισται, καὶ οὐδὲν τῶν μερῶν, οὐδ᾽ εἰ μέγα, δύναμιν ἔχει τοῦ ἐξαλλαγὴν ἐργάσασθαι τῶν λόγων οὐδὲ τῶν κατὰ τοὺς λόγους γενομένων· ἀλλοίωσιν δὲ ἐπ᾽ ἀμφότερα, χείρονός τε καὶ βελτίονος, ἐργάσασθαι, ἀλλ᾽ οὐκ ἐκστῆσαί γε τῆς οἰκείας φύσεως δύναται. Χεῖρον δὲ ἐργάζεται ἢ κατὰ σῶμα ἀσθένειαν διδὸν ἢ τῇ ψυχῇ τῇ συμπαθεῖ καὶ παρ᾽ αὐτοῦ δοθείσῃ εἰς τὸ κάτω κατὰ συμβεβηκὸς φαυλότητος αἴτιον γιγνόμενον ἢ σώματος κακῶς συντεθέντος ἐμπόδιον τὴν εἰς αὐτὸ ἐνέργειαν δι᾽ αὐτὸ ποιῆσαι· οἷον οὐχ οὕτως ἁρμοσθείσης λύρας, ὡς δέξασθαι τὸ ἀκριβὲς ⟨τῆς⟩ ἁρμονίας εἰς τὸ μουσικοὺς ἀποτελεῖν τοὺς φθόγγους.

14 Περὶ δὲ πενίας καὶ πλούτους καὶ δόξας καὶ ἀρχὰς πῶς; Ἢ, εἰ μὲν παρὰ πατέρων οἱ πλοῦτοι, ἐσήμηναν τὸν πλούσιον, ὥσπερ καὶ εὐγενῆ τὸν ἐκ τοιούτων διὰ τὸ γένος τὸ ἔνδοξον ἔχοντα ἐδήλωσαν μόνον· εἰ δ᾽ ἐξ ἀνδραγαθίας, εἰ σῶμα συνεργὸν γεγένηται, συμβάλλοιντο ἂν οἱ τὴν σώματος ἰσχὺν ἐργασάμενοι, γονεῖς μὲν πρῶτον, εἶτα, εἴ τις ἄρα τῶν τόπων παρέσχε ⟨τι⟩, τὰ οὐράνια καὶ ἡ γῆ· εἰ δὲ ἄνευ σώματος ἡ ἀρετή, αὐτῇ μόνῃ δοτέον τὸ πλεῖστον καὶ ὅσα παρὰ τῶν ἀμειψαμένων συνεβάλλετο. Οἱ δὲ δόντες εἰ μὲν ἀγαθοί, εἰς ἀρετὴν ἀνακτέον καὶ οὕτω τὴν αἰτίαν· εἰ δὲ φαῦλοι, δικαίως δὲ δόντες, τῷ ἐν αὐτοῖς βελτίστῳ ἐνεργήσαντι τοῦτο γεγονέναι. Εἰ δὲ πονηρὸς ὁ πλουτήσας,

41 τῇ ante συμπαθεῖ omis. C Ciz Leid Vat. || 46 τῆς Volkmann.

14 7 ἄρα τῶν τόπων παρέσχε τι, τὰ Vitringa : ἄρα τῶν τόπων ἔσχε τὰ codd. παρὰ τῶν τόπων ἔσχε τι τὰ Seidel || 9 ὅσα παρὰ B : ὅσα θέα παρὰ Marc B ὅσα καὶ θέα παρὰ Ciz Leid Vat. ὅσα θεῖα Müller || συνεβάλλετο : συνελάβετο Müller.

enrichissement est sans doute sa perversité et le principe d'où elle provient ; mais il y faut ajouter comme cause adjuvante ceux qui lui ont donné de l'argent. Si la richesse vient du travail, de la culture de la terre par exemple, elle est due au laboureur, mais les circonstances du milieu y concourent également. Si elle vient de la découverte d'un trésor, des circonstances résultant du cours universel des choses y ont contribué ; et s'il en est ainsi, elle peut être prédite ; car tous les événements suivent les uns des autres ; et c'est pourquoi ils s'annoncent mutuellement. Si quelqu'un a perdu ses richesses parce qu'on les lui a ravies, la cause de cette perte est le voleur, et par delà, le principe propre qui l'a fait agir. S'il les a perdues en mer, les circonstances en sont la cause.

La réputation est méritée ou elle ne l'est pas ; si elle est méritée, elle est due à nos actions et à l'honnêteté du jugement d'autrui ; si elle ne l'est pas, elle est fondée sur l'injustice de ceux qui nous honorent. Il faut dire la même chose du pouvoir : ou il est justifié ou il ne l'est pas ; dans le premier cas, il est dû à l'honnêteté de ceux qui ont choisi l'homme au pouvoir ; dans le second, il est dû à ce qu'il l'a acquis grâce au concours d'autrui ou à quelque autre moyen. Un mariage est déterminé soit par un libre choix soit par une suite de hasards et de circonstances provenant du cours de l'univers. La naissance d'un enfant en est aussi une conséquence : s'il n'y a pas d'obstacles, l'enfant est conformé selon la raison séminale ; mais cette conformation est défectueuse, si son développement a été empêché par la conformation interne de la femme enceinte, ou par des circonstances du milieu qui sont défavorables à la grossesse.

15 Platon, d'ailleurs, avant de parler de la révolution du fuseau, admet, comme causes concourant à notre destinée, des sorts choisis par nous ; c'est ensuite qu'il parle des sorts déterminés par le fuseau, et ces sorts ne font que rendre effective la destinée que nous nous sommes choisie ; le « démon » aussi, d'ailleurs, concourt à cet accomplissement. — Mais dira-t-on, que sont donc les sorts du fuseau ? C'est l'état de l'univers au moment où l'âme entre dans le corps, la manière d'être du corps dans lequel elle entre, les parents d'où il procède, les régions où il naît, et en un mot ce que

τὴν μὲν πονηρίαν προηγουμένην καί τι τὸ αἴτιον τῆς πονηρίας, προσληπτέον δὲ καὶ τοὺς δόντας συναιτίους ὡσαύτως γενομένους. Εἰ δ' ἐκ πόνων, οἷον ἐκ γεωργίας, ἐπὶ τὸν γεωργόν, συνεργὸν ⟨δὲ⟩ τὸ περιέχον γεγενημένον. Εἰ δὲ θησαυρὸν εὗρε, συμπεσεῖν τι τῶν ἐκ τοῦ παντός· εἰ δέ, σημαίνεται· πάντως γὰρ ἀκολουθεῖ ἀλλήλοις πάντα· διὸ καὶ πάντως ⟨σημαίνεται⟩. Εἰ δ' ἀπέβαλέ τις πλοῦτον, εἰ ἀφαιρεθείς, ἐπὶ τὸν ἀφελόμενον, κἀκεῖνον ἐπὶ τὴν οἰκείαν ἀρχήν· εἰ δ' ἐν θαλάττῃ, ⟨ἐπὶ⟩ τὰ συμπεσόντα. Τὸ δ' ἔνδοξον ἢ δικαίως ἢ οὔ. Εἰ οὖν δικαίως, ⟨ἐπὶ⟩ τὰ ἔργα καὶ τὸ παρὰ τοῖς δοξάζουσι βέλτιον· εἰ δ' οὐ δικαίως, ἐπὶ τὴν τῶν τιμώντων ἀδικίαν. Καὶ ἀρχῆς δὲ πέρι ὁ αὐτὸς λόγος· ἢ γὰρ προσηκόντως ἢ οὔ· καὶ θάτερον μὲν ἐπὶ τὸ βέλτιον τῶν ἑλομένων, ⟨θάτερον δὲ⟩ [ἢ] ἐπ' αὐτὸν διαπραξάμενον ἑτέρων συστάσει καὶ ὁπωσοῦν ἄλλως. Περὶ δὲ γάμων ἢ προαίρεσις ἢ συντυχία καὶ σύμπτωσις ἐκ τῶν ὅλων. Παίδων δὲ γενέσεις ἀκόλουθοι τούτοις, καὶ ἢ πέπλασται κατὰ λόγον ἐμποδίσαντος οὐδενός, ἢ χεῖρον ἔσχε γενομένου ἔνδον κωλύματός τινος, ἢ παρ' αὐτὴν τὴν κύουσαν, ἢ τοῦ περιέχοντος οὕτω διατεθέντος, ὡς ἀσυμμέτρως πρὸς τήνδε τὴν κύησιν ἐσχηκότος.

15 Ὁ δὲ Πλάτων πρὸ τῆς περιφορᾶς τοῦ ἀτράκτου δοὺς κλήρους καὶ προαιρέσεις συνεργοὺς ὕστερον δίδωσι τοὺς ἐν τῷ ἀτράκτῳ, ὡς πάντως τὰ αἱρεθέντα συναποτελοῦντας· ἐπεὶ καὶ ὁ δαίμων συνεργὸς εἰς πλήρωσιν αὐτῶν. Ἀλλ' οἱ κλῆροι τίνες; Ἢ ⟨τὸ⟩ τοῦ παντὸς ἔχοντος οὕτως, ὡς τότε εἶχεν, ὅτε εἰσῄεσαν εἰς τὸ σῶμα, γενέσθαι καὶ τὸ εἰσελθεῖν εἰς τόδε τὸ σῶμα καὶ τῶνδε γονέων καὶ ἐν

16 δέ Müller || 19 σημαίνεται Volkmann || 21 ἐπὶ Volkmann || 22 ἐπὶ Volkmann || 26 ἢ delevi θατερὸν δὲ inserui || 27 ἑτέρων : ἑταίρων Müller *aliorum concursu amicorumque favore* Ficin || 33 ἐσχηκότος : ἐσχηκέναι Kirchhoff.

15 4 πλήρωσιν : ποίησιν C Ciz Vat. || 5 τό Müller.

nous avons appelé les circonstances extérieures. Or il est manifeste qu'une des Moires, Clotho, produit et file en quelque sorte toutes ces circonstances[1], dans leur ensemble et dans leur détail; Lachésis répartit les sorts; Atropos assure l'absolue nécessité de chacune de ces circonstances[1]. — Sans doute : et il y a des hommes qui sont des choses dépendantes de l'univers et des objets extérieurs; prisonniers de leur enchantement, ils sont eux-mêmes peu de chose, ils ne sont rien[2]. Mais d'autres dominent les choses; ils lèvent leur tête vers le ciel et en dehors du monde ; ils sauvent le meilleur de leur âme et la partie primitive de son être. Non ! Il ne faut pas croire que la nature de l'âme dérive des impressions extérieures, et qu'elle est seule à ne pas avoir une nature à elle; l'âme nécessairement bien plus que les autres choses, puisqu'elle a la valeur d'un principe, a plusieurs facultés bien à elle, pour exercer son activité naturelle; étant une substance, elle ne peut pas ne pas posséder, outre l'existence, des tendances actives au bien. L'être composé d'une âme et d'un corps est sans doute issu d'un être composé d'âme et de corps, de la nature, et il en reçoit ses manières d'être et son activité ; mais l'âme, s'il y a une âme qui se sépare du corps, a ses actes propres et séparés ; l'âme ne considère pas comme siennes les impressions du corps, parce qu'elle voit désormais que le corps et l'âme sont deux êtres différents.

16 Mais que veulent dire ces termes: mélangé et pur, séparé et non séparé, tant que l'âme est dans le corps? Qu'est-ce que l'animal? Nous le rechercherons plus tard[3], par une autre voie; car tous n'ont pas là-dessus la même opinion ; maintenant, disons encore quel sens nous donnons à cette expression: « l'âme gouverne l'univers selon la raison »[4]. L'âme fabrique-t-elle directement chaque être, un homme, un cheval, un animal ou une bête quelconque, et auparavant du feu et de la terre? Puis voyant que ces êtres, se rencontrent et se détruisent ou au contraire s'aident mutuellement,

1. Tout ce début se réfère au mythe de *Républ.*, X, 617 c-d.

2. Comparer *Enn.* IV, 4, 40; l'âme sans raison est seule enchantée.

3. Dans le traité I 1, écrit immédiatement après.

4. Comparer *Ennéade* VI, 7, 1.

τοιούτοις τόποις γίνεσθαι καὶ ὅλως, ὡς εἴπομεν, τὰ ἔξω. Πάντα δὲ ὁμοῦ γενόμενα καὶ οἷον συγκλωσθέντα διὰ τῆς μιᾶς τῶν λεγομένων Μοιρῶν δεδήλωται ἐπί τε ἑκάστων ἐπί τε τῶν ὅλων· ἡ δὲ Λάχεσις τοὺς κλήρους· καὶ τὰ συμπεσόντα τάδε πάντως ἀναγκαῖον τὴν Ἄτροπον ἐπάγειν. Τῶν δ' ἀνθρώπων οἱ μὲν γίνονται τῶν ἐκ τοῦ ὅλου καὶ τῶν ἔξω ὥσπερ γοητευθέντες καὶ ὀλίγα ἢ οὐδὲν αὐτοί· οἱ δὲ κρατοῦντες τούτων καὶ ὑπεραίροντες οἷον τῇ κεφαλῇ πρὸς τό ἄνω καὶ ἐκτὸς ψυχῆς ἀποσῴζουσι τὸ ἄριστον καὶ ⟨τὸ⟩ ἀρχαῖον τῆς ψυχικῆς οὐσίας. Οὐ γὰρ δὴ νομιστέον τοιοῦτον εἶναι ψυχήν, οἷον, ὅ τι ἂν ἔξωθεν πάθῃ, ταύτην φύσιν ἴσχειν, μόνην τῶν πάντων οἰκείαν φύσιν οὐκ ἔχουσαν· ἀλλὰ χρὴ πολὺ πρότερον αὐτὴν ἢ τὰ ἄλλα, ἅτε ἀρχῆς λόγον ἔχουσαν, πολλὰς οἰκείας δυνάμεις πρὸς ἐνεργείας τὰς κατὰ φύσιν ἔχειν· οὐ γὰρ δὴ οἷόν τε οὐσίαν οὖσαν μὴ μετὰ τοῦ εἶναι καὶ ὀρέξεις καὶ πράξεις καὶ τὸ πρὸς τὸ εὖ κεκτῆσθαι. Τὸ μὲν οὖν συναμφότερον ἐκ τοῦ συναμφοτέρου τῆς φύσεως καὶ τοιόνδε καὶ ἔργα ἔχει τοιάδε· ψυχὴ δὲ εἴ τις χωρίζεται, χωριστὰ καὶ ἴδια ἐνεργεῖ τὰ τοῦ σώματος πάθη οὐχ αὐτῆς τιθεμένη, ἅτε ἤδη ὁρῶσα, ὡς τὸ μὲν ἄλλο, τὸ δὲ ἄλλο.

16 Ἀλλὰ τί τὸ μικτὸν καὶ τί τὸ μὴ καὶ τί τὸ χωριστὸν καὶ ἀχώριστον, ὅταν ἐν σώματι ᾖ, καὶ ὅλως τί τὸ ζῷον ἀρχὴν ἑτέραν ὕστερον λαβοῦσι ζητητέον· οὐ γὰρ ἅπαντες τὴν αὐτὴν δόξαν ἔσχον περὶ τούτου. Νῦν δὲ ἔτι λέγωμεν πῶς τὸ κατὰ λόγον ψυχῆς διοικούσης τὸ πᾶν εἴπομεν. Πότερον γὰρ ἕκαστα οἷον ἐπ' εὐθείας ποιοῦσα, ἄνθρωπον, εἶτα ἵππον καὶ ἄλλο ζῷον καὶ δὴ καὶ θηρία, πῦρ δὲ καὶ γῆν πρότερον, εἶτα συμπεσόντα ταῦτα ἰδοῦσα καὶ φθείροντα

13 τῶν ἐκ τοῦ : ἐκ τῶν τοῦ conj. Creuzer || 16 τὸ Kirchhoff || 18 πάθῃ : πάθοι F Vat. || 23 τὸ πρὸς : τὸ omis. AB Marc B || 25 εἴ τις : ἥτις Vat.

16 5 πῶς τὸ Creuzer Kirchhoff : τὸ πῶς

assiste-t-elle simplement à la combinaison qui en dérive et aux événements qui en résultent dans un avenir sans fin? Ne collabore-t-elle plus à la suite de ces événements autrement qu'en fabriquant à nouveau [au bout de la période] les animaux du début? Les abandonne-t-elle ensuite à leur interaction mutuelle?

Ou bien voulons-nous dire qu'elle est également la cause de ces événements, et qu'elle produit des conséquences qui dérivent d'elle? Le mot « raison » implique que chaque être pâtit ou agit non pas au hasard et selon la rencontre des événements, mais d'une manière nécessaire. Est-ce par l'action de sa raison séminale? Ou bien ces raisons existent-elles, mais sans rien produire et en se bornant à la connaisance? Ou plutôt c'est l'âme, où résident les raisons séminales, qui connaît les résultats de ses propres actions; dans les mêmes circonstances, les mêmes effets doivent se produire; d'après ce principe elle saisit et prévoit ces effets, et elle conclut les conséquences, en vertu de cette liaison. Elle lie les antécédents et les conséquents, et les conséquents deviennent à leur tour des antécédents, parce qu'elle part toujours du moment présent; d'où elle conclut, par exemple, que les générations successives vont en empirant; les hommes d'autrefois étaient différents des hommes actuels, parce que, dans l'intervalle, il est nécessaire que les raisons séminales cèdent toujours davantage aux impressions de la matière. Elle assiste donc à ce changement perpétuel; elle suit les effets de ses propres actes; voilà la vie qu'elle mène. Jamais elle n'est débarrassée du souci de son œuvre; jamais elle ne met une fin à ses productions; elle ne les a pas fabriquées une fois pour toutes de manière qu'elles restent en bon état; mais elle est comme un laboureur qui, après avoir semé et planté, corrige tout le temps les effets nuisibles des hivers pluvieux, des froids persistants et de la tempête[1].

Voilà des pensées bien absurdes! Ne faut-il pas plutôt dire qu'elle connaît d'avance la corruption des êtres et les effets de leurs défauts, parce qu'ils sont contenus dans leurs raisons

1. Cette théorie d'un démiurge qui crée le monde, puis l'abandonne à lui-même, puis le corrige, est sans doute une théorie des gnostiques qu'a combattus Plotin. Elle a un parallèle frappant dans les idées de Valentin d'après les *Philosophumena* (VI, 32, 33);

ἄλληλα ἢ καὶ ὠφελοῦντα τὴν συμπλοκὴν τὴν ἐκ τούτων ἰδοῦσα μόνον καὶ τὰ ὕστερον συμβαίνοντα ἀεὶ γίγνεσθαι οὐδὲν ἔτι συμβαλλομένη πρὸς τὰ ἐφεξῆς, ἀλλ' ἢ μόνον ζῴων γενέσεις τῶν ἐξ ἀρχῆς πάλιν ποιοῦσα καὶ τοῖς πάθεσι τοῖς δι' ἀλλήλων αὐτὰ συγχωροῦσα; Ἢ αἰτίαν λέγοντες καὶ τῶν οὕτω γινομένων, ὅτι παρ' αὐτῆς γενόμενα τὰ ἐφεξῆς ἐργάζεται; Ἢ καὶ τὸ τόδε τι παθεῖν ἤ τι ποιῆσαι ἔχει ὁ λόγος οὐκ εἰκῇ οὐδὲ κατ' ἐπιτυχίαν οὐδὲ τῶνδε γιγνομένων, ἀλλ' ἐξ ἀνάγκης οὕτως. Ἆρ' οὖν τῶν λόγων αὐτὰ ποιούντων; Ἢ ὄντων μὲν τῶν λόγων, οὐχ ὡς ποιούντων δέ, ἀλλ' ὡς εἰδότων, μᾶλλον δὲ τῆς ψυχῆς τῆς τοὺς λόγους τοὺς γεννητικοὺς ἐχούσης εἰδυίας τὰ ἐκ τῶν ἔργων συμβαίνοντα αὐτῆς ἁπάντων· τῶν γὰρ αὐτῶν συμπιπτόντων καὶ περιεστηκότων τὰ αὐτὰ πάντως προσήκει ἀποτελεῖσθαι· ἃ δὴ παραλαβοῦσα ἢ προιδοῦσα ἡ ψυχὴ ἐπὶ τούτοις τὰ ἐφεξῆς περαίνει καὶ συνείρει. Προηγούμενα οὖν καὶ ἐπακολουθοῦντα πάντως καὶ πάλιν ἐπὶ τούτοις τὰ ἐφεξῆς προηγούμενα, ὡς ἐκ τῶν παρόντων· ὅθεν ἴσως ἀεὶ χείρω τὰ ἐφεξῆς· οἷον ἄνδρες ἄλλοι πάλαι, νῦν δ' ἄλλοι, τῷ μεταξὺ καὶ ἀεὶ ἀναγκαίῳ τῶν λόγων εἰκόντων τοῖς τῆς ὕλης παθήμασι. **Συνορῶσα** οὖν ἀεὶ ἄλλα, τὰ δ' ἄλλα, καὶ παρακολουθοῦσα τοῖς τῶν αὐτῆς ἔργων παθήμασι τὸν βίον τοιοῦτον ἔχει καὶ οὐκ ἀπήλλακται τῆς ἐπὶ τῷ ἔργῳ φροντίδος τέλος ἐπιθεῖσα τῷ ποιήματι καὶ ὅπως ἕξει καλῶς καὶ εἰς ἀεὶ ἅπαξ μηχανησαμένη, οἷα δέ τις γεωργὸς σπείρας ἢ καὶ φυτεύσας ἀεὶ διορθοῦται, ὅσα χειμῶνες ἔβλαψαν ὑέτιοι ἢ κρυμῶν συνέχεια ἢ ἀνέμων ζάλαι. Ἀλλ' εἰ ταῦτα ἄτοπα, ἐκεῖνο δεῖ λέγειν, ὅτι ἤδη ἔγνωσται ἢ καὶ κεῖται ἐν τοῖς λόγοις καὶ ἡ φθορὰ καὶ τὰ

10 συμβαίνοντα ἀεὶ : συμβαίνοντα αὐτῇ F || 15 καὶ omis. C Leid || τὸ τόδε τι παθεῖν ἤ τι ποιῆσαι AE : τὸ τόδε τόδε ποιῆσαι καὶ παθεῖν A in marg. BCF in marg. || 16 οὐδὲ Kirchhoff : οὐδὲν || 22 πάντως : πάντα AF Darm. || 28 ἀεὶ omis. C || 34 καὶ φυτεύσας : καταφυτεύσας C Ciz Leid.

séminales. — Mais alors, nous devrons dire que les raisons séminales produisent ces défauts ; et pourtant les arts et leurs raisons ne contiennent ni erreur ni rien de contraire à l'œuvre, ni aucun principe destructeur de cette œuvre. — L'on dira ici que, pour l'univers, il n'y a rien de contraire à la nature et rien de mal. — L'on admettra bien pourtant qu'il y a du mieux et du pire. — Sans doute, mais si le moins bon concourt à la perfection de l'univers, et s'il ne faut pas que toutes les choses soient bonnes ? Car les contraires s'associent, et le monde n'existe pas sans eux ; il en est de même dans tous les animaux.

La raison séminale force donc les êtres à être les meilleurs possible en les façonnant ; mais leurs défauts sont en puissance dans les raisons et en acte dans les êtres engendrés. L'âme universelle n'a plus besoin de rien produire, ni de faire agir les raisons : la matière, en agitant violemment les éléments dérivés des raisons primordiales, fait bien ce qui dépend d'elle pour gâter leur œuvre ; elle est néanmoins dominée et soumise au meilleur ; et ainsi de toutes les choses résulte un ordre unique, bien que les choses, dérivant à la fois de la matière et des raisons, soient différentes de ce qu'elles étaient dans les raisons.

17 Est-ce que les raisons contenues dans l'âme sont des pensées ? Mais comment produire en pensant ? La raison séminale qui agit dans la matière est une puissance productrice naturelle ; elle n'est ni une pensée, ni une vision, mais une puissance capable de modifier la matière ; elle ne connaît pas ; elle agit comme un cachet imprime sa forme, ou comme un objet produit son reflet dans l'eau ; mais comme le cercle vient du centre, la puissance végétative ou génératrice reçoit d'ailleurs le pouvoir de produire ; c'est la partie principale de l'âme qui agit d'abord en modifiant l'âme génératrice engagée dans la matière. La modifie-t-elle après avoir réfléchi ? Sa réflexion se rapportera alors soit à un autre objet soit à ce qu'elle possède en elle-même ; en ce dernier cas, elle n'a

Christos envoyé en dehors du Plérôme pour informer Sophia, se retire ensuite et la laisse sans secours jusqu'à ce que les Éons envoient Jésus pour redresser les choses.

ἀπὸ κακίας ἔργα. Ἀλλ' εἰ τοῦτο, καὶ τὰς κακίας τοὺς λόγους ποιεῖν φήσομεν, καίτοι ἐν ταῖς τέχναις καὶ τοῖς λόγοις αὐτῶν οὐκ ἔνι ἁμαρτία οὐδὲ ⟨τὸ⟩ παρὰ τὴν τέχνην οὐδ' ἡ φθορὰ τοῦ κατὰ τέχνην. Ἀλλ' ἐνταῦθά τις ἐρεῖ μὴ εἶναι μηδὲν παρὰ φύσιν μηδὲ κακὸν τῷ ὅλῳ· ἀλλ' ὅμως τὸ χεῖρον καὶ τὸ βέλτιον συγχωρήσεται. Τί οὖν, εἰ τῷ ὅλῳ καὶ τὸ χεῖρον συνεργόν, καὶ οὐ δεῖ πάντα καλὰ εἶναι ; Ἐπεὶ καὶ τὰ ἐναντία συντελεῖ καὶ οὐκ ἄνευ τούτων κόσμος· καὶ γὰρ ἐπὶ τῶν καθ' ἕκαστα ζῴων οὕτως· καὶ τὰ μὲν βελτίω ἀναγκάζει καὶ πλάττει ὁ λόγος, ὅσα δὲ μὴ τοιαῦτα, δυνάμει κεῖται ἐν τοῖς λόγοις, ἐνεργείᾳ δὲ ἐν τοῖς γενομένοις, οὐδὲν ἔτι δεομένης ἐκείνης ποιεῖν οὐδ' ἀνακινεῖν τοὺς λόγους ἤδη τῆς ὕλης τῷ σεισμῷ τῶν ἐκ τῶν προηγουμένων λόγων καὶ τὰ παρ' αὐτῆς ποιούσης τὰ χείρω, κρατουμένης δ' αὖ οὐδὲν ἧττον πρὸς τὰ βελτίω· ὥστε ἓν ἐκ πάντων ἄλλως ἑκατέρως γινομένων καὶ ἄλλως αὖ ἐν τοῖς λόγοις.

17 Πότερα δὲ οἱ λόγοι οὗτοι οἱ ἐν ψυχῇ νοήματα ; Ἀλλὰ πῶς κατὰ τὰ νοήματα ποιήσει ; Ὁ γὰρ λόγος ἐν ὕλῃ ποιεῖ καὶ τὸ ποιοῦν φυσικῶς οὐ νόησις οὐδὲ ὅρασις, ἀλλὰ δύναμις τρεπτικὴ τῆς ὕλης, οὐκ εἰδυῖα ἀλλὰ δρῶσα μόνον, οἷον τύπον καὶ σχῆμα ἐν ὕδατι, ὥσπερ κύκλος, ἄλλου ἐνδόντος εἰς τοῦτο τῆς φυτικῆς δυνάμεως καὶ γεννητικῆς τὸ ποιεῖν. Εἰ τοῦτο, ποιήσει τὸ ἡγούμενον τῆς ψυχῆς τῷ τρέπειν τὴν ἔνυλον καὶ γεννητικὴν ψυχήν. Τρέψει οὖν λογισαμένη αὕτη ; Ἀλλ' εἰ λογισαμένη, ἀναφορὰν ἕξει. Πότερον εἰς ἄλλο ἢ εἰς τὰ ἐν αὐτῇ ; Ἀλλ'

40 τὸ Creuzer || 42 παρὰ φύσιν F sup. lineam Kirchhoff : κατὰ φύσιν codd. || 49 δεομένης : δυναμένης Volkmann || 50 τῶν ἐκ τῶν F quam lectionem recepi e *Timaeo* 53 a : τῷ ἐκ τῶν AB αὐτῶν C Giz Leid || 53 ἑκατέρως : ἑκατέρων AF.

17 6 τῆς φυτικῆς — λεγομένης delev. Kirchhoff || 8 τρέπειν F sup. lineam : τρέφειν ceteri codices.

pas besoin de réflexion ; car la cause modificatrice c'est la puissance qui en elle porte les raisons, et non la réflexion sur ces raisons; cette puissance est dans l'âme la plus capable d'agir. Or elle agit selon les idées ; il faut, si elle les donne, qu'elle les tienne de l'intelligence. Donc l'intelligence les donne à l'âme de l'univers ; l'âme qui est après l'intelligence les donne à l'âme qui vient après elle-même, en l'éclairant et en l'informant ; celle-ci enfin, rangée à côté de l'autre, produit les choses [1]. Sa production est tantôt sans obstacle et tantôt entravée ; en ce dernier cas, comme elle a reçu la capacité de produire, comme elle est pleine de raisons (non pas les raisons primitives, il est vrai), elle produira tout de même selon la capacité qu'elle a reçue, mais il naîtra d'elle évidemment une chose inférieure ; un animal, mais un animal imparfait qui supporte avec peine sa propre vie, parce qu'il est inférieur, difficile à gouverner, grossier et fait d'une matière inférieure ; cette matière est comme le dépôt amer laissé par les êtres supérieurs ; elle répand son amertune et la communique à l'univers.

18 Les maux sont donc nécessaires dans l'univers, puisqu'ils sont la conséquence des êtres supérieurs ? — Oui ; s'ils n'étaient pas, l'univers serait imparfait. Beaucoup d'entre eux ou même tous sont utiles à l'ensemble, les animaux venimeux par exemple ; mais, dans la plupart des cas, leur utilité nous échappe. Le vice lui-même rend bien des services ; il produit beaucoup de belles choses, par exemple ce luxe de beaux objets fabriqués ; il nous pousse à la prudence et ne nous permet pas de nous endormir dans la sécurité [2].

Si nos paroles sont justes, l'âme de l'univers doit contempler les êtres excellents et se porter toujours vers la nature intelligible et vers Dieu ; elle s'en remplit, et quand elle s'en est une fois remplie, quand elle est en quelque sorte comblée, il naît d'elle une image, qui est à sa limite inférieure ; cette image est la puissance productrice des choses ; elle est la der-

1. Les diverses représentations que Plotin se fait de la hiérarchie des hypostases, ne sont pas parfaitement cohérentes ; en particulier, comme dans ce passage, l'hypostase âme est souvent dédoublée.

2. C'est la théodicée stoïcienne, développée dans III 2 et 3.

⟨εἰ⟩ εἰς τὰ ἐν αὐτῇ, οὐδὲν δεῖ λογισμοῦ. Οὐ γὰρ οὗτος τρέψει, ἀλλὰ τὸ ἐν αὐτῇ ἔχον τοὺς λόγους· τοῦτο γὰρ καὶ δυνατώτερον καὶ ποιεῖν ἐν ψυχῇ δυνάμενον. Κατ' εἴδη ἄρα ποιεῖ. Δεῖ τοίνυν καὶ αὐτὴν παρὰ νοῦ ἔχουσαν διδόναι. Νοῦς δὴ ψυχῇ δίδωσι τῇ τοῦ παντός, ψυχὴ δὲ παρ' αὐτῆς ἡ μετὰ νοῦν τῇ μετ' αὐτὴν ἐλλάμπουσα καὶ τυποῦσα, ἡ δὲ ὡσπερεὶ ἐπιταχθεῖσα ἤδη ποιεῖ· ποιεῖ δὲ τὰ μὲν ἀνεμποδίστως, τὰ δὲ ἐμποδισθεῖσα [χείρω]. Ἅτε δὴ δύναμιν εἰς τὸ ποιεῖν λαβοῦσα καὶ λόγων οὐ τῶν πρώτων πληρωθεῖσα οὐ μόνον καθ' ἃ ἔλαβε ποιήσει, ἀλλὰ γένοιτο ἄν τι καὶ παρ' αὐτῆς καὶ τοῦτο δῆλον ὅτι χεῖρον· καὶ ζῷον μέν, ζῷον δὲ ἀτελέστερον καὶ δυσχεραῖνον τὴν αὑτοῦ ζωήν, ἅτε χείριστον καὶ δύσκολον δὴ καὶ ἄγριον καὶ ἐξ ὕλης χείρονος οἷον ὑποστάθμης τῶν προηγουμένων πικρᾶς καὶ πικρὰ ποιούσης· καὶ ταῦτα παρέξει καὶ αὐτὴ τῷ ὅλῳ.

18 Ἆρ' οὖν τὰ κακὰ τὰ ἐν τῷ παντὶ ἀναγκαῖα, ὅτι ἕπεται τοῖς προηγουμένοις; Ἢ ὅτι, καὶ εἰ μὴ ταῦτα ἦν, ἀτελὲς ἂν ἦν τὸ πᾶν. Καὶ γὰρ χρείαν τὰ πολλὰ αὐτῶν ἢ καὶ πάντα παρέχεται τῷ ὅλῳ, οἷον τὰ τῶν ἰοβόλων, λανθάνει δὲ τὰ πλεῖστα διὰ τί· ἐπεὶ καὶ τὴν κακίαν αὐτὴν ἔχειν πολλὰ χρήσιμα καὶ πολλῶν ποιητικὴν ⟨εἶναι⟩ καλῶν, οἷον κάλλους τεχνητοῦ παντός, καὶ κινεῖν εἰς φρόνησιν μὴ ἐῶσαν ἐπ' ἀδείας εὕδειν. Εἰ δὴ ταῦτα ὀρθῶς εἴρηται, δεῖ τὴν τοῦ παντὸς ψυχὴν θεωρεῖν μὲν τὰ ἄριστα ἀεὶ ἱεμένην πρὸς τὴν νοητὴν φύσιν καὶ τὸν θεόν, πληρουμένης δὲ αὐτῆς καὶ πεπληρωμένης οἷον ἀπομεστουμένης αὐτῆς τὸ ἐξ αὐτῆς ἴνδαλμα καὶ τὸ ἔσχατον αὐτῆς πρὸς τὸ κάτω τὸ ποιοῦν τοῦτο εἶναι. Ποιητὴς οὖν ἔσχατος οὗτος· ἐπὶ δ'

11 <εἰ> Kirchhoff || 15 παντός A in marg. F in marg. : παρόντος cet. codd. || 17 ὡσπερεὶ ἐπιταχθεῖσα ἤδη ποιεῖ F Leid : ὡς περιέπει ταχθεῖσα ἤδη ποιεῖ BC ὡσπερεὶ ἐπιταχθεῖσα τοῦτο ποιεῖ E || 18 χείρω del. Müller.

18 6 εἶναι Müller || 8 ἐπ' ἀδείας : ὑπ' ἀδείας Leid.

nière des puissances productrices ; au-dessus d'elle, il y a la partie supérieure de l'âme qui est emplie de formes par l'intelligence ; au-dessus de tout est l'intelligence démiurge qui donne à l'âme, qui vient après elle, les formes dont les traces se trouvent dans la réalité de troisième rang. On a raison de dire que le monde est une image, ou un reflet qui se reproduit sans cesse ; la première et la deuxième réalité sont immobiles ; la troisième l'est aussi, mais elle est engagée dans la matière, et elle est mue par accident. Tant qu'il y aura une intelligence et une âme, les raisons séminales s'en écouleront dans cette espèce inférieure de l'âme ; de même, tant qu'il y aura un soleil, toute lumière en émanera.

αὐτῷ τῆς ψυχῆς τὸ πρώτως πληρούμενον παρὰ νοῦ· ἐπὶ πᾶσι δὲ νοῦς δημιουργός, ὃς καὶ τῇ ψυχῇ τῇ μετ᾽ αὐτὸν δίδωσιν ὧν ἴχνη ἐν τῇ τρίτῃ. Εἰκότως οὖν λέγεται οὗτος ὁ κόσμος εἰκὼν ἀεὶ εἰκονιζόμενος, ἑστηκότων μὲν τοῦ πρώτου καὶ δευτέρου, τοῦ δὲ τρίτου ἑστηκότος μὲν καὶ αὐτοῦ, ἀλλ᾽ ἐν τῇ ὕλῃ καὶ κατὰ συμβεβηκὸς κινουμένου. Ἕως γὰρ ἂν ᾖ νοῦς καὶ ψυχή, ῥεύσονται οἱ λόγοι εἰς τοῦτο τὸ εἶδος τῆς ψυχῆς, ὥσπερ, ἕως ἂν ᾖ ἥλιος, πάντα τὰ ἀπ᾽ αὐτοῦ φῶτα.

21 τῆς omis. CF Leid Marc A.

NOTICE

Ce traité soulève un si grand nombre de questions que nous ne pouvons, ici, que les indiquer sommairement. Dans son ensemble, il est une préface, où la discussion technique des concepts philosophiques et particulièrement de ceux d'Aristote joue le plus grand rôle; cette discussion est destinée à nous amener progressivement à une conclusion (la matière est le mal), qui est le centre même de l'idée plotinienne de la matière. Le problème de la matière, qui, chez Aristote, était un problème physique, devient un problème de philosophie religieuse.

Indiquons d'abord le fil des idées. Après avoir mentionné brièvement et rejeté l'opinion des Stoïciens, suivant qui la matière est un corps, et tout être un mode de la matière, il passe à l'opinion de ceux qui assurent que la matière est incorporelle. Jusqu'au chapitre VII, il est question de la matière intelligible, et, du chapitre VII à la fin, de la matière dans le monde sensible.

Au sujet de la matière du monde intelligible, on peut se demander d'abord si elle existe. Contre cette existence, il énumère quatre arguments, tous empruntés à Aristote : c'est la détermination de l'être intelligible qui n'admet point l'indétermination de la matière; sa simplicité qui n'admet aucune composition; son éternité qui exclut la génération et par conséquent la matière; enfin son incorporéité (chap. II).

Mais c'est aussi en partie d'Aristote que Plotin tire les réponses à ces objections. Pour le premier point, en effet, n'est-ce pas Aristote, lui-même, qui donne l'âme comme le « récep-

tacle des idées. » Voilà donc l'âme, un être intelligible, qui est aux idées comme la matière à la forme. Sur le second point, l'on est forcé de reconnaître que les raisons séminales, qui appartiennent aux êtres intelligibles, ne peuvent produire la riche variété de l'être vivant que si elles contiennent en elles-mêmes une variété. La discussion de la troisième objection nous fait entrer dans le vif du débat; cette objection n'a de valeur que si l'on assimile la matière des êtres intelligibles à la matière des choses sensibles; il est vrai que la matière des choses sensibles, ne recevant les formes qu'une à une reste toujours disposée à changer de forme, et qu'aucun composé de forme et de matière ne peut être éternel. Mais en est-il de même de la matière intelligible? Cette question ne pourra être résolue qu'en examinant les preuves de son existence et sa nature (chap. 3).

Et d'abord les preuves de son existence. Il y en a trois, qui, toutes trois, reposent sur la notion d'un monde intelligible, composé de genres et d'espèces hiérarchisés selon la méthode de division, telle que Platon l'a enseignée. La première est empruntée à Aristote; Plotin soutient ici, avec Aristote, que le genre est aux espèces comme la matière à la forme. La seconde preuve est tirée de l'enseignement de Platon, tel que Plotin le trouvait non pas dans les Dialogues, mais dans les commentaires et critiques qu'en fait Aristote; c'est en effet par Aristote seulement que nous savons positivement que Platon a admis dans les intelligibles un infini et par conséquent une matière qui devait être le modèle de la matière des choses sensibles. La dernière preuve, enfin, se fonde sur la division; la division qui produit la variété du monde intelligible suppose une matière à diviser; avant cette division, elle est indéterminée; elle est telle que l'infini du *Philèbe* (16-17) avant qu'il ait subi l'action de la limite (chap. IV).

Il ne faut donc pas composer le monde intelligible, de ces ἀσύνθετοι οὐσίαι posées par Aristote (*Mét.* Θ 10), de ces essences indivisibles isolées et éparpillées; il ne faut pas non plus confondre l'intelligible avec une intelligence absolument simple, telle que le Dieu d'Aristote; appliquant au monde

intelligible les procédés d'analyse que l'on applique au monde sensible, comme Platon en a donné le modèle dans le *Philèbe*, on y trouvera que l'intelligible est, lui aussi, un composé de forme et de matière.

Cette sorte d'analyse logique risque pourtant d'assimiler la matière intelligible à la matière sensible; aussi n'est-elle pas le dernier mot de Plotin, et tout le sens de la discussion qui précède n'apparaît que dans les indications, volontairement mystérieuses et écourtées, de la fin du chapitre v. Elles concernent la genèse de l'Intelligence à partir du Bien, et marquent, dans cette genèse, le moment de la naissance de la matière; du Bien sort par procession l'Altérité qui est indéfinie; l'Altérité, quand elle se retourne vers le Bien pour en recevoir le rayonnement, engendre la matière qui n'est autre chose que l'Altérité convertie et pénétrée de la lumière du Bien. La matière intelligible n'apparaît donc plus comme le résultat d'une analyse, ainsi qu'elle apparaissait chez Aristote, mais comme un moment nécessaire dans l'évolution de la réalité émanée du Bien : c'est là ce que Plotin appelle expliquer.

Nous aurons une remarque tout à fait analogue à faire sur la doctrine de la matière des choses sensibles dont l'exposition commence au chapitre vi.

Là encore, Plotin suit d'abord Aristote; il est même aisé de s'apercevoir que les chapitres vi et vii ne sont qu'un commentaire d'un chapitre de la *Métaphysique* (Λ, 2), commentaire aussi fidèle qu'on pourrait l'attendre d'un disciple des Péripatéticiens. Dans les preuves qu'il donne de l'existence de la matière des choses sensibles (le changement et la destruction), dans la critique qu'il fait d'Empédocle, d'Anaximandre (qui n'est pas nommé chez Plotin, mais l'est chez Aristote[1]) et de Démocrite, il suit pas à pas son modèle.

1. Il est curieux que la doctrine d'Anaximandre, qui identifie la matière à l'infini (ἄπειρον), soit ici critiquée par Plotin (d'ailleurs avec des arguments purement aristotéliciens empruntés à la *Physique*), puisque c'est la thèse même qu'il soutiendra. Tout se passe comme si Plotin se faisait lire un commentaire d'Aristote, qu'il soumet à un

Un long développement (jusqu'au chapitre XII) est consacré à démontrer que la matière est sans grandeur, comme elle est en général sans qualités. Ce développement, à condition que l'on élimine, comme il le fait au début, toute considération sur la matière seconde, est tout à fait dans l'esprit d'Aristote. Mais il va de soi qu'il est spécialement dirigé contre les Stoïciens qui font de la matière un corps. Et le fond de l'argumentation me paraît être la mise en évidence d'une contradiction interne de la doctrine stoïcienne de la matière (cette méthode de critique, comme on le sait, est alors, depuis des siècles, en usage contre le stoïcisme). Admettons, commence Plotin au chapitre VIII, les attributs que les Stoïciens donnent à la matière : unité, continuité, absence de qualité. Quand ils ajoutent qu'elle est un corps, ils ajoutent une affirmation complètement incompatible avec les précédentes : c'est là le thème de toute la discussion. Les arguments qui suivent mettent tous en lumière cette incompatibilité. Comment les Stoïciens peuvent-ils dire que la matière est complètement passive et asservie à la forme [1], si l'agent est obligé de s'accommoder à sa grandeur ? Comment admettent-ils que la raison séminale d'un être produit un être d'une dimension définie, si cette dimension appartient à sa matière ? De quel droit jugent-ils que l'agent donne à la matière les qualités, tandis qu'il ne lui donnerait pas sa quantité ? (chap. VIII).

Suit, contre la thèse que la matière est sans grandeur, une série de deux difficultés, tirées du stoïcisme. D'abord le principe fondamental de leur physique : tout ce que l'on conçoit comme réalité est un corps d'une grandeur définie; donc la matière aussi (chap. IX). On ne peut donc penser la matière à la fois comme une réalité et comme une chose sans grandeur (chap. X). A la première objection, Plotin oppose encore les Stoïciens à eux-mêmes ; ils admettent la réalité de

examen critique à partir du chapitre VIII ; nous aurions là un exemple du procédé d'enseignement dont nous parle Porphyre dans la *Vie*.

1. Arnim, *Fragmenta Veterum Stoïcorum* II, 110, 9. 17. 25, etc. ; comp. Plotin 8, 16 sq. εὐάγωγος εἰς ἅπαντα (Plotin 8, 21) = res ad omnia parata (Arnim 110, 26).

qualités, par conséquent de choses sans grandeur ; ils admettent que la raison séminale contient en elle non seulement les principes des qualités de l'animal qui s'en développera, mais le principe de sa taille. Sur le second point, Plotin, *pour la première fois, dans cette discussion,* fait appel à Platon : Platon, dans le *Timée,* a expliqué par quelle espèce de « raisonnement bâtard » l'on pouvait arriver à penser la matière dépourvue de grandeur comme de toute autre qualité.

Aussi bien, d'autres adversaires que les Stoïciens soutiennent que la matière a une grandeur à elle. Ces adversaires, eux, paraissent être des interprètes du *Timée.* Leur première objection repose, à n'en pas douter, sur le sens qu'ils donnent à la célèbre notion de la χώρα. Si elle est, comme le dit Platon, un réceptacle, une place où sont reçues les qualités, il faut bien, en fin de compte, qu'elle soit un *volume* (ὄγκος), et par conséquent qu'elle ait une grandeur. Quant aux éléments, pris en eux-mêmes, ils n'ont point de grandeur, dès qu'on admet (avec Aristote) que chacun d'eux n'est que la synthèse de deux qualités, telles que le chaud et le sec; ils ne pourront donc pas fournir de dimensions à la matière.

La réponse est ici plus délicate; sans doute l'on peut dire qu'il y a des réceptacles de formes, tels que l'âme, qui ne sont point étendus; il reste que la χώρα du *Timée* apparaît bien comme un espace. Sans doute, répond Plotin, mais ce n'est point une grandeur définie comme celle du monde ou d'un animal; c'est une grandeur en quelque sorte mouvante, sans cesse croissante et décroissante, une dyade de grand et de petit. Cette χώρα n'est pas d'ailleurs elle-même la matière; elle en est une image, et elle nous permet d'imaginer la matière comme susceptible de recevoir toutes les dimensions, sans avoir elle-même aucune dimension définie (chap. XI et XII début). Quant à l'objection subsidiaire, Plotin y répond, en renvoyant aux preuves de la matière qu'Aristote a fondées sur la transmutation des éléments (chap. XII).

Ainsi finit cette longue discussion sur la grandeur de la matière qui s'adresse, on l'a vu, et aux Stoïciens et aux pla-

toniciens stoïcisants que nous avons déjà rencontrés tant de fois. C'est contre Aristote, maintenant, que Plotin va entrer en lutte. Car si l'objection discutée au chapitre XIII ne se trouve pas textuellement dans Aristote (et peut-être même ne répond pas à l'esprit de sa théorie), elle ne provient pas moins, semble-t il, de l'interprétation d'un chapitre de la *Métaphysique* (Z, 8, fin). Dans ce chapitre Aristote explique que la matière d'un être, le bois d'une statue par exemple, s'énonce par un qualificatif (la statue est de bois) et non pas un substantif. Ne peut-on pas en généralisant (tel semble être le sens de la question que Plotin suppose qu'on lui adresse) dire que la matière première, celle des éléments, est non pas un sujet, mais une qualité commune aux éléments? Et c'est bien en effet à un péripatéticien seul que peut s'adresser la réponse, puisqu'elle consiste à dénoncer la contradiction entre le nom de sujet qu'Aristote donne à la matière, et le nom de qualité qu'il veut lui donner maintenant. Si elle n'est pas qualité, réplique le péripatéticien, n'est-elle pas du moins un sujet qualifié, puisqu'on lui attribue la privation? Car la privation de la vue, par exemple, c'est cette qualité d'être aveugle ; et chez Aristote toute privation d'un état est la possession de l'état contraire. Mais, répond Plotin, le cas de la matière est bien différent, puisqu'il s'agit d'une privation radicale qui exclut à la fois les deux contraires (chap. 13).

Et ainsi il arrive au point central du débat, à savoir si la privation est un accident de la matière, comme le veut Aristote, ou si elle est la matière elle-même. Les deux chapitres XIV et XV sont en effet une discussion de la partie du chapitre de la *Physique* (I, 9), où Aristote oppose sa thèse sur ce point à celle de Platon. Aristote, on le sait, se représente toujours la matière par l'analyse du changement; quand une chose noire devient blanche, c'est qu'un sujet privé d'une qualité la possède ensuite; la matière est donc le sujet privé de la qualité, mais non point cette privation; Platon d'après lui, en confondant l'un et l'autre, n'a pas su analyser le devenir. Aristote exprimait sa pensée en ces termes : « Pour nous,

matière et privation sont choses différentes ; » ce que Simplicius commentait en ces termes[1] : pour Aristote, « matière et privation sont une seule et même chose quant au sujet, mais deux choses différentes quant à la notion ; » c'est-à-dire que le non blanc ne désigne pas un sujet différent de la matière du blanc, mais une notion différente puisque non blanc est le simple non être du blanc, tandis que la matière n'est un non être que par accident, et qu'elle est « presque une substance. » Mais un tel commentaire de cette pensée d'Aristote existait avant Simplicius, puisque nous retrouvons littéralement la formule de Simplicius donnée au début du chapitre XIV de Plotin, comme la thèse antiplatonicienne à combattre.

Il la combat en montrant qu'elle n'a aucun sens plausible, conciliable avec la pensée d'Aristote lui-même. Car il y a pour deux notions trois manières d'être distinctes l'une de l'autre : ou bien la distinction absolue, les deux notions n'ayant rien de commun ; ce serait contraire à la pensée d'Aristote puisque matière implique privation et privation matière. Ou bien la privation est à la matière, comme l'attribut camus est au nez camus, c'est-à-dire comme un attribut dont la notion n'est nullement séparable de son sujet, puisque le camus n'est pas seulement le concave mais le concave dans le nez[2] ; mais alors la matière contiendrait déjà la privation, et la privation la matière ; on ne pourrait définir l'une sans l'autre. Ou bien on les distinguera comme le chaud du feu, c'est-à-dire comme la forme de la matière ; mais alors on n'a plus le droit de dire qu'ils sont une seule chose quant au sujet.

D'ailleurs Aristote ne peut s'en tenir à la distinction qu'il établit entre la privation comme relatif, et la matière comme sujet ; car c'est lui-même qui nous le dit : la matière est parmi les choses relatives. Il n'y a donc, à vrai dire, aucune distinction entre matière et privation (chap. XIV).

1. *In Physica*, Éd. de l'Académie de Berlin, 145, 5.

2. Aristote *Métaph.* Z 5, 1030 a 28 (Hamelin, *Philosophie d'Aristote*, p. 120).

Ainsi se précise la véritable notion platonicienne de matière, qui est l'infini pris en lui-même et rien autre. Mais les deux derniers chapitres sont encore pleins de la discussion avec Aristote. Ici en effet Plotin se heurte au chapitre 5 du livre III de la *Physique,* selon lequel l'infini ne peut exister en lui-même, mais seulement comme accident. Plotin n'entre pas ici dans le détail des trois arguments d'Aristote; mais il en ruine le principe. Ce principe c'est que l'infini, étant une propriété de la grandeur, est essentiellement divisible. De là Aristote déduisait : 1° qu'un infini, qui serait une substance, serait indivisible et ne serait par conséquent pas infini; 2° que, si l'infini est une propriété de la grandeur, et si la grandeur n'existe pas en elle-même, il en est ainsi à plus forte raison de l'infini; 3° que si l'infini était une substance, l'être de l'infini serait identique à l'infini; d'où il s'ensuit que l'infini serait simple; étant simple et partout semblable à lui-même, ou bien il serait indivisible, ce qui exclut l'infini; ou bien il serait divisible en plusieurs infinis, ce qui est absurde.

Plotin ruine, disions-nous, le principe de l'argumentation en posant, comme Platon dans le *Philèbe,* que l'infini est complètement étranger au nombre et au rapport numérique. Il est absurde et contradictoire de poser l'infini comme une « affection du nombre et de la grandeur », ainsi que le fait Aristote dans son deuxième argument. Enfin, il faut accepter franchement la prémisse du troisième argument sur laquelle Aristote fonde l'absurdité de l'infini en soi; il est vrai, et plus encore pour la matière des choses sensibles que pour celle des êtres intelligibles, que l'être de l'infini y est la même chose que l'infini [1], autant du moins que l'on peut parler de l'être de l'infini (chap. XV).

1. On sait que d'après Aristote (*Métaph.* Z 6, 1031 a 17), l'être d'une chose est différent de cette chose, lorsqu'il s'agit d'une chose qui n'existe que par accident; tandis que l'être de Socrate est identique à Socrate, l'être du blanc (c'est-à-dire le sujet auquel le blanc appartient par accident, et grâce auquel le blanc arrive à l'être) est différent du blanc.

Reste enfin à répondre à une dernière difficulté d'Aristote (*Physique*, I, 9). Tout devenir va, selon Aristote, de la privation d'une qualité à la possession de cette qualité ; la privation est donc détruite dans le devenir de la forme : si la matière était privation, comme le veut Platon, elle serait donc détruite par l'état positif qui s'unit à elle. La réponse de Plotin est ici à peine une réponse, tellement sa pensée se montre différente de celle d'Aristote ; la privation pour lui ne cesse pas d'être privation pour avoir reçu la forme ; le devenir ne transforme pas la matière, comme chez Aristote ; la matière reste après comme avant, après plus qu'avant, la pauvreté même, l'indigence, le mal radical qui ne peut être amélioré. Mais ici Plotin prélude à l'exposé de son propre système, dont tout le traité présent n'est qu'une préface dialectique, servant à écarter les apories préliminaires.

IV [12].

DES DEUX MATIÈRES

1 La matière est un sujet et un réceptacle des formes[1] : telle est l'opinion commune de tous ceux qui sont arrivés à la notion de cette réalité ; jusque-là ils s'accordent ; mais quelle est la nature de ce sujet ? Comment est-elle capable de recevoir les formes ? Que reçoit-elle ? Sur toutes ces questions, on est en désaccord.

Les uns, admettant que les corps sont les seules réalités et la seule substance, disent que la matière est une ; elle est le substrat des éléments, et elle est leur substance ; toutes les autres choses, même les éléments, ne sont que des affections et des manières d'être de la matière ; ils osent l'introduire jusque chez les dieux, et ils disent finalement que Dieu lui-même n'est qu'un mode de cette matière. Ils attribuent un corps à la matière et la définissent un corps sans qualités ; ils lui donnent aussi la grandeur[2].

Les autres disent qu'elle est incorporelle[3] ; quelques-uns disent qu'il y en a de deux espèces, l'une qui est le substrat des corps (c'est celle dont parlaient les premiers), l'autre, antérieure à celle-ci et qui est, dans l'intelligible, le substrat des formes et des essences incorporelles.

2 Recherchons d'abord si cette seconde espèce de

1. « Sujet » c'est le terme aristotélicien et stoïcien ; « réceptacle », le mot de Platon dans le *Timée* (49 a), ou plus exactement le « réceptacle du devenir ».

2. Les Stoïciens ; cf. la notice précédente.

3, C'est Aristote ; mais ce n'est pas lui, ce sont ses partisans qui par opposition aux stoïciens, ont appelé la matière incorporelle.

IV [12]

ΠΕΡΙ ΤΩΝ ΔΥΟ ΥΛΩΝ

1 Τὴν λεγομένην ὕλην ὑποκείμενόν τι καὶ ὑποδοχὴν εἰδῶν λέγοντες εἶναι κοινόν τινα τοῦτον λόγον περὶ αὐτῆς πάντες λέγουσιν, ὅσοι εἰς ἔννοιαν ἦλθον τῆς τοιαύτης φύσεως, καὶ μέχρι τούτου τὴν αὐτὴν φέρονται· τίς δέ ἐστιν αὕτη ἡ ὑποκειμένη φύσις καὶ πῶς δεκτικὴ καὶ τίνων, τὸ ἐντεῦθεν ἤδη ζητήσαντες διέστησαν. Καὶ οἱ μὲν σώματα μόνον τὰ ὄντα εἶναι θέμενοι καὶ τὴν οὐσίαν ἐν τούτοις μίαν τε τὴν ὕλην λέγουσι καὶ τοῖς στοιχείοις ὑποβεβλῆσθαι καὶ αὐτὴν εἶναι τὴν οὐσίαν, τὰ δ' ἄλλα πάντα οἷον πάθη ταύτης καί πως ἔχουσαν αὐτὴν καὶ τὰ στοιχεῖα εἶναι. Καὶ δὴ καὶ τολμῶσι καὶ μέχρι θεῶν αὐτὴν ἄγειν καὶ τέλος δὴ καὶ αὐτὸν τὸν θεὸν ὕλην ταύτην πως ἔχουσαν εἶναι. Διδόασι δὲ καὶ σῶμα αὐτῇ ἄποιον αὐτὸ σῶμα λέγοντες καὶ μέγεθος δέ. Οἱ δὲ ἀσώματον λέγουσι καὶ ταύτην οὐ μίαν τινὲς αὐτῶν, ἀλλὰ ταύτην μὲν τοῖς σώμασιν ὑποβεβλῆσθαι καὶ αὐτοί περὶ ἧς οἱ πρότεροι λέγουσιν, ἑτέραν μέντοι προτέραν ἐν τοῖς νοητοῖς ὑποβεβλημένην τοῖς ἐκεῖ εἴδεσι καὶ ταῖς ἀσωμάτοις οὐσίαις.

2 Διὸ πρότερον ζητητέον περὶ ταύτης εἰ ἔστι, καὶ τίς

1 6 ἤδη : τοίνυν AE || ζητήσαντες : ζητοῦντες A in marg. BC || 12 αὐτὸν τὸν Vitringa : αὐτὸν αὐτῶν τὸν ABCDE αὐτὸν τῶν Vind. αὐτὸν αὐτῷ τὸν Marc C *summum ipsorum Deum* Ficin qui fortasse legit ἀκρότατον αὐτῶν τόν.

matière existe, ce qu'elle est, et en quel sens elle existe. — Puisque, dit-on, la matière est une réalité indéfinie et informe, puisqu'il n'y a pas de place là-bas, dans ces êtres excellents, pour une réalité indéfinie et informe, il n'y a pas de matière là-bas. De plus, chaque être intelligible est simple; il n'a donc pas besoin de matière, puisque l'être fait de matière et d'autre chose est un composé. De plus les choses qui sont engendrées et qui passent d'un état à une autre, ont besoin d'une matière, et partant de là on a conçu la matière des réalités sensibles; les choses qui ne sont pas engendrées n'en ont pas besoin ; d'où leur serait-elle venue et pourquoi existerait-elle ? Est-elle engendrée ? Mais par qui ? Est-elle éternelle ? Il y a donc plusieurs principes, et qui se rencontrent accidentellement. De plus la forme, ajoutée à la matière, donne un composé qui est un corps; il y aurait donc un corps dans la réalité intelligible.

3 — Il faut répondre d'abord : n'ayons pas partout le mépris de l'indéfini ; ne méprisons pas la réalité qui, conçue par elle-même comme privée de forme, s'offre comme sujet à des réalités supérieures et excellentes. Telle est l'âme dans son rapport à l'intelligence et à la raison : informée par elles, elle se transforme en un type d'être meilleur. De plus il y a des composés dans les choses intelligibles, sans que ces composés soient des corps ; telles sont les raisons séminales : elles sont composées, et elles introduisent la composition en acte dans la nature, lorsque la nature agit pour informer les choses. Et, puisque la nature agit sur des choses différentes d'elle-même, et procède d'un être différent d'elle, elle est encore plus composée que la raison. En outre, la matière des êtres engendrés reçoit des formes sans cesse nouvelles ; mais la matière des êtres éternels reste toujours identique à elle-même ; la matière sensible est sans doute l'inverse de la matière intelligible ; ici toutes les formes sont distribuées partie par partie ; et, à chaque instant, il n'y en a qu'une en chaque être ; aucune ne subsiste et l'une chasse l'autre ; rien ne reste identique à soi-même. Là-bas, toutes sont ensemble, et la matière n'a pas de raison de se transformer, puisqu'elle possède toutes les formes ; elle n'est donc jamais privée de forme. La matière sensible, il est vrai, n'en est jamais privée non plus; mais c'est d'une manière différente. Mais la matière intelligible est-elle éter-

οὖσα τυγχάνει, καὶ πῶς ἔστιν. Εἰ δὴ ἀόριστόν τι καὶ ἄμορφον δεῖ τὸ τῆς ὕλης εἶναι, ἐν δὲ τοῖς ἐκεῖ ἀρίστοις οὖσιν οὐδὲν ἀόριστον οὐδὲ ἄμορφον, οὐδ᾽ ἂν ὕλη ἐκεῖ εἴη· καὶ εἰ ἁπλοῦν ἕκαστον, οὐδ᾽ ἂν δέοι ὕλης, ἵνα ἐξ αὐτῆς καὶ ἄλλου τὸ σύνθετον· καὶ γινομένοις μὲν ὕλης δεῖ καὶ ἐξ ἑτέρων ἕτερα ποιουμένοις, ἀφ᾽ ὧν καὶ ἡ τῶν αἰσθητῶν ὕλη ἐνοήθη, μὴ γινομένοις δὲ οὔ. Πόθεν δὲ ἐλήλυθε καὶ ὑπέστη ; Εἰ γὰρ ἐγένετο, καὶ ὑπό τινος· εἰ δὲ ἀίδιος, καὶ ἀρχαὶ πλείους καὶ κατὰ συντυχίαν τὰ πρῶτα. Κἂν εἶδος δὲ προσέλθῃ, τὸ σύνθετον ἔσται σῶμα· ὥστε κἀκεῖ σῶμα.

3 Πρῶτον οὖν λεκτέον ὡς οὐ πανταχοῦ τὸ ἀόριστον ἀτιμαστέον, οὐδὲ ὃ ἂν ἄμορφον ᾖ τῇ ἑαυτοῦ ἐπινοίᾳ, εἰ μέλλοι παρέχειν αὑτὸ τοῖς πρὸ αὐτοῦ καὶ τοῖς ἀρίστοις· οἷόν τι καὶ ψυχὴ πρὸς νοῦν καὶ λόγον πέφυκε μορφουμένη παρὰ τούτων καὶ εἰς εἶδος βέλτιον ἀγομένη· ἔν τε τοῖς νοητοῖς τὸ σύνθετον ἑτέρως, οὐχ ὡς τὰ σώματα· ἐπεὶ καὶ λόγοι σύνθετοι καὶ ἐνεργείᾳ δὲ σύνθετον ποιοῦσι τὴν ἐνεργοῦσαν εἰς εἶδος φύσιν. Εἰ δὲ καὶ πρὸς ἄλλο καὶ παρ᾽ ἄλλου καὶ μᾶλλον. Ἡ δὲ τῶν γινομένων ὕλη ἀεὶ ἄλλο καὶ ἄλλο εἶδος ἴσχει, τῶν δὲ ἀιδίων ἡ αὐτὴ ταὐτὸν ἀεί. Τάχα δ᾽ ἀνάπαλιν ἢ ἐνταῦθα. Ἐνταῦθα μὲν γὰρ παρὰ μέρος πάντα καὶ ἓν ἑκάστοτε. Διὸ οὐδὲν ἐμμένει ἄλλου ἄλλο ἐξωθοῦντος· διὸ οὐ ταὐτὸν ἀεί, ἐκεῖ δ᾽ ἅμα πάντα· διὸ οὐκ ἔχει εἰς ὃ μεταβαλεῖ, ἤδη γὰρ ἔχει πάντα. Οὐδέποτ᾽ οὖν ἄμορφος [οὔτε ἐκεῖ] ἡ ἐκεῖ, ἐπεὶ οὐδ᾽ ἡ ἐνταῦθα, ἀλλ᾽ ἕτερον τρόπον ἑκατέρα. Τὸ δὲ εἴτε ἀίδιος, εἴτε γενομένη, ἐπειδὰν ὅ τί ποτ᾽ ἐστὶ λάβωμεν, δῆλον ἔσται.

2 3 τὸ omis. Leid Marc A Vat. || 7 ἀφ᾽ ὧν : ἐφ᾽ ὧν A Vitringa.
3 3 μέλλοι : μέλλει AB Ciz Darm. Mon. A || 8 ἄλλο καὶ παρ᾽ ἄλλου, καὶ interpunxit Gollwitzer : ἄλλο, καὶ παρ᾽ ἄλλου καὶ editiones || 13 μεταβαλεῖ Müller : μεταβάλλει A μεταβάλοι B μεταβάλλοι CE || 14 οὔτε ἐκεῖ del. Müller : οὐδὲ ἐκεῖ Volkmann.

nelle ou engendrée ? La solution sera claire, après que nous aurons compris ce qu'elle est.

4 Dans le cours de cette discussion, nous prenons pour accordée l'existence des idées (point démontré ailleurs). S'il y a plusieurs idées, il y a nécessairement en chaque idée quelque chose de commun, et quelque chose de propre, par quoi l'une diffère de l'autre. Ce caractère propre et cette différence qui la sépare des autres, c'est sa forme particulière. Or, s'il y a forme, il y a quelque chose qui est informé et en quoi existe cette différence. Donc il y a une matière qui reçoit la forme, et il y a un sujet.

De plus, il y a là-bas un monde intelligible, et le monde sensible en est une imitation ; or, celui-ci est composé de matière et de forme ; donc il y a nécessairement de la matière dans celui-là. D'ailleurs comment l'appeler monde [1], si l'on ne songe pas à sa forme, et comment concevoir la forme sans une chose dont elle est forme ? — Il est indivisible, dit-on ? — Indivisible sans doute, pris absolument ; mais il est divisible en un certain sens ; or, si ses parties sont séparées les unes des autres, la matière existe ; car le sectionnement et la séparation sont des affections de la matière ; c'est elle qui les subit. Mais si, quoique multiple, il est indivisible, cette multiplicité dans l'unité est en l'unité comme en une matière ; sa multiplicité est en effet celle de ses formes, et son unité ne peut être conçue que comme diversifiée par une pluralité de formes ; sans cette diversité, son unité serait sans forme ; enlevez-lui par la pensée la diversité, les formes, les raisons et les objets de pensée, ce qui reste est informe et indéfini ; il n'y a plus rien de ce qui était en cette unité et avec elle.

5 Et si l'on dit : « cette unité possède toujours toutes ces formes ; formes et unité ne font qu'un ; il n'y a donc pas de matière », il s'ensuivrait qu'il n'y a pas non plus de matière dans les corps : car le corps n'est jamais privé de forme, et il est toujours un ensemble d'une forme et d'une matière. Pourtant il est composé, et par la pensée on découvre sa dualité ; la pensée le divise, jusqu'à ce qu'elle arrive à un

1. L'esssentiel de ces arguments vient de Platon et d'Aristote ; mais l'expression *monde intelligible*, n'est ni de l'un ni de l'autre, et ne se trouve pas avant Philon d'Alexandrie.

4 Ὁ δὴ λόγος ἡμῖν ὑποθεμένοις τὸ νῦν εἶναι τὰ εἴδη — δέδεικται γὰρ ἐν ἄλλοις — προίτω. Εἰ οὖν πολλὰ τὰ εἴδη, κοινὸν μέν τι ἐν αὐτοῖς ἀνάγκη εἶναι· καὶ δὴ καὶ ἴδιον, ᾧ διαφέρει ἄλλο ἄλλου. Τοῦτο δὴ τὸ ἴδιον καὶ ἡ διαφορὰ ἡ χωρίζουσα ἡ οἰκεία ἐστὶ μορφή. Εἰ δὲ μορφή, ἔστι καὶ τὸ μορφούμενον, περὶ ὃ ἡ διαφορά. Ἔστιν ἄρα καὶ ὕλη ἡ τὴν μορφὴν δεχομένη καὶ ἀεὶ τὸ ὑποκείμενον. Ἔτι εἰ κόσμος νοητός ἐστιν ἐκεῖ, μίμημα δὲ οὗτος ἐκείνου, οὗτος δὲ σύνθετος καὶ ἐξ ὕλης, κἀκεῖ δεῖ ὕλην εἶναι. Ἢ πῶς προσερεῖς κόσμον μὴ εἰς εἶδος ἰδών; Πῶς δὲ εἶδος μὴ ἐφ᾽ ᾧ τὸ εἶδος λαβών; Ἀμερὲς μὲν γὰρ παντελῶς πάντῃ αὐτό, μεριστὸν δὲ ὁπωσοῦν. Καὶ εἰ μὲν διασπασθέντα ἀπ᾽ ἀλλήλων τὰ μέρη, ἡ τομὴ καὶ ἡ διάσπασις ὕλης ἐστὶ πάθος· αὕτη γὰρ ἡ τμηθεῖσα· εἰ δὲ πολλὰ ὂν ἀμέριστόν ἐστι, τὰ πολλὰ ἐν ἑνὶ ὄντα ἐν ὕλῃ ἐστὶ τῷ ἑνὶ αὐτὰ μορφαὶ αὐτοῦ ὄντα· τὸ γὰρ ἓν τοῦτο [τὸ ποικίλον] νόησον ποικίλον καὶ πολύμορφον. Οὐκοῦν ἄμορφον αὐτὸ πρὸ τοῦ ποικίλον· εἰ γὰρ τῷ νῷ ἀφέλοις τὴν ποικιλίαν καὶ τὰς μορφὰς καὶ τοὺς λόγους καὶ τὰ νοήματα, τὸ πρὸ τούτων ἄμορφον καὶ ἀόριστον καὶ τούτων οὐδὲν τῶν ἐπ᾽ αὐτῷ καὶ ἐν αὐτῷ.

5 Εἰ δ᾽ ὅτι ἀεὶ ἔχει ταῦτα καὶ ὁμοῦ, ἓν ἄμφω καὶ οὐχ ὕλη ἐκεῖ[νο], οὐδ᾽ ἐνταῦθα ἔσται τῶν σωμάτων ὕλη, οὐδέποτε γὰρ ἄνευ μορφῆς, ἀλλ᾽ ἀεὶ ὅλον σῶμα, σύνθετον μὴν ὅμως. Καὶ νοῦς εὑρίσκει τὸ διττόν· οὗτος γὰρ διαιρεῖ, ἕως ⟨ἂν⟩ εἰς ἁπλοῦν ἥκῃ μηκέτι αὐτὸ ἀναλύεσθαι δυνά-

4 1 τὸ νῦν : τὸν νοῦν Vind. A Vitringa || 7 τὸ : τι Volkmann || 10 μὴ εἰς εἶδος AE Marc B in marg. : μὴ εἰς εἴδη A in marg. Marc B μὴ εἰς ὕλην Ciz || 15 τῷ ἑνὶ : τῷ cum obelo in codd. *ceu materia* Ficin qui legit ὡς ἑνὶ || 16 τῷ ἑνὶ αὐτὰ del. Vitringa || 16 τὸ ποικίλον del. Müller : τὸ πολλὰ ὂν Volkmann || 16 τὸ γὰρ ἓν — πρὸ τοῦ ποικίλον : τὸ γὰρ ἓν τοῦτο τὸ ποικίλον· εἰ γὰρ τῷ νῷ ἀφέλοις νόησιν ποικίλον καὶ πολύμορφον, οὐκοῦν ἄμορφον αὐτὸ πρὸ τοῦ ποικίλου Ciz quod si recte legitur, verba sequentia εἰ γὰρ τῷ — ἐν αυτῷ glossa esse videntur.
5 2 ἐκεῖ[νο] Vitringa || 5 <ἂν> Kirchhoff.

terme simple qui ne peut plus être analysé ; elle divise tant qu'elle peut, et elle va jusqu'à la profondeur de l'être. Cette profondeur, c'est la matière, et c'est pourquoi la matière est ténébreuse. La lumière qui l'éclaire est la forme ; l'intelligence voit la forme. Voyant la forme dans un être, elle juge que la profondeur de cet être est une obscurité située sous la lumière ; de même l'œil lumineux, portant son regard sur la lumière ou les couleurs qui sont des espèces de lumières, discerne l'existence du fond obscur et matériel caché sous la surface colorée.

Mais ce principe ténébreux est bien différent dans les choses intelligibles et dans les choses sensibles ; la matière y est d'un genre aussi différent que la forme qui s'ajoute à elles. La matière divine reçoit une limite définie, et elle possède la vie bien fixée d'une intelligence ; la matière du corps devient quelque chose de défini, mais elle n'est ni vivante ni intelligente ; c'est une chose morte qui reçoit l'ordre. Dans les corps, la forme n'est qu'une image ; son sujet, aussi, est donc une image. Là-bas, la forme est une réalité ; son sujet, aussi, est donc réel. [Ceux qui] disent que la matière est une substance[1], auraient raison, s'ils parlaient de la matière intelligible ; le sujet des formes, là-bas, c'est bien une substance, ou plutôt c'est la substance conçue avec la forme qui est en elle, la substance complète et pénétrée de clarté.

La matière intelligible est-elle éternelle ? C'est demander si les idées le sont ; elles sont engendrées puisqu'elles ont un principe ; mais elles sont non engendrées parce qu'elles n'ont pas de commencement dans le temps ; produites éternellement par leur principe, elles ne sont pas dans un perpétuel devenir, comme le monde sensible, mais elles existent éternellement, comme le monde intelligible. L'altérité intelligible[2] produit éternellement la matière ; elle est le principe de la matière, ainsi que le mouvement premier ; et le mouvement aussi est appelé altérité, parce que mouvement et altérité sont nés ensemble[3] ; or le mouvement et l'altérité sont choses indéfinies, et venant du Premier, ils ont aussi besoin

1. C'est-à-dire les Stoïciens, dont c'est la théorie propre (Cf. Arnim. *Stoïc. vet. fragm.* II, nº 310).

2. C'est l'idée de l'*autre*, dans *Sophiste*, 255 c.

3. Cf. *Sophiste*. 256 c, combiné avec *Parménide*, 146 a.

μενον· ἕως δὲ δύναται, χωρεῖ αὐτοῦ εἰς τὸ βάθος. Τὸ δέ βάθος ἑκάστου ἡ ὕλη· διὸ καὶ σκοτεινὴ πᾶσα, ὅτι τὸ φῶς λόγος καὶ ὁ νοῦς λόγον ⟨ὁρᾷ⟩. Διὸ τὸν ἐφ᾽ ἑκάστου λόγον ὁρῶν τὸ κάτω ὡς ὑπὸ τὸ φῶς σκοτεινὸν ἡγεῖται, ὥσπερ ὀφθαλμὸς φωτοειδὴς ὢν πρὸς τὸ φῶς βαλὼν καὶ χρόας φῶτα ὄντα τὰ ὑπὸ τὰ χρώματα σκοτεινὰ καὶ ὑλικὰ εἶναι λέγει κεκρυμμένα τοῖς χρώμασι. Διάφορόν γε μὴν τὸ σκοτεινὸν τό τε ἐν τοῖς νοητοῖς τό τε ἐν τοῖς αἰσθητοῖς ὑπάρχει διάφορός τε ἡ ὕλη, ὅσον καὶ τὸ εἶδος τὸ ἐπικείμενον ἀμφοῖν διάφορον· ἡ μὲν γὰρ θεία λαβοῦσα τὸ ὡρισμένον αὐτὴ ζωὴν ὡρισμένην καὶ νοερὰν ἔχει, ἡ δὲ ὡρισμένον μέν τι γίνεται, οὐ μὴν ζῶν οὐδὲ νοοῦν, ἀλλὰ νεκρὸν κεκοσμημένον. Καὶ ἡ μορφὴ δὲ εἴδωλον· ὥστε καὶ τὸ ὑποκείμενον εἴδωλον. Ἐκεῖ δὲ ἡ μορφὴ ἀληθινόν· ὥστε καὶ τὸ ὑποκείμενον. Διὸ καὶ τοὺς λέγοντας οὐσίαν τὴν ὕλην, εἰ περὶ ἐκείνης ἔλεγον, ὀρθῶς ἔδει ὑπολαμβάνειν λέγειν· τὸ γὰρ ὑποκείμενον ἐκεῖ οὐσία, μᾶλλον δὲ μετὰ τοῦ ἐπ᾽ αὐτῇ νοουμένη καὶ ὅλη οὖσα πεφωτισμένη οὐσία. Πότερα δὲ ἀίδιος ἡ νοητὴ ὁμοίως ζητητέον, ὡς ἄν τις καὶ τὰς ἰδέας ζητοῖ· γεννητὰ μὲν γὰρ τῷ ἀρχὴν ἔχειν, ἀγέννητα δέ, ὅτι μὴ χρόνῳ τὴν ἀρχὴν ἔχει, ἀλλ᾽ ἀεὶ παρ᾽ ἄλλου, οὐχ ὡς γινόμενα ἀεί, ὥσπερ ὁ ⟨ἐνταῦθα⟩ κόσμος, ἀλλὰ ὄντα ἀεί, ὥσπερ ὁ ἐκεῖ κόσμος. Καὶ γὰρ ἡ ἑτερότης ἡ ἐκεῖ ἀεὶ [ἣ] τὴν ὕλην ποιεῖ· ἀρχὴ γὰρ ὕλης αὕτη, καὶ ἡ κίνησις ἡ πρώτη· διὸ καὶ αὕτη ἑτερότης ἐλέγετο, ὅτι ὁμοῦ ἐξέφυσαν κίνησις καὶ ἑτερότης· ἀόριστον δὲ καὶ ἡ κίνησις καὶ ἡ ἑτερότης ἡ ἀπὸ τοῦ πρώτου, κἀκείνου πρὸς τὸ ὁρισθῆναι δεόμενα· ὁρίζεται δέ, ὅταν πρὸς αὐτὸ

8 ὁ νοῦς λόγον ὁρᾷ ex sequentibus verbis conieci : ὁ νοῦς λόγος || 9 ἡγεῖται Vat. Vitringa : ἥγηται ceteri codd. || 12 κεκρυμμένα τοῖς χρώμασιν del. Müller || 14 ὅσον : ὅσῳ B Ciz Vat. Marc A || 15 ὡρισμένον αὐτή Vitringa : ὡρισμένον αὐτοῖς E ὡρισμένον (ὅριζον in marg.) αὐτῇ A ὁρίζον αὐτὴν BC || 27 ἐνταυθα Müller || 29 ἀεὶ τὴν : ἀεὶ ἣ τὴν E Marc A Marc C ἀεὶ ἡ τὴν Vat. Vind. A || 30 καὶ ἡ : καὶ om. Marc A del. Müller.

de lui pour se définir ; ils se définissent par leur conversion vers lui ; avant cette conversion, la matière ou altérité est indéfinie ; elle n'est pas bonne, et elle est privée de la clarté du Bien. Si la lumière lui vient du Bien, elle-même, qui reçoit la lumière, n'est pas éclairée avant de l'avoir reçue ; elle n'est pas la lumière, mais elle la possède, puisqu'elle la reçoit d'autre chose. Mais nous en avons divulgué plus qu'il ne convient sur la matière intelligible.

6 Parlons maintenant de la matière des corps, ou réceptacle. Il doit y avoir, pour les corps, un sujet différent des corps eux-mêmes ; la preuve en est la transformation des éléments les uns dans les autres ; car la corruption de l'élément qui se transforme n'est pas une complète destruction ; une substance ne peut périr et s'anéantir ; inversement, l'élément engendré ne peut passer du néant absolu à l'existence ; toute transformation s'opère d'une forme à une autre ; mais elle laisse subsister un sujet qui reçoit la nouvelle forme et perd l'ancienne. Une autre preuve c'est la corruption ; elle n'atteint qu'un être composé ; un être qui se corrompt est donc fait de matière et de forme. D'ailleurs l'on montre que l'être qui se corrompt est un composé à la fois par l'induction et par l'analyse : par exemple la coupe se corrompt en un lingot d'or, l'or en eau ; la corruption de l'eau exige donc un processus analogue ; l'élément est, en effet, ou bien forme ou bien matière première, ou bien composé de matière et de forme : forme, c'est impossible ; comment, sans matière, aurait-il une masse et une grandeur ? Matière première, c'est aussi impossible ; car il se corrompt ; il est donc fait de matière et de forme ; sa forme le qualifie et le spécifie ; sa matière est un sujet indéfini, parce qu'elle n'est pas une forme.

7 Empédocle prend les éléments comme matière ; leur corruption témoigne contre lui. Pour Anaxagore la matière c'est le mélange de tout [1] ; ce mélange, d'après lui, n'est point seulement apte à tout produire, mais il contient tout en acte ; il détruit ainsi l'intelligence qu'il introduit dans son système, puisque ce n'est pas elle qui donne la forme et l'essence, et

1. Par le fond et la forme, ces données sur les présocratiques, se rattachent à quelque commentaire péripatéticien de *Métaphys.* Λ 2 ou peut-être A 3.

ἐπιστραφῇ· πρὶν δὲ ἀόριστον ἡ ὕλη καὶ τὸ ἕτερον καὶ οὔπω ἀγαθόν, ἀλλ' ἀφώτιστον ἐκείνου. Εἰ γὰρ παρ' ἐκείνου τὸ φῶς, τὸ δεχόμενον τὸ φῶς, πρὶν δέξασθαι, φῶς οὐκ ἔχει ἀεί, ἀλλὰ ἄλλο ὂν ἔχει, εἴπερ τὸ φῶς παρ' ἄλλου. Καὶ περὶ μὲν τῆς ἐν τοῖς νοητοῖς ὕλης πλείω τῶν προσηκόντων παραγυμνωθέντα ταύτῃ.

6 Περὶ δὲ τῆς τῶν σωμάτων ὑποδοχῆς ὧδε λεγέσθω. Ὅτι μὲν οὖν δεῖ τι τοῖς σώμασιν ὑποκείμενον εἶναι ἄλλο ὂν παρ' αὐτά, ἥ τε εἰς ἄλληλα μεταβολὴ τῶν στοιχείων δηλοῖ. Οὐ γὰρ παντελὴς τοῦ μεταβάλλοντος ἡ φθορά· ἢ ἔσται τις οὐσία εἰς τὸ μὴ ὂν ἀπολλυμένη· οὐδ' αὖ τὸ γενόμενον ἐκ τοῦ παντελῶς μὴ ὄντος εἰς τὸ ὂν ἐλήλυθεν, ἀλλ' ἔστιν εἴδους μεταβολὴ ἐξ εἴδους ἑτέρου. Μένει δὲ τὸ δεξάμενον τὸ εἶδος τοῦ γενομένου καὶ ἀποβαλὸν θάτερον. Τοῦτό τε οὖν δηλοῖ καὶ ὅλως ἡ φθορά· συνθέτου γάρ· εἰ δὲ τοῦτο, ἐξ ὕλης καὶ εἴδους ἕκαστον. Ἥ τε ἐπαγωγὴ μαρτυρεῖ τὸ φθειρόμενον σύνθετον δεικνῦσα· καὶ ἡ ἀνάλυσις δέ· οἷον εἰ ἡ φιάλη εἰς τὸν χρυσόν, ὁ δὲ χρυσὸς εἰς ὕδωρ, καὶ τὸ ὕδωρ δὲ φθειρόμενον τὸ ἀνάλογον ἀπαιτεῖ. Ἀνάγκη δὲ τὰ στοιχεῖα ἢ εἶδος εἶναι ἢ ὕλην πρώτην ἢ ἐξ ὕλης καὶ εἴδους. Ἀλλ' εἶδος μὲν οὐχ οἷόν τε· πῶς γὰρ ἄνευ ὕλης ἐν ὄγκῳ καὶ μεγέθει; Ἀλλ' οὐδ' ὕλη ἡ πρώτη· φθείρεται γάρ. Ἐξ ὕλης ἄρα καὶ εἴδους. Καὶ τὸ μὲν εἶδος κατὰ τὸ ποιὸν καὶ τὴν μορφήν, ἡ δὲ κατὰ τὸ ὑποκείμενον ἀόριστον, ὅτι μὴ εἶδος.

7 Ἐμπεδοκλῆς δὲ τὰ στοιχεῖα ἐν ὕλῃ θέμενος ἀντιμαρτυροῦσαν ἔχει τὴν φθορὰν αὐτῶν. Ἀναξαγόρας δὲ τὸ μῖγμα ὕλην ποιῶν, οὐκ ἐπιτηδειότητα πρὸς πάντα, ἀλλὰ πάντα ἐνεργείᾳ ἔχειν λέγων ὃν εἰσάγει νοῦν ἀναιρεῖ οὐκ αὐτὸν τὴν μορφὴν καὶ τὸ εἶδος διδόντα ποιῶν οὐδὲ πρό-

34 ἡ ὕλη del. Vitringa.
7 3 ὕλην Steinhart *de dialectica Plotini* p. 140 : ὕδωρ codd.

puisqu'elle n'est pas antérieure à la matière, mais simultanée. Or cette simultanéité est impossible ; car si le mélange participe à l'être, l'être lui est antérieur ; mais si le mélange était un être au même titre que cet être, il faudrait au-dessus de l'un et de l'autre un troisième terme. Et puis, si, comme il l'admet, le démiurge est nécessairement antérieur, qu'avait-il besoin de mettre les formes par petits morceaux dans la matière et de confier à l'intelligence le travail inutile de les trier, alors qu'elle peut bien, en une matière sans qualités, introduire partout des qualités et des formes ? Enfin, comment n'est-il pas impossible que tout soit en tout ?

Un autre admet que la matière est l'infini. Qu'est-ce que l'infini ? Qu'il le dise. Est-ce ce dont on ne peut atteindre la fin ? En ce sens, il n'existe pas dans les êtres ; il n'est ni en soi, ni dans une autre nature, par exemple comme accident d'un corps : il n'est pas en soi, parce que sa partie serait nécessairement infinie ; quant à l'infini comme accident, le sujet dont il est l'accident ne serait pas infini par lui-même ; il ne serait donc pas, comme tel, une chose simple, ni par conséquent la matière, c'est de toute évidence.

Les atomes ne peuvent non plus avoir rang de matière, puisqu'ils n'existent pas ; tout corps, en effet, est divisible à l'infini ; ajoutez la continuité des corps, l'état liquide ; il est d'ailleurs impossible que rien existe sans l'intelligence et sans l'âme, qui ne peuvent être faites d'atomes ; l'on ne peut non plus fabriquer, avec des atomes, des natures différentes des atomes eux-mêmes : nul artisan ne peut rien faire d'une matière discontinue. On pourrait dire mille autres choses contre cette hypothèse, et on les a dites ; c'est pourquoi il est inutile de nous y attarder.

8 Qu'est-ce donc que cette matière une, continue, et sans qualités ? Elle n'est pas évidemment un corps, puisqu'elle est sans qualités ; sinon, elle aurait une qualité. En disant qu'elle est matière de toutes les choses sensibles, et qu'il ne s'agit pas de ce qui est matière de certains objets et forme par rapport à d'autres (comme l'argile est la matière du potier sans être absolument parlant la matière) ; il s'agit de ce qui est matière à l'égard de toutes choses ; nous lui refusons tous les attributs que l'on trouve dans les choses sensibles ; et non seulement des qualités comme la couleur, la chaleur ou le

τερον τῆς ὕλης ἀλλ' ἅμα. Ἀδύνατον δὲ τὸ ἅμα. Εἰ γὰρ μετέχει τὸ μῖγμα τοῦ εἶναι, πρότερον τὸ ὄν· εἰ δὲ καὶ τοῦτο ὂν καὶ τὸ μῖγμα κἀκεῖνο ἄλλου ἐπ' αὐτοῖς δεήσει τρίτου. Εἰ οὖν πρότερον ἀνάγκη τὸν δημιουργὸν εἶναι, τί ἔδει τὰ εἴδη κατὰ σμικρὰ ἐν τῇ ὕλῃ εἶναι, εἶτα τὸν νοῦν διὰ πραγμάτων ἀνηνύτων διακρίνειν ἐξὸν ἀποίου οὔσης τὴν ποιότητα καὶ τὴν μορφὴν ἐπὶ πᾶσαν ἐκτεῖναι ; Τό τε πᾶν ἐν παντὶ εἶναι πῶς οὐκ ἀδύνατον ; Ὁ δὲ τὸ ἄπειρον ὑποθεὶς τί ποτε τοῦτο λεγέτω. Καὶ εἰ οὕτως ἄπειρον, ὡς ἀδιεξίτητον, ὡς οὐκ ἔστι τοιοῦτόν τι ἐν τοῖς οὖσιν οὔτε αὐτοάπειρον οὔτε ἐπ' ἄλλῃ φύσει ὡς συμβεβηκὸς σώματί τινι, τὸ μὲν αὐτοάπειρον, ὅτι καὶ τὸ μέρος αὐτοῦ ἐξ ἀνάγκης ἄπειρον, τὸ δὲ ὡς συμβεβηκός, ὅτι τὸ ᾧ συμβέβηκεν ἐκεῖνο οὐκ ἂν καθ' ἑαυτὸ ἄπειρον εἴη οὐδὲ ἁπλοῦν οὐδὲ ὕλη, ἐστὶ δῆλον. Ἀλλ' οὐδὲ αἱ ἄτομοι τάξιν ὕλης ἕξουσιν αἱ τὸ παράπαν οὐκ οὖσαι· τμητὸν γὰρ πᾶν σῶμα κατὰ πᾶν· καὶ τὸ συνεχὲς δὲ τῶν σωμάτων καὶ τὸ ὑγρὸν μὴ οἷόν τε ἄνευ νοῦ ἕκαστα καὶ ψυχῆς, ἣν ἀδύνατον ἐξ ἀτόμων εἶναι, ἄλλην τε φύσιν παρὰ τὰς ἀτόμους ἐκ τῶν ἀτόμων δημιουργεῖν οὐχ οἷόν τε — ἐπεὶ καὶ οὐδεὶς δημιουργὸς ποιήσει τι ἐξ οὐχ ὕλης συνεχοῦς —, καὶ μυρία ἂν λέγοιτο πρὸς ταύτην τὴν ὑπόθεσιν καὶ εἴρηται· διὸ ἐνδιατρίβειν περιττὸν ἐν τούτοις.

8 Τίς οὖν ἡ μία αὕτη καὶ συνεχὴς καὶ ἄποιος λεγομένη ; Καὶ ὅτι μὲν μὴ σῶμα, εἴπερ ἄποιος, δῆλον· ἢ ποιότητα ἕξει. Λέγοντες δὲ πάντων αὐτὴν εἶναι τῶν αἰσθητῶν καὶ οὐ τινῶν μὲν ὕλην, πρὸς ἄλλα δὲ εἶδος οὖσαν· οἷον τὸν πηλὸν ὕλην τῷ κεραμεύοντι, ἁπλῶς δὲ οὐχ ὕλην· οὐ δὴ οὕτως, ἀλλὰ πρὸς πάντα λέγοντες, οὐδὲν ἂν αὐτῇ προσάπτοιμεν [τῇ αὐτῆς φύσει], ὅσα ἐπὶ τοῖς αἰσθη-

8 τὸ μῖγμα κἀκεῖνο del. Müller || 11 ἀποίου οὔσης Kirchhoff : ἀποίῳ οὔσῃ codd. || 25 τε (ἐπεὶ — συνεχοῦς), καὶ sic interpunxit Gollwitzer : τε · ἐπεὶ — συνεχοῦς . Καί Müller.

8 7 τῇ αὐτῆς φύσει del. Müller.

froid, mais la légèreté et la pesanteur, la densité et la rareté, la figure même et la grandeur ; car autre chose est d'être une grandeur, autre chose d'avoir l'attribut de grandeur ; autre chose est d'être une figure, autre chose d'être figuré. De plus, la matière ne doit pas être un composé ; elle est essentiellement simple et une, puisqu'elle est privée de toute détermination. L'être qui lui donne des formes lui donne des formes qui sont différentes d'elle-même ; la grandeur et toute autre qualité réelle lui sont en quelque sorte ajoutées par cet être ; sinon, il serait asservi à la grandeur de la matière, et ne ferait pas ce qu'il veut, mais ce que veut la matière ; et c'est une fiction de dire que sa volonté s'accorde à la grandeur de la matière. De plus, si le principe actif est antérieur à la matière, la matière sera toujours comme le veut ce principe ; disposée à tout, elle le sera aussi à recevoir la grandeur. Ensuite, si elle avait une grandeur, elle aurait nécessairement une figure ; elle serait alors plus difficile encore à manier. D'ailleurs, une forme, en survenant dans la matière, lui apporte toutes les autres propriétés ; en particulier toute forme implique une certaine grandeur ou dimension, donnée avec la raison séminale et par elle ; chaque genre d'être a, en même temps que sa forme, une dimension définie ; la dimension de l'homme n'est pas celle de l'oiseau, et celle de l'oiseau n'est pas celle de tel oiseau. Enfin, n'est-il pas étonnant que l'on considère comme deux choses différentes d'introduire la quantité dans la matière et de lui conférer des qualités ? Car, si la qualité est une forme, la quantité n'est-elle pas aussi une forme, puisqu'elle est une mesure et un nombre ?

9 — Mais, dit-on, comment saisir une réalité qui n'ait pas de grandeur ? — Cette réalité, c'est tout ce qui n'est pas identique à la quantité ; être, ce n'est pas avoir une quantité ; et il y a bien d'autres façons d'être que d'avoir une quantité. D'une manière générale toute réalité incorporelle doit être considérée comme dénuée de quantité ; et la matière est incorporelle [1]. D'ailleurs, la quantité n'est pas l'être qui a la quantité ; celui-ci, c'est celui qui participe à la quantité ; et il est encore évident par là que la quantité est une forme. De plus, un objet devient blanc par la présence de la blancheur ; mais

1. Comparer p. 190, note 3 ; c'est la thèse péripatéticienne.

τοῖς ὁρᾶται. Εἰ δὴ τοῦτο, πρὸς ταῖς ἄλλαις ποιότησιν, οἷον χρώμασι καὶ θερμότησι καὶ ψυχρότησιν, οὐδὲ τὸ κοῦφον οὐδὲ τὸ βάρος, οὐ πυκνόν, οὐχ ἀραιόν, ἀλλ' οὐδὲ σχῆμα. Οὐ τοίνυν οὐδὲ μέγεθος· ἄλλο γὰρ τὸ μεγέθει, ἄλλο τὸ μεμεγεθυσμένῳ εἶναι, ἄλλο τὸ σχήματι, ἄλλο τὸ ἐσχηματισμένῳ. Δεῖ δὲ αὐτὴν μὴ σύνθετον εἶναι, ἀλλὰ ἁπλοῦν καὶ ἕν τι τῇ αὐτῆς φύσει· οὕτω γὰρ πάντων ἔρημος. Καὶ ὁ μορφὴν διδοὺς δώσει ἄλλην οὖσαν παρ' αὐτὴν καὶ μέγεθος καὶ πάντα ἐκ τῶν ὄντων οἷον προσφέρων· ἢ δουλεύσει τῷ μεγέθει αὐτῆς καὶ ποιήσει οὐχ ἡλίκον θέλει, ἀλλ' ὅσον ἡ ὕλη βούλεται· τὸ δὲ συντροχάζειν τὴν βούλησιν τῷ μεγέθει αὐτῆς πλασματῶδες. Εἰ δὲ καὶ πρότερον τῆς ὕλης τὸ ποιοῦν, ταύτῃ ἔσται ἡ ὕλη πάντῃ, ᾗ τὸ ποιοῦν θέλει, καὶ εὐάγωγος εἰς ἅπαντα· καὶ εἰς μέγεθος τοίνυν. Μέγεθος δὲ εἰ ἔχει, ἀνάγκη καὶ σχῆμα ἔχειν· ὥστε ἔτι μᾶλλον δύσεργος ἔσται. Ἔπεισι τοίνυν τὸ εἶδος αὐτῇ πάντα ἐπ' αὐτῇ φέρον· τὸ δὲ εἶδος πᾶν καὶ μέγεθος ἔχει καὶ ὁπόσον ἂν ᾖ μετὰ τοῦ λόγου καὶ ὑπὸ τούτου. Διὸ καὶ ἐπὶ τῶν γενῶν ἑκάστων μετὰ τοῦ εἴδους καὶ τὸ ποσὸν ὥρισται· ἄλλο γὰρ ἀνθρώπου καὶ ἄλλο ὄρνιθος καὶ ὄρνιθος τοιουτουί. ⟨Οὐ⟩ θαυμαστότερον ⟨δὲ⟩ τὸ ποσὸν τῇ ὕλῃ ἄλλο ἐπάγειν τοῦ ποιὸν αὐτῇ προστιθέναι· οὐδὲ τὸ μὲν ποιὸν λόγος, τὸ δὲ ποσὸν οὐκ εἶδος καὶ μέτρον καὶ ἀριθμὸς ὄν.

9 Πῶς οὖν τις λήψεταί τι τῶν ὄντων, ὃ μὴ μέγεθος ἔχει; Ἢ πᾶν ὅπερ μὴ ταὐτὸν τῷ ποσῷ· οὐ γὰρ δὴ τὸ ὂν καὶ τὸ ποσὸν ταὐτόν. Πολλὰ δὲ καὶ ἄλλα ἕτερα τοῦ ποσοῦ. Ὅλως δὲ πᾶσαν ἀσώματον φύσιν ἄποσον θετέον· ἀσώματος δὲ καὶ ἡ ὕλη. Ἐπεὶ καὶ ἡ ποσότης αὐτὴ οὐ ποσόν, ἀλλὰ τὸ μετασχὸν αὐτῆς· ὥστε καὶ ἐκ τούτου δῆλον, ὅτι εἶδος ἡ ποσότης. Ὡς οὖν ἐγίνετό τι λευκὸν παρουσίᾳ λευκότητος,

20 πάντῃ ᾗ Müller : ἡ πάντῃ EA Darm. ἡ πάντη Ciz Leid ἦ πάντη BC ἢ πάντως Creuzer || 27 τοιούτουί. <οὐ> θαυμαστότερον <δὲ> addidit Kirchhoff et sic interpunxit.

le principe qui produit, dans l'animal, la couleur blanche et d'autres couleurs variées n'est pas lui-même une couleur variée, mais, si l'on peut dire, une raison variée : de même le principe qui produit telle quantité n'est point cette quantité, mais la quantité en soi ou quantité abstraite ou le concept de la quantité. La quantité qui survient à la matière, ne fait-elle que dérouler la matière pour l'étendre en grandeur ? Nullement ; la matière n'était pas enroulée en un petit espace ; le principe qui donne les formes lui donne une grandeur qui n'existait point auparavant, comme il lui donne des qualités qu'elle ne possédait pas encore.

10 Mais comment penser cette absence de grandeur dans la matière ? — Et comment pensez-vous la matière sans qualité ? Quelle notion en avez-vous ? Quelle impression en votre pensée ? N'est-ce pas l'indétermination même ? Car si on perçoit le semblable par le semblable, on doit percevoir l'indéterminé par l'indéterminé ; et l'on peut bien se faire de l'indéterminé une notion déterminée ; mais l'on ne peut en avoir qu'une impression indéterminée. L'on ne connaît que par la raison et par la pensée ; or on peut bien tenir sur la matière un discours suivi ; mais en voulant la saisir par la pensée, on n'arrive pas à la pensée de la matière, mais plutôt à la négation de toute pensée ; on n'en a qu'une représentation bâtarde et illégitime, faite de « l'autre » qui n'est pas une réalité vraie, et n'ayant d'autre forme que « l'autre ».

C'est ce que voit Platon, en disant qu' « elle est saisie par un raisonnement bâtard ». Qu'est-ce donc que cette indétermination de l'âme ? Est-ce une ignorance complète et l'absence complète de connaissance ? Non pas ; l'indéterminé consiste en quelque chose de positif ; pour l'œil, l'obscurité est la matière de toute couleur visible : or, que l'âme enlève des objets sensibles toutes les formes qui y sont comme une lumière ; ce qui reste est impossible à déterminer pour elle ; la voilà comme l'œil dans l'obscurité, devenu identique à cette obscurité dont il a comme une espèce de vision. — Mais voit-elle véritablement ? — Oui, autant qu'on peut voir la plus laide des réalités, sans couleur, sans lumière (et même sans grandeur ; sans quoi, l'âme lui attribuerait une figure). — Mais cette impression de l'âme ne revient-elle pas à ne

τὸ δὲ πεποιηκὸς τὸ λευκὸν χρῶμα ἐν ζῴῳ καὶ τὰ ἄλλα δὲ χρώματα ποικίλα οὐκ ἦν ποικίλον χρῶμα, ἀλλὰ ποικίλος, εἰ βούλει, λόγος, οὕτω καὶ τὸ ποιοῦν τὸ τηλικόνδε οὐ τηλικόνδε, ἀλλ᾽ αὐτὸ τὸ πηλίκον ἢ πηλικότης ἢ λόγος τοῦ πηλίκου. Προσελθοῦσα οὖν ἡ πηλικότης ἐξελίττει εἰς μέγεθος τὴν ὕλην ; Οὐδαμῶς· οὐδὲ γὰρ ἐν ὀλίγῳ συνεισπείρατο· ἀλλ᾽ ἔδωκε μέγεθος τὸ οὐ πρότερον ὄν, ὥσπερ καὶ ποιότητα τὴν οὐ πρότερον οὖσαν.

10 Τί οὖν νοήσω ἀμέγεθες ἐν ὕλῃ ; Τί δὲ νοήσεις ἄποιον ὁπωσοῦν ; Καὶ τίς ἡ νόησις καὶ τῆς διανοίας ἡ ἐπιβολή ; Ἢ ἀοριστία· εἰ γὰρ τῷ ὁμοίῳ τὸ ὅμοιον, καὶ τῷ ἀορίστῳ τὸ ἀόριστον. Λόγος μὲν οὖν γένοιτο ἂν περὶ τοῦ ἀορίστου ὡρισμένος, ἡ δὲ πρὸς αὐτὸ ἐπιβολὴ ἀόριστος. Εἰ δ᾽ ἕκαστον λόγῳ καὶ νοήσει γινώσκεται — ἐνταῦθα δὲ ὁ μὲν λόγος λέγει, ἃ δὴ λέγει περὶ αὐτῆς, ἡ δὲ βουλομένη εἶναι νόησις οὐ νόησις, ἀλλ᾽ οἷον ἄνοια μᾶλλον — νόθον ἂν εἴη τὸ φάντασμα αὐτῆς καὶ οὐ γνήσιον, ἐκ θατέρου οὐκ ἀληθοῦς καὶ μετὰ τοῦ θατέρου λόγου συγκείμενον. Καὶ τάχα εἰς τοῦτο βλέπων ὁ Πλάτων νόθῳ λογισμῷ εἶπε ληπτὴν εἶναι. Τίς οὖν ἡ ἀοριστία τῆς ψυχῆς ; Ἆρα παντελὴς ἄγνοια ὡς ἀπουσία ; Ἢ ἐν καταφάσει τινὶ τὸ ἀόριστον, καὶ οἷον ὀφθαλμῷ τὸ σκότος ὕλη ὂν παντὸς ὁράτου χρώματος, οὕτως οὖν καὶ ψυχὴ ἀφελοῦσα ὅσα ἐπὶ τοῖς αἰσθητοῖς οἷον φῶς τὸ λοιπὸν οὐκέτι ἔχουσα ὁρίσαι ὁμοιοῦται τῇ ὄψει τῇ ἐν σκότῳ ταὐτόν πως γινομένη τότε τῷ ὃ οἷον ὁρᾷ. Ἆρ᾽ οὖν ὁρᾷ ; Ἢ οὕτως ὡς ἀσχημοσύνην καὶ ὡς ἄχροιαν καὶ ὡς ἀλαμπὲς καὶ προσέτι δὲ ὡς οὐκ ἔχον μέγεθος· εἰ δὲ μή, εἰδοποιήσει ἤδη. Ὅταν οὖν μηδὲν νοῇ, οὐ ταὐτὸ τοῦτο περὶ

9 11 αὐτὸ τὸ Kirchhoff : αὐτό τι codd. || 11 λόγος τοῦ πηλίκου Vitringa : λόγος τὸ ποιοῦν codd. *ratio quantitatis effectrix* Ficin || 13 συνεσπείρατο AE Vat. qui in margine habent συνέστραπτο.

10 10 τοῦ θατέρου Müller : τοῦ ἑτέρου codd. || 14 ὁράτου conieci : ἀοράτου || 18 ἀσχημοσύνην E : ἀχρημοσύνην.

rien penser du tout ? — Lorsqu'elle ne pense à rien, elle n'énonce rien ; bien plus, elle n'a pas d'impression du tout ; mais lorsqu'elle pense à la matière, elle reçoit en elle comme une empreinte de ce qui est sans forme. Aussi bien, quand elle pense à des objets qui ont une forme ou une grandeur, elle les conçoit comme des composés, comme des choses colorées ou pourvues d'autres qualités, et puisqu'elle pense le tout, elle pense aussi ses deux composants ; mais l'un, la pensée ou la sensation des attributs, ressort clairement ; l'autre, la perception du sujet sans forme, reste obscur, parce que ce sujet n'est pas une forme. Ce qu'elle perçoit dans l'ensemble composé avec les attributs, elle peut le dissocier et le séparer des attributs ; puis, ce résidu de l'analyse, elle le pense obscurément parce qu'il est obscur ; enténébrée par ces ténèbres, elle pense sans penser véritablement. Et comme la matière elle-même ne reste pas sans formes, comme elle a toujours une forme dans les objets, l'âme, qui souffre de cette indétermination, jette sur elle la forme des objets, craignant en quelque manière de sortir de la réalité, si elle s'arrête trop longtemps sur le non être.

11 Mais qu'a-t-on besoin, pour constituer un corps, d'autre chose que de la grandeur et des autres qualités ? — Il leur faut un sujet qui les reçoive. — Donc un volume et par conséquent une grandeur ; s'il était sans grandeur, il n'aurait pas de place où les recevoir. De plus à quoi servirait-il sans l'étendue, puisque, ne contribuant déjà pas à la forme et à la qualité, il ne servirait pas non plus à la dimension et à l'étendue, deux propriétés qui, pourtant, paraissent bien venir aux corps de la matière ? Voyez, ajoute-t-on, les actions, les productions, les durées et les mouvements des êtres ; ces propriétés qui sont bien réelles n'ont aucun substrat matériel ; il n'est pas davantage nécessaire que les corps des éléments aient une matière ; chacun d'eux est un ensemble, et leur variété vient de ce qu'ils sont constitués par un mélange de plusieurs formes[1]. Votre matière inétendue est donc un mot vide de sens. — D'abord il n'est pas nécessaire que tout réceptacle soit un volume, à moins que la grandeur ne lui

1. L'argument peut dériver des sceptiques : Sextus, *Hypot.* III, 40.

ψυχὴν πάθος; Ἢ οὔ, ἀλλ' ὅταν μὲν μηδέν, λέγει μηδέν, μᾶλλον δὲ πάσχει οὐδέν· ὅταν δὲ τὴν ὕλην, οὕτω πάσχει πάθος οἷον τύπον τοῦ ἀμόρφου· ἐπεὶ καὶ ὅταν τὰ μεμορφωμένα καὶ τὰ μεμεγεθυσμένα νοῇ, ὡς σύνθετα νοεῖ· ὡς γὰρ κεχρωσμένα καὶ ὅλως πεποιωμένα. Τὸ ὅλον οὖν νοεῖ καὶ τὸ συνάμφω· καὶ ἐναργὴς μὲν ἡ νόησις ἢ ἡ αἴσθησις τῶν ἐπόντων, ἀμυδρὰ δὲ ἡ τοῦ ὑποκειμένου, τοῦ ἀμόρφου· οὐ γὰρ εἶδος. Ὃ οὖν ἐν τῷ ὅλῳ καὶ συνθέτῳ λαμβάνει μετὰ τῶν ἐπόντων ἀναλύσασα ἐκεῖνα καὶ χωρίσασα, ὃ καταλείπει ὁ λόγος, τοῦτο νοεῖ ἀμυδρῶς ἀμυδρὸν καὶ σκοτεινῶς σκοτεινὸν καὶ νοεῖ οὐ νοοῦσα. Καὶ ἐπειδὴ οὐκ ἔμεινεν οὐδ' αὐτὴ ἡ ὕλη ἄμορφος, ἀλλ' ἐν τοῖς πράγμασίν ἐστι μεμορφωμένη, καὶ ἡ ψυχὴ εὐθέως ἐπέβαλε τὸ εἶδος τῶν πραγμάτων αὐτῇ ἀλγοῦσα τῷ ἀορίστῳ, οἷον φόβῳ τοῦ ἔξω τῶν ὄντων εἶναι καὶ οὐκ ἀνεχομένη ἐν τῷ μὴ ὄντι ἐπιπολὺ ἑστάναι.

11 Καὶ τί δεῖ τινος ἄλλου πρὸς σύστασιν σωμάτων μετὰ μέγεθος καὶ ποιότητας ἁπάσας; Ἢ τοῦ ὑποδεξομένου πάντα. Οὐκοῦν ὄγκος· εἰ δὲ ὄγκος, μέγεθος δήπου· εἰ δὲ ἀμέγεθες, οὐδ' ὅπου δέξεται ἔχει. Ἀμέγεθες δὲ ὂν τί ἂν συμβάλλοιτο, εἰ μήτε εἰς εἶδος καὶ τὸ ποιὸν μήτε εἰς τὴν διάστασιν καὶ τὸ μέγεθος, ὃ δὴ παρὰ τῆς ὕλης δοκεῖ, ὅπου ἂν ᾖ, ἔρχεσθαι εἰς τὰ σώματα; Ὅλως δὲ ὥσπερ πράξεις καὶ ποιήσεις καὶ χρόνοι καὶ κινήσεις ὑποβολὴν ὕλης ἐν αὐτοῖς οὐκ ἔχοντα ἔστιν ἐν τοῖς οὖσιν, οὕτως οὐδὲ τὰ σώματα τὰ πρῶτα ἀνάγκη ὕλην ἔχειν, ἀλλ' ὅλα ἕκαστα εἶναι ἅ ἐστι ποικιλώτερα ὄντα μίξει τῇ ἐκ πλειόνων εἰδῶν τὴν σύστασιν ἔχοντα· ὥστε τοῦτο τὸ ἀμέγεθες ὕλης ὄνομα κενὸν εἶναι. Πρῶτον μὲν οὖν οὐκ ἀνάγκη τὸ ὑποδεχόμενον ὁτιοῦν ὄγκον

25 κεχρωσμένα Ficin Kirchhoff : κεχωρισμένα codd.

11 3 οὐκοῦν Kirchhoff : οὔκουν codd. || 4 οὐδ' ὅπου : οὐδ' ὅπως Leid Marc C Vat. || 12 τῇ ἐκ coni. Creuzer : τῆς ἐκ codd. τοῖς ἐκ Vat. in marg.

appartienne d'autre part ; voyez l'âme qui reçoit tout et qui possède tout à la fois ; si l'étendue était un de ses attributs, elle posséderait chaque objet dans l'étendue. De plus, si la matière reçoit des formes dans l'étendue, c'est qu'elle est capable de recevoir l'étendue : de même, chez les plantes et les animaux qui grandissent, les qualités s'étendent parallèlement à la quantité, et leur extension deviendrait moindre, si l'animal diminuait. — Mais ces animaux ont dès l'abord une grandeur qui est le substrat de leur forme ; la matière exige donc aussi une grandeur. — C'est inexact ; la matière des animaux n'est pas la matière en général, mais leur matière propre ; la matière en général doit tenir d'autre chose même la grandeur. Le réceptacle des formes ne doit donc pas être un volume ; avec le volume, il reçoit toutes les autres qualités ; on se le représente comme un volume, parce qu'il est apte à recevoir le volume avant tout autre chose (mais comme un volume vide. Et c'est pourquoi l'on a dit quelquefois que la matière était identique au vide). Cette image du volume vient de ce que l'âme, ne trouvant rien à déterminer lorsqu'elle s'approche de la matière, se laisse aller dans l'indéterminé ; ni limite pour la circonscrire, ni point de direction où aller, ce qui serait déjà une limite. Il ne faut donc pas dire que cet indéterminé est grand ni qu'il est petit ; il est grand et petit ; un volume, oui, mais inétendu et qui est plutôt la matière du volume ; il se contracte du grand au petit ; puis il s'enfle en quelque sorte du petit au grand, et la matière le parcourt. L'infinité de la matière, c'est l'espace ainsi entendu ; il est, dans la matière, le réceptacle de la grandeur.

Mais ce sont là des images de la matière. Parmi les êtres inétendus, il y a les formes qui sont définies et ne suggèrent aucunement l'idée de l'espace ; mais il y a la matière, indéterminée, instable par elle-même, sans cesse en mouvement vers la forme, docile à toute influence ; elle se multiplie en se transportant de tout côté par un devenir incessant ; et c'est en ce sens qu'elle a quelque chose de la nature de l'espace.

12 L'étendue concourt donc aux corps ; car les formes des corps sont dans l'étendue ; elles ne sont pourtant pas

εἶναι, ἐὰν μὴ μέγεθος ἤδη αὐτῷ παρῇ· ἐπεὶ καὶ ἡ ψυχὴ πάντα δεχομένη ὁμοῦ ἔχει πάντα· εἰ δὲ μέγεθος αὐτῇ συμβεβηκὸς ἦν, ἔσχεν ἂν ἕκαστα ἐν μεγέθει. Ἡ δὲ ὕλη διὰ τοῦτο ἐν διαστήματι ἃ δέχεται λαμβάνει, ὅτι διαστήματός ἐστι δεκτική· ὥσπερ καὶ τὰ ζῷα καὶ τὰ φυτὰ μετὰ τοῦ μεγεθύνεσθαι καὶ τὸ ποιὸν ἀντιπαραγόμενον ἴσχει τῷ ποσῷ καὶ συστελλομένου συσταλείη ἄν. Εἰ δ᾽ ὅτι προυπάρχει τι μέγεθος ἐν τοῖς τοιούτοις ὑποκείμενον τῷ μορφοῦντι, κἀκεῖ ἀπαιτεῖ, οὐκ ὀρθῶς· ἐνταῦθα γὰρ ἡ ὕλη οὐκ ἡ ἁπλῶς ἀλλ' ἡ τούτου· τὴν δ᾽ ἁπλῶς δεῖ καὶ τοῦτο παρ᾽ ἄλλου ἔχειν. Οὐ τοίνυν δεῖ ὄγκον εἶναι τὸ δεξόμενον τὸ εἶδος, ἀλλ᾽ ὁμοῦ τῷ γενέσθαι ὄγκον καὶ τὴν ἄλλην ποιότητα δέχεσθαι καὶ φάντασμα μὲν ἔχειν ὄγκου εἰς ἐπιτηδειότητα τούτου ὥσπερ πρώτην, κενὸν δὲ ὄγκον. Ὅθεν τινὲς ταὐτὸν τῷ κενῷ τὴν ὕλην εἰρήκασι. Φάντασμα δὲ ὄγκου λέγω, ὅτι καὶ ἡ ψυχὴ οὐδὲν ἔχουσα ὁρίσαι, ὅταν τῇ ὕλῃ προσομιλῇ, εἰς ἀοριστίαν χεῖ ἑαυτὴν οὔτε περιγράφουσα οὔτε εἰς σημεῖον ἰέναι δυναμένη· ἤδη γὰρ ὁρίζει. Διὸ οὔτε μέγα λεκτέον χωρὶς οὔτε σμικρὸν αὖ, ἀλλὰ μέγα καὶ μικρόν· καὶ οὕτως ὄγκος καὶ ἀμέγεθες οὕτως, ὅτι ὕλη ὄγκου καὶ συστελλόμενον ἐκ τοῦ μεγάλου ἐπὶ τὸ σμικρὸν καὶ ἐκ τοῦ σμικροῦ ἐπὶ τὸ μέγα οἷον ὄγκον διατρέχει· καὶ ἡ ἀοριστία αὐτῆς ὁ τοιοῦτος ὄγκος, ὑποδοχὴ μεγέθους ἐν αὐτῇ· ἐν δὲ φαντασίᾳ ἐκείνως. Καὶ γὰρ τῶν μὲν ἄλλων ἀμεγέθων ὅσα εἴδη ὥρισται ἕκαστον· ὥστε οὐδαμῇ ἔννοια ὄγκου· ἡ δὲ ἀόριστος οὖσα καὶ μήπω στᾶσα παρ᾽ αὐτῆς ἐπὶ πᾶν εἶδος φερομένη δεῦρο κἀκεῖσε καὶ πάντη εὐάγωγος οὖσα πολλή τε γίνεται τῇ ἐπὶ πάντα ἀγωγῇ καὶ γενέσει καὶ ἔσχε τοῦτον τὸν τρόπον φύσιν ὄγκου.

12 Συμβάλλεται οὖν τὰ μεγέθη τοῖς σώμασι· τά τε γὰρ

25 τὸ δεξόμενον Vitringa : τὸν δεξόμενον codd. || 27 ὄγκου εἰς Vitringa : ὄγκου ὡς codd. || 31 χεῖ : ἔχει Vind. A ἐκχεῖ coni. Creuzer.
12 1 τὰ μεγέθη Vitringa : τὰ μέγιστα codd. || 1 τε del. Vitringa.

engendrées dans l'étendue, mais dans le sujet qui reçoit l'étendue ; si elles étaient engendrées dans l'étendue et non dans la matière, elles seraient elles-mêmes sans étendue ni substrat ; elles ne seraient que des raisons ; et comme les raisons sont en l'âme, il n'y aurait pas de corps. Il faut donc, dans le monde sensible, que les formes multiples naissent en un sujet un, qui reçoit l'étendue, mais qui n'est pas l'étendue.

[A la seconde objection, l'on répond] que les éléments d'un mixte s'unissent en un seul être parce qu'ils ont une matière ; et s'ils n'ont pas besoin d'un autre sujet, c'est que chaque élément apporte avec lui sa propre matière. Ils ont pourtant besoin d'un réceptacle unique, comme d'un vase ou d'un lieu ; or, le lieu est postérieur à la matière et aux corps ; les corps ont donc d'abord besoin de matière.

De ce que les productions et les actions sont sans matière, il ne s'ensuit pas que les corps le sont aussi. Les corps sont des composés, les actions ne le sont pas. De plus la matière fournit un sujet aux êtres qui agissent et au moment où ils agissent ; elle persiste pendant cette action et n'est pas elle-même engagée dans l'action, parce que les êtres qui agissent ne cherchent pas du tout à la modifier. De plus une action ne se change pas en une autre, pour avoir besoin d'une matière ; c'est l'agent qui change en passant d'une action à une autre, et c'est lui qui est la matière de ses actions.

Une matière est donc nécessaire à la qualité et à la grandeur, et par conséquent aux corps ; et ce n'est pas un mot vide de sens, mais c'est un sujet réel, bien qu'il soit invisible et inétendu ; si elle n'est rien, nous devons nier, par la même raison, l'existence des qualités et de la grandeur ; car, on pourrait dire que, prises en elles-mêmes, elles ne sont rien de réel ; mais si ces propriétés existent, bien que d'une existence obscure, la matière existe à plus forte raison, bien qu'elle n'ait pas la clarté des choses saisies par la sensation ; elle n'est point perçue par les yeux, puisqu'elle est sans couleur, ni par l'ouïe, puisqu'elle n'est pas sonore ; le goût, et par conséquent le nez et la langue ne la perçoivent pas. Est-elle perçue par le tact ? Non, puisqu'elle n'est pas un corps ; car le tact ne perçoit que les corps, et, en eux, la densité ou la rareté, la mollesse ou la dureté, l'humidité ou la sécheresse ; et il n'y a rien de tel dans la matière. Elle est perçue par

εἴδη τῶν σωμάτων ἐν μεγέθεσι. Περὶ δὲ μέγεθος οὐκ ἂν ἐγένετο ταῦτα, ἀλλ' ἢ περὶ τὸ μεμεγεθυσμένον· εἰ γὰρ περὶ μέγεθος, οὐ περὶ ὕλην, ὁμοίως ἂν ἀμεγέθη καὶ ἀνυπόστατα ἦν ἢ λόγοι μόνοι ἂν ἦσαν — οὗτοι δὲ περὶ ψυχήν — καὶ οὐκ ἂν ἦν σώματα. Δεῖ οὖν ἐνταῦθα περὶ ἕν τι τὰ πολλά· τοῦτο δὲ μεμεγεθυσμένον· τοῦτο δὲ ἕτερον τοῦ μεγέθους. Ἐπεὶ καὶ νῦν ὅσα μίγνυται τῷ ὕλην ἔχειν εἰς ταὐτὸν ἔρχεται καὶ οὐ δεῖται ἄλλου του περὶ ὅ, ὅτι ἕκαστον τῶν μιγνυμένων ἥκει φέρον τὴν αὑτοῦ ὕλην. Δεῖται δ' ὅμως καὶ ἑνός τινος τοῦ δεξομένου ἢ ἀγγείου ἢ τόπου· ὁ δὲ τόπος ὕστερος τῆς ὕλης καὶ τῶν σωμάτων, ὥστε πρότερον ἂν δέοιτο τὰ σώματα ὕλης. Οὐδέ, ὅτι αἱ ποιήσεις καὶ αἱ πράξεις ἄυλοι, διὰ τοῦτο καὶ τὰ σώματα· σύνθετα γὰρ τὰ σώματα, αἱ δὲ πράξεις οὔ. Καὶ τοῖς πράττουσιν ἡ ὕλη ὅταν πράττωσι τὸ ὑποκείμενον δίδωσι μένουσα ἐν αὐτοῖς, εἰς ⟨δὲ⟩ τὸ πράττειν οὐχ αὑτὴν δίδωσιν· οὐδὲ γὰρ οἱ πράττοντες τοῦτο ζητοῦσι. Καὶ οὐ μεταβάλλει ἄλλη πρᾶξις εἰς ἄλλην, ἵνα ἂν ἦν καὶ αὐταῖς ὕλη, ἀλλ' ὁ πράττων ἐπ' ἄλλην μεταβάλλει πρᾶξιν ἐξ ἄλλης· ὥστε ὕλην αὐτὸν εἶναι ταῖς πράξεσιν. Ἔστι τοίνυν ἀναγκαῖον ἡ ὕλη καὶ τῇ ποιότητι καὶ τῷ μεγέθει· ὥστε καὶ τοῖς σώμασι· καὶ οὐ κενὸν ὄνομα, ἀλλ' ἔστι τι ὑποκείμενον κἂν ἀόρατον κἂν ἀμέγεθες ὑπάρχῃ. Ἢ οὕτως οὐδὲ τὰς ποιότητας φήσομεν οὐδὲ τὸ μέγεθος τῷ αὐτῷ λόγῳ· ἕκαστον γὰρ τῶν τοιούτων λέγοιτο ἂν οὐδὲν εἶναι ἐφ' ἑαυτοῦ μόνον λαμβανόμενον. Εἰ δὲ ταῦτα ἔστι καίπερ ἀμυδρῶς ὂν ἕκαστον, πολὺ μᾶλλον ἂν εἴη ⟨ἡ⟩ ὕλη, κἂν μὴ ἐναργὴς ὑπάρχῃ αἱρετὴ οὖσα οὐ ταῖς αἰσθήσεσιν· οὔτε γὰρ ὄμμασιν, ἄχρους γάρ· οὔτε ἀκοῇ, οὐ γὰρ ψόφος· οὐδὲ χυμοί, διὸ οὐδὲ ῥῖνες οὐδὲ γλῶσσα. Ἆρ' οὖν ἁφῇ; Ἢ οὔ, ὅτι μηδὲ σῶμα· σώματος γὰρ ἡ ἁφή, ὅτι ἢ πυκνοῦ ἢ ἀραιοῦ, μαλακοῦ σκληροῦ, ὑγροῦ ξηροῦ· τούτων δὲ οὐδὲν

10 καὶ ἑνός : ὡς ἐμός ABE || 16 δὲ Kirchhoff || 27 ἡ Kirchhoff || 30 γλῶσσα <αἱροῦσιν> Vitringa

un raisonnement, qui ne vient pas de l'intelligence, mais qui est vide d'idées et qu'on appelle un « raisonnement bâtard ». En elle, rien de corporel ; la corporéité en tant que forme, est différente d'elle, et elle est tout autre chose ; en tant qu'elle enferme la matière et qu'elle y est mélangée, elle est visiblement un corps et non pas seulement de la matière.

13 — Le sujet n'est-il pas quelque qualité commune existant en chaque élément ? — D'abord il faut dire quelle qualité. De plus comment une qualité serait-elle un sujet ? En outre comment concevoir cette qualité en une chose inétendue, puisqu'elle n'a elle-même ni matière, ni étendue. Ensuite, si c'est une qualité déterminée, comment est-elle matière ? Et, si elle est indéterminée, ce n'est plus une qualité du tout, mais c'est le sujet et la matière que nous cherchons. — Mais, si la matière est sans qualité parce que, en vertu de sa nature, elle ne participe à aucune qualité des autres choses, qui empêche cette propriété même, de ne participer par sa nature à aucune qualité, d'être pour la matière une particularité qui la qualifie et la distingue, une sorte de privation des qualités. Car être privé de quelque chose, c'est avoir une qualité ; par exemple être privé de la vue, c'est être aveugle. Si donc il y a privation dans la matière, elle a une qualité ; et si cette privation s'étend à tout, notre affirmation est d'autant plus vraie, s'il est vrai que la privation est une qualification. — Cette objection ne va à rien moins qu'à faire de tout des qualités et des qualificatifs ; ainsi la quantité serait une qualité, et la substance aussi. Si une chose est qualifiée, c'est qu'une qualité lui appartient ; mais il est ridicule de qualifier un être par ce qui est autre que la qualité et par ce qui n'a pas de qualité. — Être autre, dit-on, c'est être qualifié. — Si l'autre est l'altérité en soi, il n'est pas qualifié, puisqu'on ne dit pas qu'une qualité soit qualifiée ; s'il est simplement autre, ce n'est pas par lui-même mais par l'altérité qu'il est autre, comme il est identique par l'identité. D'ailleurs la privation n'est ni une qualité, ni un qualificatif ; elle est l'absence d'une qualité déterminée ou bien de toute qualité ; le silence, par exemple, est l'absence de bruit ou bien de toute qualité quelle qu'elle soit ; la privation est une négation ; le qualificatif consiste en une chose positive. Le caractère propre de la matière est la négation de

περὶ τὴν ὕλην· ἀλλὰ λογισμῷ οὐκ ἐκ νοῦ, ἀλλὰ κενῷ· διὸ καὶ νόθος, ὡς εἴρηται. Ἀλλ᾽ οὐδὲ σωματότης περὶ αὐτήν· εἰ μὲν ⟨γὰρ⟩ λόγος ἡ σωματότης, ἕτερος αὐτῆς· αὕτη οὖν ἄλλο· εἰ δ᾽ ἤδη ποιήσασα καὶ οἷον κραθεῖσα, σῶμα φανερῶς ἂν εἴη καὶ οὐχ ὕλη μόνον.

13 Εἰ δὲ ποιότης τις τὸ ὑποκείμενον κοινή τις οὖσα ἐν ἑκάστῳ τῶν στοιχείων, πρῶτον μὲν τίς αὕτη λεκτέον. Ἔπειτα πῶς ποιότης ὑποκείμενον ἔσται; Πῶς δὲ ἐν ἀμεγέθει ποιὸν θεωρηθήσεται μὴ ἔχον ὕλην μηδὲ μέγεθος; Ἔπειτα εἰ μὲν ὡρισμένη ἡ ποιότης, πῶς ὕλη; Εἰ δ᾽ ἀόριστόν τι, οὐ ποιότης, ἀλλὰ τὸ ὑποκείμενον καὶ ἡ ζητουμένη ὕλη. Τί οὖν κωλύει ἄποιον μὲν εἶναι τῷ τῶν ἄλλων μηδεμιᾶς τῇ αὐτῆς φύσει μετέχειν, αὐτῷ δὲ τούτῳ τῷ μηδεμιᾶς μετέχειν ποιὰν εἶναι ἰδιότητα πάντως τινὰ ἔχουσαν καὶ τῶν ἄλλων διαφέρουσαν, οἷον στέρησίν τινα ἐκείνων; Καὶ γὰρ ὁ ἐστερημένος ποιός· οἷον ὁ τυφλός. Εἰ οὖν στέρησις τούτων περὶ αὐτήν, πῶς οὐ ποιά; Εἰ δὲ καὶ ὅλως στέρησις περὶ αὐτήν, ἔτι μᾶλλον, εἴ γε δὴ καὶ στέρησις ποιόν τι. Ὁ δὴ ταῦτα λέγων τί ἄλλο ἢ ποιὰ καὶ ποιότητας πάντα ποιεῖ; Ὥστε καὶ ἡ ποσότης ποιότης ἂν εἴη καὶ ἡ οὐσία δέ. Εἰ δὲ ποιόν, πρόσεστι ποιότης. Γελοῖον δὲ τὸ ἕτερον τοῦ ποιοῦ καὶ μὴ ποιὸν ποιὸν ποιεῖν. Εἰ δέ, ὅτι ἕτερον, ποιόν, εἰ μὲν αὐτοετερότης, ουδ᾽ ὣς ποιόν· ἐπεὶ οὐδ᾽ ἡ ποιότης ποιά· εἰ δ᾽ ἕτερον μόνον, οὐχ ἑαυτῇ, ἀλλ᾽ ἑτερότητι ἕτερον καὶ ταυτότητι ταὐτόν. Οὐδὲ δὴ ἡ στέρησις ποιότης οὐδὲ ποιόν, ἀλλ᾽ ἐρημία ποιότητος ἢ ἄλλου, ὡς ἡ ἀψοφία ψόφου ἢ ὁτουοῦν ἄλλου· ἄρσις γὰρ ἡ στέρησις, τὸ δὲ ποιὸν ἐν καταφάσει. Ἥ τε ἰδιότης τῆς ὕλης οὐ μορφή· τὸ γὰρ μὴ ποιὰ εἶναι μηδ᾽ εἶδός τι ἔχειν·

33 κενῷ Kirchhoff : κενῶς || 35 γὰρ Kirchhoff.

13 1 τις ante τὸ del. Vitringa || 8 τῇ αὐτῆς : τοιαύτης E Darm. Marc B || αὐτῷ δὲ τούτῳ τῷ : αὐτὸ δὲ τοῦτο τὸ E || 22 ψόφου : οὐ ψόφου E οὐ <μᾶλλον> ψόφου fortasse || 24 τὸ γὰρ : τῷ γὰρ Ciz Darm. Vat. (cf. Creuzer *Annotationes*).

la forme; puisqu'elle n'a aucune qualité, elle n'a pas non plus de forme ; il est donc absurde d'appeler qualificatif l'absence de tout qualificatif ; c'est comme si on disait que, parce qu'elle est inétendue, elle a par là même une étendue. Le caractère propre de la matière n'est pas autre chose que son être ; il ne consiste pas en un attribut, mais plutôt en un rapport avec les autres choses ; il consiste à être autre qu'elles. Et les autres choses ne sont pas seulement autres ; elles ont chacune, en outre, leur forme à elles ; mais de la matière, on dit seulement qu'elle est autre, ou peut-être *autres* afin de ne pas trop la déterminer par le singulier et d'indiquer par le pluriel son indétermination.

14 La matière est-elle privation, ou la privation est-elle en elle ? — D'après une thèse, matière et privation sont une même chose substantiellement mais deux choses par leur notion. — Cette thèse doit nous apprendre de quelle manière il faut expliquer chacune des deux notions, et définir la matière sans lui rien attribuer de la privation et réciproquement. Car ou bien aucune des deux n'implique le concept de l'autre, ou bien elles s'impliquent l'une l'autre, ou l'une des deux seulement implique l'autre. Si chaque notion est isolée de l'autre et ne l'exige pas, matière et privation sont deux choses différentes, même si la privation est un accident de la matière ; mais alors aucune des deux ne doit entrer dans la définition de l'autre, pas même en puissance. Ou bien elles sont entre elles comme le nez camus et le camus ; chacune des deux est alors double et chacune des deux désigne les deux choses distinctes. Ou bien elles sont entre elles comme le feu et la chaleur ; la chaleur est dans le feu, mais le feu n'est pas impliqué en toute chaleur ; la matière est alors privation, comme le feu est chaud, c'est-à-dire que la privation est en quelque sorte sa forme ; mais le substrat de cette forme, qui est la matière, en doit être différent ; matière et privation, en cette hypothèse, ne sont pas non plus une chose unique. La thèse que nous discutons (unité substantielle de la matière et de la privation et dualité de leurs notions), veut-elle dire que privation ne désigne pas la présence de quelque chose, mais son absence ? La privation est comme la négation ; si l'on dit : « n'est pas », cette négation n'ajoute aucun attribut ; elle affirme seulement

ἄτοπον δή, ὅτι μὴ ποιά, ποιὰν λέγειν καὶ ὅμοιον τῷ, ὅτι ἀμέγεθες, αὐτῷ τούτῳ μέγεθος ἔχειν. Ἔστιν οὖν ἡ ἰδιότης αὐτῆς οὐκ ἄλλο τι ἢ ὅπερ ἔστι, καὶ οὐ πρόσκειται ἡ ἰδιότης, ἀλλὰ μᾶλλον ἐν σχέσει τῇ πρὸς τὰ ἄλλα, ὅτι ἄλλο αὐτῶν. Καὶ τὰ μὲν ἄλλα οὐ μόνον ἄλλα, ἀλλὰ καί τι ἕκαστον ὡς εἶδος, αὕτη δὲ πρεπόντως ἂν λέγοιτο μόνον ἄλλο· τάχα δὲ ἄλλα, ἵνα μὴ τῷ ἄλλο ἑνικῶς ὁρίσῃς, ἀλλὰ τῷ ἄλλα τὸ ἀόριστον ἐνδείξῃ.

14 Ἀλλ' ἐκεῖνο ζητητέον, πότερα στέρησις, ἢ περὶ αὐτὴν ἡ στέρησις. Ὁ τοίνυν λέγων λόγος ὑποκειμένῳ μὲν ἓν ἄμφω, λόγῳ δὲ δύο, δίκαιος ἦν διδάσκειν καὶ τὸν λόγον ἑκατέρου ὅντινα δεῖ ἀποδιδόναι, τῆς μὲν ὕλης ὃς ὁριεῖται αὐτὴν οὐδὲν προσαπτόμενος τῆς στερήσεως, τῆς τε αὖ στερήσεως ὡσαύτως. Ἢ γὰρ οὐδέτερον ἐν οὐδετέρῳ τῷ λόγῳ ἢ ἑκάτερον ἐν ἑκατέρῳ ἢ θάτερον ἐν θατέρῳ μόνον ὁποτερονοῦν. Εἰ μὲν οὖν ἑκάτερον χωρὶς καὶ οὐκ ἐπιζητεῖ οὐδέτερον, δύο ἔσται ἄμφω καὶ ἡ ὕλη ἕτερον στερήσεως, κἂν συμβεβήκῃ αὐτῇ ἡ στέρησις. Δεῖ δὲ ἐν τῷ λόγῳ μηδὲ δυνάμει ἐνορᾶσθαι θάτερον. Εἰ δ' ὡς ἡ ῥὶς ἡ σιμὴ καὶ τὸ σιμόν, καὶ οὕτω διπλοῦν ἑκάτερον καὶ δύο. Εἰ δὲ ὡς τὸ πῦρ καὶ ἡ θερμότης, ἐν μὲν τῷ πυρὶ τῆς θερμότητος οὔσης, ἐν δὲ τῇ θερμότητι οὐ λαμβανομένου τοῦ πυρός, καὶ ἡ ὕλη οὕτω στέρησις, ὡς τὸ πῦρ θερμόν, οἷον εἶδος αὐτῆς ἔσται ἡ στέρησις, τὸ δὲ ὑποκείμενον ἄλλο, ὃ δεῖ τὴν ὕλην εἶναι. Καὶ οὐδ' οὕτως ἕν. Ἆρα οὖν οὕτως ἓν τῷ ὑποκειμένῳ, δύο δὲ τῷ λόγῳ, τῆς στερήσεως οὐ σημαινούσης τι παρεῖναι, ἀλλὰ μὴ παρεῖναι, καὶ οἷον ἀπόφασις ἡ στέρησις τῶν ὄντων· ὥσπερ ἂν εἴ τις λέγοι οὐκ ὄν, οὐ γὰρ προστίθησιν ἡ ἀπόφασις, ἀλλά φησιν οὐκ εἶναι· καὶ οὕτω στέρησις ὡς οὐκ ὄν. Εἰ μὲν οὖν οὐκ ὄν, ὅτι μὴ τὸ ὄν, ἀλλὰ ἄλλο ὄν τι,

14 2 αὐτὴν Kirchhoff : αὐτῆς || 15 οἷον εἶδος : ἄλλος εἶδος Ciz εἶδος omis. Vind. A || 22 ὄν. Εἰ sic interpunxi : ὄν; Εἰ Müller || μὴ τὸ ὄν : μὴ τὸ μὴ ὄν E Vat. quod si recte, *non ens absolute* significat.

qu'une chose n'est pas. — La privation d'un attribut équivaut alors au non être ; si non être veut dire ce qui est non pas l'être mais autre chose que lui, les deux notions restent alors distinctes ; la notion de matière se rapporte au sujet, et celle de privation désigne le rapport de ce sujet avec les autres choses. — Mais si le concept de matière est aussi relatif aux autres êtres (la notion de sujet étant elle-même relative aux choses dont il est sujet), et si le concept de privation désigne l'indétermination de cette matière, il touche sans doute à la matière. — Mais en ce cas, comme dans le précédent, l'unité substantielle va avec la distinction des deux notions. — Mais si, par son indétermination, son infinité, son absence de qualités, la privation est identique à la matière, comment admettre encore la distinction de leurs concepts ?

15 Il faut donc chercher encore, au cas où l'infinité et l'indétermination se trouvent par accident dans la matière comme en un être différent d'elles, en quel sens elles sont des accidents, et si la privation est un accident de la matière.

Si tout nombre et tout rapport numérique sont en dehors de l'infini (car les autres choses tiennent d'eux la limite, l'ordre et la régularité ; ce n'est pas la régularité et l'ordre même qui ordonnent ; ce qui est ordonné est autre chose que ce qui ordonne ; ce qui ordonne, c'est la limite, la détermination, le rapport numérique) ; si donc il en est ainsi, ce qui est ordonné et déterminé, ce doit être l'infini. Or, sont ordonnées et la matière et toutes les choses qui, sans être la matière, y participent et font fonction de matière. Donc la matière est l'infini lui-même ; et elle n'est pas infinie par accident et parce que l'infini lui appartient accidentellement. D'abord, ce qui est attribué à une chose doit être une raison formelle ; or, l'infini n'est pas une raison formelle. Ensuite, de quel être l'infini serait-il l'attribut par accident ? C'est de la limite et du limité ; or la matière n'est ni limité ni limite. De plus l'infini, en s'unissant au limité, en détruira la nature. Donc l'infini n'est pas un accident de la matière ; il est la matière elle-même.

Dans les intelligibles aussi, la matière c'est l'illimité. Il est engendré par l'infinité de l'Un, soit par sa puissance infinie, soit par son éternité sans fin ; non que cet infini soit dans l'Un, mais il le crée. — Comment donc ? L'infini est à la fois

ἔστι δύο οἱ λόγοι, ὁ μὲν τοῦ ὑποκειμένου ἁπτόμενος, ὁ δὲ τῆς στερήσεως τὴν πρὸς τὰ ἄλλα σχέσιν δηλῶν. Ἢ ὁ μὲν τῆς ὕλης πρὸς τὰ ἄλλα καὶ ὁ τοῦ ὑποκειμένου δὲ πρὸς τὰ ἄλλα, ὁ δὲ τῆς στερήσεως εἰ τὸ ἀόριστον αὐτῆς δηλοῖ, τάχα ἂν αὐτὸς αὐτῆς ἐφάπτοιτο· πλὴν ἕν γε ἑκατέρως τῷ ὑποκειμένῳ, λόγῳ δὲ δύο. Εἰ μέντοι τῷ ἀορίστῳ εἶναι καὶ ἀπείρῳ εἶναι καὶ ἀποίῳ εἶναι τῇ ὕλῃ ταὐτόν, πῶς ἔτι δύο οἱ λόγοι ;

15 Πάλιν οὖν ζητητέον, εἰ κατὰ συμβεβηκὸς τὸ ἄπειρον καὶ τὸ ἀόριστον ἐπ' ἄλλῃ φύσει καὶ πῶς συμβεβηκὸς καὶ εἰ στέρησις συμβέβηκεν. Εἰ δὴ ὅσα μὲν ἀριθμοὶ καὶ λόγοι ἀπειρίας ἔξω — ὅροι γὰρ καὶ τάξεις καὶ τὸ τεταγμένον καὶ τοῖς ἄλλοις παρὰ τούτων, τάττει δὲ ταῦτα οὐ τὸ τεταγμένον οὐδὲ τάξις, ἀλλὰ ἄλλο τὸ ταττόμενον παρὰ τὸ τάττον, τάττει δὲ τὸ πέρας καὶ ὅρος καὶ λόγος — ἀνάγκη τὸ ταττόμενον καὶ ὁριζόμενον τὸ ἄπειρον εἶναι. Τάττεται δὲ ἡ ὕλη καὶ ὅσα δὲ μὴ ὕλη τῷ μετέχειν ἢ ὕλης λόγον ἔχειν· ἀνάγκη τοίνυν τὴν ὕλην τὸ ἄπειρον εἶναι, οὐχ οὕτω δὲ ἄπειρον, ὡς κατὰ συμβεβηκὸς καὶ τῷ συμβεβηκέναι τὸ ἄπειρον αὐτῇ. Πρῶτον μὲν γὰρ τὸ συμβαῖνόν τῳ δεῖ λόγον εἶναι· τὸ δὲ ἄπειρον οὐ λόγος· ἔπειτα τίνι ὄντι τὸ ἄπειρον συμβήσεται; Πέρατι καὶ πεπερασμένῳ. Ἀλλ' οὐ πεπερασμένον οὐδὲ πέρας ἡ ὕλη. Καὶ τὸ ἄπειρον δὲ προσελθὸν τῷ πεπερασμένῳ ἀπολεῖ αὐτοῦ τὴν φύσιν· οὐ τοίνυν συμβεβηκὸς τῇ ὕλῃ τὸ ἄπειρον· αὐτὴ τοίνυν τὸ ἄπειρον. Ἐπεὶ καὶ ἐν τοῖς νοητοῖς ἡ ὕλη τὸ ἄπειρον καὶ εἴη ἂν γεννηθὲν ἐκ τῆς τοῦ ἑνὸς ἀπειρίας ἢ δυνάμεως ἢ τοῦ ἀεί, οὐκ οὔσης ἐν ἐκείνῳ ἀπειρίας ἀλλὰ ποιοῦντος. Πῶς οὖν ἐκεῖ καὶ ἐνταῦθα ; Ἢ διττὸν καὶ τὸ ἄπειρον. Καὶ τί διαφέρει ; Ὡς ἀρχέτυπον καὶ εἴδωλον. Ἐλαττόνως οὖν ἄπειρον τοῦτο;

28 μέντοι τῷ : μέντοι τὸ coni. Creuzer.

15 5 τάττει δὲ — τὸ τάττον glossam esse putat Müller || 8 καὶ ὁριζόμενον omis. Ciz Leid Marc A Mon. A || 10 τὴν ὕλην om. E.

dans l'intelligible et dans le sensible ! — C'est qu'il y a deux infinis. — Et comment les distinguer ? — Comme le modèle et son image. — L'infini d'ici-bas est-il donc moins infini ? — Il l'est davantage ; plus une image est éloignée de l'être réel, plus il y a en elle d'infini. Il y a plus d'infini dans ce qui est moins limité ; et ce qui est moins près du bien est plus près du mal. C'est plutôt l'infinité de là-bas qui est infini à titre d'image ; c'est beaucoup moins l'infinité d'ici. Plus celle-ci est éloignée de l'être réel, plus elle s'est dégradée en image, et plus elle est réellement infinité. — L'infini est-il donc identique à l'essence de l'infini ? — Là où la raison formelle est différente de la matière, l'infini est différent de l'essence de l'infini ; là où il n'y a que matière, l'un est identique à l'autre ; ou mieux : il n'y a pas du tout ici d'essence de l'infini ; car l'essence est une raison formelle ; et il n'y a pas de raison formelle dans l'infini, s'il est réellement infini. La matière est infinie par elle-même, et par opposition à la raison formelle ; la raison formelle est raison et n'est rien d'autre ; de même la matière, opposée à la raison par son infinité, est matière et n'est rien d'autre ; elle doit être appelée l'infini.

16 La matière est-elle identique à l'altérité ? — Non pas, mais à cette portion de l'altérité, qui est opposée aux êtres proprement dits, qui sont les raisons formelles. Le non être, en ce sens, est quelque chose ; il est identique à la privation, puisque la privation est l'opposé des êtres qui existent dans les raisons formelles. — La privation ne disparaît donc pas, quand elle s'unit à ce dont elle est la privation ? — En aucune manière ; le réceptacle de l'état est non pas l'état, mais la privation, comme le réceptacle du fini est non pas le limité et le fini, mais l'infini en tant qu'infini. — Comment donc le fini, en s'unissant à lui, n'en détruira-t-il la nature ? — C'est parce que cet infini n'est pas tel par accident. Si c'était un infini de quantité, il le détruirait ; mais il n'en est pas ainsi, et le fini le conserve au contraire dans l'existence ; il fait passer à l'acte et aboutir à la perfection ce qui était dans la nature de l'infini ; l'infini est alors comme une terre sans graine, lorsqu'on l'ensemence ; lorsque la femelle a été fécondée par le mâle, elle ne perd pas sa nature de femelle, mais la possède à un plus haut degré, en devenant encore davantage ce qu'elle

Ἢ μᾶλλον· ὅσῳ γὰρ εἴδωλον πεφευγὸς τὸ εἶναι τὸ ἀληθές, μᾶλλον ἄπειρον. Ἡ γὰρ ἀπειρία ἐν τῷ ἧττον ὁρισθέντι μᾶλλον· τὸ γὰρ ἧττον ἐν τῷ ἀγαθῷ μᾶλλον ἐν τῷ κακῷ. Τὸ ἐκεῖ οὖν μᾶλλον εἴδωλον ὡς ἄπειρον, τὸ δὲ ἐνταῦθα ἧττον ⟨ὄν⟩, ὅσῳ πέφευγε τὸ εἶναι καὶ τὸ ἀληθές, εἰς δὲ εἰδώλου κατερρύη φύσιν, ἀληθεστέρως ἄπειρον. Τὸ αὐτὸ οὖν τὸ ἄπειρον καὶ τὸ ἀπείρῳ εἶναι; Ἢ ὅπου λόγος καὶ ὕλη ἄλλο ἑκάτερον, ὅπου δὲ ὕλη μόνον ἢ ταὐτὸν λεκτέον ἢ ὅλως, ὃ καὶ βέλτιον, οὐκ εἶναι ἐνθάδε τὸ ἀπείρῳ εἶναι· λόγος γὰρ ἔσται, ὃς οὐκ ἔστιν ἐν τῷ ἀπείρῳ, ἵν᾽ ᾖ ἄπειρον. Ἄπειρον μὲν δὴ παρ᾽ αὑτῆς τὴν ὕλην λεκτέον ἀντιτάξει τῇ πρὸς τὸν λόγον. Καὶ γάρ, ὥσπερ ὁ λόγος οὐκ ἄλλο τι ὢν ἐστι λόγος, οὕτω καὶ τὴν ὕλην ἀντιτεταγμένην τῷ λόγῳ κατὰ τὴν ἀπειρίαν οὐκ ἄλλο τι οὖσαν λεκτέον ἄπειρον.

16 Ἆρ᾽ οὖν καὶ ἑτερότητι ταὐτόν; Ἢ οὔ, ἀλλὰ μορίῳ ἑτερότητος ἀντιταττομένῳ πρὸς τὰ ὄντα κυρίως, ἃ δὴ λόγοι. Διὸ καὶ ⟨τὸ⟩ μὴ ὂν οὕτως τι ὂν καὶ στερήσει ταὐτόν, εἰ ἡ στέρησις ἀντίθεσις πρὸς τὰ ἐν λόγῳ ὄντα. Οὔκουν φθαρήσεται ἡ στέρησις προσελθόντος τοῦ οὗ στέρησις; Οὐδαμῶς· ὑποδοχὴ γὰρ ἕξεως οὐχ ἕξις, ἀλλὰ στέρησις, καὶ πέρατος οὐ τὸ πεπερασμένον οὐδὲ τὸ πέρας, ἀλλὰ τὸ ἄπειρον καὶ καθ᾽ ὅσον ἄπειρον. Πῶς οὖν οὐκ ἀπολεῖ αὐτοῦ τὴν φύσιν [τοῦ ἀπείρου] προσελθὸν τὸ πέρας καὶ ταῦτα οὐ κατὰ συμβεβηκὸς ὄντος ἀπείρου; Ἢ εἰ μὲν κατὰ τὸ ποσὸν ἄπειρον, ἀνῄρει ⟨ἄν⟩· νῦν δὲ οὐχ οὕτως, ἀλλὰ τοὐναντίον σῴζει αὐτὸ ἐν τῷ εἶναι· ὃ γὰρ πέφυκεν εἰς ἐνέργειαν καὶ τελείωσιν ἄγει, ὥσπερ τὸ ἄσπαρτον, ὅταν σπείρηται· καὶ ὅταν τὸ θῆλυ ⟨ἐκ⟩ τοῦ ἄρρενος κυῇ, οὐκ ἀπόλλυται τὸ

26 εἴδωλον ὡς ἄπειρον Gollwitzer : εἶδος ἢ λόγος ἀπείρου Vitringa εἶδος ὡς ἄπειρον Müller *Philol. Woch.* 1917, p. 976 (cf. *ibid.*, 1918, p. 1030) || 27 ὄν Kirchhoff **16** 3 τὸ ins. Volkmann || 8 καὶ del. Volkmann || 9 τοῦ ἀπείρου del. Kirchhoff. || 11 ἄν Kirchhoff || 14 θῆλυ ἐκ τοῦ ἄρρενος κυῇ Vitringa : θῆλυ τοῦ ἄρρενος καὶ codd.

était. — La matière est-elle donc le mal, alors qu'elle participe au bien? — Oui, parce qu'elle a besoin du bien et qu'elle ne le possède pas. L'être qui a besoin d'une chose et qui la possède peut être sans doute intermédiaire entre le mal et le bien, s'il se dirige également vers l'un et vers l'autre; mais ce qui n'a rien, ce qui est dans la pauvreté, ce qui est la pauvreté même est nécessairement le mal; et la matière est la pauvreté non pas en richesse ou en force, mais la pauvreté en sagesse, en vertu, en beauté, en forme, en qualité. Comment ne serait-elle pas difforme, absolument laide, absolument mauvaise? La matière du monde intelligible est un être; car elle a, avant elle, ce qui est au delà de l'être. Mais, ici-bas, la matière a l'être avant elle; elle n'est donc pas un être, puisqu'elle diffère de l'être et qu'elle est du côté inférieur à l'être.

θῆλυ, ἀλλὰ μᾶλλον θηλύνεται· τοῦτο δέ ἐστιν ὃ ἔστι μᾶλλον γίνεται. Ἆρ' οὖν καὶ κακὸν ἡ ὕλη μεταλαμβάνουσα ἀγαθοῦ; Ἢ διὰ τοῦτο, ὅτι ἐδεήθη· οὐ γὰρ εἶχε. Καὶ γὰρ ὃ μὲν ἂν δέηταί τινος, τὸ δ' ἔχῃ, μέσον ἂν ἴσως γίνοιτο ἀγαθοῦ καὶ κακοῦ, εἰ ἰσάζοι πως ἐπ' ἄμφω· ὃ δ' ἂν μηδὲν ἔχῃ ἅτε ἐν πενίᾳ ὄν, μᾶλλον δὲ πενία ὄν, ἀνάγκη κακὸν εἶναι. Οὐ γὰρ πλούτου πενία τοῦτο οὐδὲ ἰσχύος, ἀλλὰ πενία μὲν φρονήσεως, πενία δὲ ἀρετῆς, κάλλους, [ἰσχύος], μορφῆς, εἴδους, ποιοῦ. Πῶς οὖν οὐ δυσειδές; Πῶς δὲ οὐ πάντη αἰσχρόν; Πῶς δὲ οὐ πάντη κακόν; Ἐκείνη δὲ ἡ ὕλη ἡ ἐκεῖ ὄν· τὸ γὰρ πρὸ αὐτῆς ἐπέκεινα ὄντος. Ἐνταῦθα δὲ τὸ πρὸ αὐτῆς ὄν. Οὐκ ὂν ἄρα αὐτὴ ἕτερον ὂν πρὸς τὸ κάτω τοῦ ὄντος.

23 ἰσχύος del. Müller || 27 πρὸς τὸ κάτω Seidel Müller *Phil. Woch.* 1918, p. 1030 : πρὸς τῷ καλῷ codd.

NOTICE

C'est encore, comme le précédent, à discuter certains concepts techniques de la philosophie aristotélicienne que Plotin consacre ce traité. Son but, comme il est indiqué au chapitre III, n'est pas cette discussion elle-même ; il prétend plutôt nous donner une notion nette de la manière d'être des êtres intelligibles (ch. III) et de la manière d'être de la matière (ch. IV et V).

Les deux chapitres préliminaires sont destinés à préciser d'abord les notions de chose en puissance et de chose en acte, puis les notions de puissance et d'acte. Une chose est en puissance quand peut venir d'elle, par une série de modifications, une autre chose qui est dite être en acte ; à la fin du changement deux cas sont possibles : ou bien la chose en puissance a persisté (comme l'airain dans la statue), ou bien elle est détruite, comme l'eau qui se transforme en air. Les notions de puissance et d'acte sont différentes et leur corrélation est d'une autre espèce que celle de la chose en puissance et de la chose en acte : le mot puissance est pris dans le sens de puissance productrice, telle que la puissance d'échauffer ; l'acte est la forme corrélative, tel que le chaud. Donc, dans les choses sensibles, un être en acte est un couple de forme et d'être en puissance ; l'acte est la forme (ch. I et II).

Le cas des êtres intelligibles est différent. Comme ils sont éternels, il n'y a pas en eux de chose en puissance capable de changer, c'est-à-dire pas de matière [1]. Et si l'on réplique que

1. Cette négation de la matière dans les êtres intelligibles n'est

l'âme est un être intelligible et qu'elle change, Plotin répond que ces modifications viennent d'une puissance interne, et non pas d'une chose en puissance. Il en résulte deux conséquences : d'abord tous les êtres intelligibles sont des êtres en acte ; en second lieu l'être en acte s'y confond avec l'acte lui-même, puisque leur distinction impliquait une composition qui n'existe plus. La forme ici n'est plus seulement acte ; elle est en acte [1].

En laquelle de ces catégories va se ranger la matière ? Il n'est pas facile à Plotin de faire correspondre sa notion propre de matière à des cadres qui n'ont pas été faits pour elle. Au gré de Simplicius, qui examine sa solution, il n'y a nullement réussi [2]. Aristote, on le sait, désignait par le mot matière, tout ce que Plotin désigne seulement par être en puissance, c'est-à-dire des choses comme l'airain, qui, prises absolument, sont en acte, et ne sont dites en puissance que par rapport à un autre être en acte, comme la statue. Plotin réserve le mot matière à la chose qui, à aucun égard, n'est en acte et qui est en puissance relativement à tout être en acte sans exception. Quel est maintenant le rapport de cette matière avec l'être sensible en acte ? Persiste-t-elle dans l'être en acte, comme l'airain dans la statue, ou se transforme-t-elle comme l'air qui se transforme en feu ? Il était dans la logique du système d'Aristote d'admettre la seconde de ces solutions ; car s'il y a des cas, comme celui de l'airain, où la matière persiste dans le nouvel être en acte, c'est que la matière était alors déjà, prise absolument, un être en acte. Or Plotin admet la première solution ; non seulement, avant d'avoir

nullement contradictoire avec la théorie de la matière intelligible, exposée au début du traité précédent. Ce que Plotin nie ici, c'est l'existence de la matière sujet du changement ; mais il ne nie pas du tout τὸ ὡς ὕλη, « ce qui dans le monde intelligible correspond à la matière ». Il fait seulement remarquer, exactement comme dans le traité précédent, que cette quasi-matière est une forme, comparable à l'âme, réceptacle des idées (3, 15).

1. Aristote, *Métaph.*, Δ 5 : ἐνεργείᾳ τὸ εἶδος ἐὰν ᾖ τὸ χωριστόν, καὶ τὸ ἐξ ἀμφοῖν (s. e. ἐὰν μὴ χωριστόν).

2. *In Physica*, éd. de Berlin, 399, 7-18.

reçu les formes, elle n'est point être en acte ; mais, après les avoir reçues, elle reste ce qu'elle était. De là l'objection que lui fait Simplicius : « Si la matière persiste en recevant l'être en acte, comme l'airain quand il reçoit la forme de la statue, c'est qu'elle est elle-même une certaine autre chose en acte, faite pour recevoir les formes ; ou alors, si l'on refuse de dire qu'elle est elle-même une autre chose en acte destinée à recevoir les formes, il en résulte que l'être en puissance de la matière est identique à un être en acte ; car si la matière reste en acte ce qu'elle est quand elle reçoit les formes, c'est une preuve qu'elle n'est pas forme en puissance. »

Mais il faut remarquer que cette contradiction, loin que Plotin la cache, est affichée par lui et fait le fond de sa théorie de la matière, ce « fantôme en acte, ce véritable mensonge, ce réel non être ». C'est à ce prix seulement qu'il peut, d'Aristote, revenir au *Timée* et prendre le monde sensible comme un simple reflet, un rêve inconsistant, puisque la matière, comme un miroir, reste complètement inaltérée par la forme passagère qui apparaît en elle.

ENNÉADE II, 5 [25].

QUE VEUT DIRE *EN PUISSANCE* ET *EN ACTE?*

1 On emploie les expressions *en puissance* et *en acte*. On dit aussi : il y a de l'acte dans les êtres. Que veut dire : en puissance et en acte? L'acte est-il identique à l'être en acte? Tout ce qui est acte est-il aussi en acte, ou ne faut-il pas que l'être en acte soit différent de l'acte?

Il est clair que des êtres en puissance se trouvent dans les choses sensibles. Y en a-t-il aussi dans les choses intelligibles, ou celles-ci ne contiennent-elles que des êtres en acte? Si elles contenaient un être en puissance, il resterait toujours seulement en puissance; il ne passerait jamais à l'acte, puisque, là-bas, aucune opération ne s'effectue dans le temps.

Disons d'abord ce qu'est l'être en puissance[1]. Le terme en puissance ne doit pas se prendre absolument; on ne peut être en puissance de rien. Par exemple, l'airain est la statue en puissance; si rien ne venait de lui ou en lui, s'il ne devait rien y avoir après lui, si rien ne pouvait venir de lui, l'airain serait simplement ce qu'il est; or ce qu'il est existait déjà, et n'était pas à venir; pourquoi serait-il en puissance, dès maintenant qu'il est là? L'airain, pris absolument, n'est donc pas un être en puissance. Le terme *en puissance* doit se dire de l'être qui est déjà autre que lui-même, parce qu'un autre

1. Ce passage, qui est spécialement l'objet des critiques de Simplicius, se réfère, comme tout le traité, moins à la pensée d'Aristote qu'à celle de ses commentateurs. Ainsi Aristote n'a dit nulle part, comme le lui fait dire Plotin (3,18) que la quintessence est sans matière. La discussion des chapitres 4 et 5 sur la matière se rapporte à l'affirmation d'Alexandre d'Aphrodisias que la matière est en acte. Comparer *in Metaph.* 304, 13 et Plotin 4, 4 sq.

V [25]

ΠΕΡΙ ΤΟΥ ΔΥΝΑΜΕΙ ΚΑΙ ΕΝΕΡΓΕΙΑΙ

1 Λέγεται τὸ μὲν δυνάμει, τὸ δὲ ἐνεργείᾳ εἶναι· λέγεται δέ τι καὶ ἐνέργεια ἐν τοῖς οὖσι. Σκεπτέον οὖν τί τὸ δυνάμει καὶ τί τὸ ἐνεργείᾳ. Ἆρα τὸ αὐτὸ τῷ ἐνεργείᾳ εἶναι ἡ ἐνέργεια, καὶ εἴ τί ἐστιν ἐνέργεια, τοῦτο καὶ ἐνεργείᾳ, ἢ ἕτερον ἑκάτερον καὶ τὸ ἐνεργείᾳ ὂν οὐκ ἀνάγκη καὶ ἐνέργειαν εἶναι ; Ὅτι μὲν οὖν ἐν τοῖς αἰσθητοῖς τὸ δυνάμει, δῆλον· εἰ δὲ καὶ ἐν τοῖς νοητοῖς, σκεπτέον· ἢ ἐκεῖ τὸ ἐνεργείᾳ μόνον· καὶ εἰ ἔστι τὸ δυναμει, δυνάμει μόνον ἀεί, κἂν ἀεί, εἰ οὐδέποτε ἂν ἔλθοι εἰς ἐνέργειαν τῷ οὐ χρόνῳ ἐξειργάσθαι. Ἀλλὰ τί ἐστι τὸ δυνάμει πρῶτον λεκτέον, εἰ δὴ τὸ δυνάμει δεῖ μὴ ἁπλῶς λέγεσθαι· οὐ γὰρ ἔστι τὸ δυνάμει μηδενὸς εἶναι. Οἷον δυνάμει ἀνδριὰς ὁ χαλκός· εἰ γὰρ μηδὲν ἐξ αὐτοῦ μηδ᾽ ἐπ᾽ αὐτῷ μηδ᾽ ἔμελλε μηδὲν ἔσεσθαι μεθ᾽ ὃ ἦν μηδ᾽ ἐνεδέχετό ⟨τι⟩ γενέσθαι, ἦν ἂν ὃ ἦν μόνον. Ὃ δὲ ἦν ἤδη παρῆν καὶ οὐκ ἔμελλε· τί οὖν ἠδύνατο ἄλλο μετὰ τὸ παρὸν αὐτό ; Οὐ τοίνυν ἦν ἂν δυνάμει. Δεῖ τοίνυν τὸ δυνάμει τι ὂν ἄλλο ἤδη τῷ τι κα ἄλλο μεθ᾽ αὐτὸ δύνασθαι, ἤτοι μένον μετὰ τοῦ ἐκεῖνl

1 1 εἶναι omis. Marc A || 8 < εἰ > δυνάμει μόνον Kirchhoff || 9 εἰ Kirchoff : ἢ || τῷ οὐ χρόνῳ ἐξειργάσθαι Vitringa (cf. Ficin : *quod tempore minime peragatur*) : τῷ οὐ χρόνῳ ἐξείργεσθαι codd. τῷ τὸν χρόνον ἐξείργεσθαι Volkmann || 14 τι Kirchhoff e Simplicio *in Physica* 399, 5 || 16 οὐ τοίνυν ἦν ἂν : τί οὖν ἂν ἦν μόνον Simplicius 399, 6 || 17 ἄλλο ἤδη τῷ τι καὶ omis. Simplicius || 18 μετὰ τοῦ : μετὰ τὸ Ciz.

être peut venir après lui, soit que le premier continue à exister après avoir produit cet être différent, soit qu'il se détruise lui-même en se donnant à l'être qu'il est en puissance ; au premier sens, l'airain est statue en puissance ; au second sens, l'eau est neige en puissance et l'air est feu en puissance.

L'être en puissance, pris en ce sens, s'appelle-t-il aussi puissance par rapport à l'être qui viendra ? Par exemple l'airain est-il la puissance de la statue ? Si l'on prend la puissance au sens de puissance productrice, pas du tout ; car la puissance, en tant que productrice, ne peut être dite être en puissance. Si l'être en puissance était relatif non seulement à l'être en acte, mais aussi à l'acte, l'être en puissance serait aussi la puissance. Mais il est préférable et il est plus clair de rapporter l'être en puissance à l'être en acte et la puissance à l'acte. Donc l'être en puissance est en quelque sorte le sujet des affections, formes ou essences qu'il va recevoir conformément à sa nature ou qu'il s'efforce de saisir en lui, visant tantôt à la forme la meilleure pour lui, tantôt à des formes inférieures qui le détruiront, mais dont chacune est en acte et différente de lui.

2 La matière, qui est en puissance par rapport aux formes qu'elle reçoit, est-elle, à d'autres égards, un être en acte ou n'est-elle pas du tout un être en acte ? D'une manière générale, ceux des êtres en puissance qui persistent après avoir reçu une forme, deviennent-ils alors eux-mêmes des êtres en acte, ou bien être en acte se dit-il seulement de la statue, si bien qu'il n'y a qu'opposition entre la statue en acte et la statue en puissance, et que être en acte ne se dit pas de la chose dont on disait qu'elle était statue en puissance ? S'il en est ainsi, il ne faut pas dire : l'être en puissance devient être en acte, mais : de l'être en puissance, qui est d'abord, est venu ensuite l'être en acte. Quant à l'être en acte, c'est le couple de matière et de forme, et non pas la matière ; c'est aussi la forme qui est en elle. C'est du moins le cas, lorsque le nouvel être naît comme la statue naît de l'airain. Car la substance nouvelle, la statue, est le couple de matière et de forme. Mais dans le cas où l'être en puissance ne subsiste absolument pas dans l'être en acte, il est clair que l'être en puissance est complètement différent de l'être en acte.

ποιεῖν ἢ παρέχον αὐτὸ ἐκείνῳ ὃ δύναται φθαρὲν αὐτό, δυνάμει λέγεσθαι· ἄλλως γὰρ [τὸ] δυνάμει ἀνδριὰς ὁ χαλκός, ἄλλως τὸ ὕδωρ δυνάμει χιὼν καὶ ὁ ἀὴρ πῦρ. Τοιοῦτον δὴ ὂν τὸ δυνάμει ἆρα καὶ δύναμις λέγοιτο ἂν πρὸς τὸ ἐσόμενον, οἷον ὁ χαλκὸς δύναμις τοῦ ἀνδριάντος; Ἢ, εἰ μὲν ἡ δύναμις κατὰ τὸ ποιεῖν λαμβάνοιτο, οὐδαμῶς· οὐ γὰρ ἡ δύναμις ἡ κατὰ τὸ ποιεῖν λαμβανομένη λέγοιτο ἂν δυνάμει. Εἰ δὲ τὸ δυνάμει μὴ μόνον πρὸς τὸ ἐνεργείᾳ λέγεται, ἀλλὰ καὶ πρὸς ἐνέργειαν, εἴη ἂν καὶ δύναμις ⟨τὸ⟩ δυνάμει. Βέλτιον δὲ καὶ σαφέστερον τὸ μὲν δυνάμει πρὸς τὸ ἐνεργείᾳ, τὴν δὲ δύναμιν πρὸς ἐνέργειαν λέγειν. Τὸ μὲν δὴ δυνάμει τοιοῦτον ὥσπερ ὑποκείμενόν τι πάθεσι καὶ μορφαῖς καὶ εἴδεσιν, ἃ μέλλει δέχεσθαι καὶ πέφυκεν ἢ καὶ σπεύδει ἑλεῖν, καὶ τὰ μὲν ὡς πρὸς τὸ βέλτιστον, τὰ δὲ πρὸς τὰ χείρω καὶ λυμαντικὰ αὐτῶν, ὧν ἕκαστον καὶ ἐνεργείᾳ ἐστὶν ἄλλο.

2 Περὶ δὲ τῆς ὕλης σκεπτέον, εἰ ἕτερόν τι οὖσα ἐνεργείᾳ δυνάμει ἐστὶ πρὸς ἃ μορφοῦται, ἢ οὐδὲν ἐνεργείᾳ, καὶ ὅλως καὶ τὰ ἄλλα ἃ λέγομεν δυνάμει λαβόντα τὸ εἶδος καὶ μένοντα αὐτὰ ἐνεργείᾳ γίνεται, ἢ τὸ ἐνεργείᾳ κατὰ τοῦ ἀνδριάντος λεχθήσεται ἀντιτιθεμένου μόνον τοῦ ἐνεργείᾳ ἀνδριάντος πρὸς τὸν δυνάμει ἀνδριάντα, ἀλλ᾽ οὐ τοῦ ἐνεργείᾳ κατηγορουμένου κατ᾽ ἐκείνου, καθ᾽ οὗ τὸ δυνάμει ἀνδριὰς ἐλέγετο. Εἰ δὴ οὕτως, οὐ τὸ δυνάμει γίνεται ἐνεργείᾳ, ἀλλ᾽ ἐκ τοῦ δυνάμει ὄντος πρότερον ἐγένετο τὸ ἐνεργείᾳ ὕστερον. Καὶ γὰρ αὐτὸ τὸ ἐνεργείᾳ ὂν τὸ ⟨μὲν⟩ συναμφότερον, οὐχ ἡ ὕλη, τὸ δὲ εἶδος τὸ ἐπ

19 δύναται φθαρὲν : δύναται καὶ φθαρὲν Simplicius 398, 35 || 20 γὰρ δυνάμει Simplicius : γάρ τὸ δυνάμει codd. || 21 χιὼν correxit Diels in editione Simplicii 399, 1 (cf. Arist. *Metaph.* θ 7) : χαλκὸς codd. || τὸ omis. Simplicius || 27 τὸ Kirchhoff || 32 ἑλεῖν Vitringa : ἐλθεῖν codd. ἢ <εἰς ἃ> σπεύδει ἐλθεῖν fortasse || 32 βέλτιστον : βέλτιον Vat. in marg. Volkmann.

2 10 ὂν : οὐ Vat. || 11 μὲν addidi.

— Et le cas où le grammairien en puissance devient grammairien en acte? N'y a-t-il pas alors identité entre l'être en puissance et l'être en acte? C'est le même Socrate qui était savant en puissance et qui est savant en acte. Est-ce que le savant est donc ignorant? Car le savant en puissance était ignorant. — Oui, l'ignorant est savant, mais par accident; ce n'est pas en tant qu'ignorant qu'il est savant en puissance; il est ignorant par accident; mais c'est par les aptitudes contenues en son âme qu'il était savant en puissance. — Est-ce qu'il conserve l'être en puissance, quand il est en acte? Est-il encore grammairien en puissance, quand il est grammairien en acte? — Rien ne l'empêche; mais c'est en un autre sens qu'avant; avant, il était seulement grammairien en puissance; maintenant cette puissance possède une forme.

— Si l'être en puissance est le substrat, et si l'être en acte, comme la statue, est le couple du substrat et de la forme, comment appeler la forme qui est en l'airain? — Il convient de lui donner le nom d'acte; c'est selon lui que la statue est en acte et non plus en puissance; elle est l'acte non pas pris absolument, mais l'acte de tel être déterminé. Mais le nom d'acte au sens propre conviendrait peut-être mieux à l'acte opposé à la puissance productrice de l'acte; l'être en puissance tient son être en acte d'un autre être en acte; mais la puissance dont je parle maintenant, tient son pouvoir d'elle-même, et c'est à elle que s'oppose l'acte, comme s'opposent une disposition et un acte conforme à cette disposition, par exemple la vertu du courage et l'acte courageux. Assez là-dessus.

3 Disons maintenant pourquoi nous avons commencé par ces considérations. C'est pour savoir en quel sens on parle d'être en acte dans les intelligibles; s'ils sont seulement en acte, ou bien si chacun d'eux est un acte; si tous à la fois forment un acte, et s'il y a aussi en eux des êtres en puissance. Or là-bas il n'y a pas de matière; et c'est en la matière qu'est l'être en puissance; rien n'est à venir qui ne soit déjà; rien ne se transforme soit pour engendrer un autre être en subsistant lui-même, soit pour céder la place à un autre en sortant de l'existence. Il n'y a donc là-bas rien en quoi il y ait un être en puissance, puisque, d'ailleurs, les êtres vrais sont éternels et non soumis au temps. — Mais on pourrait

αὐτῇ. Καὶ τοῦτο μέν, εἰ ἑτέρα γίγνοιτο οὐσία, οἷον ἐκ χαλκοῦ ἀνδριάς. Ἄλλη γὰρ οὐσία ὡς τὸ συναμφότερον ὁ ἀνδριάς· ἐπὶ δὲ τῶν ὅλως οὐ μενόντων φανερόν, ὡς τὸ δυνάμει παντάπασιν ἕτερον ἦν· ἀλλ᾽ ὅταν ὁ δυνάμει γραμματικὸς ἐνεργείᾳ γένηται, ἐνταῦθα τὸ δυνάμει πῶς οὐ καὶ ἐνεργείᾳ τὸ αὐτό; Ὁ γὰρ δυνάμει Σωκράτης ὁ αὐτὸς καὶ ἐνεργείᾳ σοφός. Ἆρα οὖν καὶ ὁ ἀνεπιστήμων ἐπιστήμων; Δυνάμει γὰρ ἦν ἐπιστήμων. Ἢ ὁ κατὰ συμβεβηκὸς ἀμαθὴς ἐπιστήμων; Οὐ γὰρ ᾗ ἀμαθὴς δυνάμει ἐπιστήμων, ἀλλὰ συμβεβήκει αὐτῷ ἀμαθεῖ εἶναι, ἡ δὲ ψυχὴ καθ᾽ ἑαυτὴν ἐπιτηδείως ἔχουσα τὸ δυνάμει ἦν ᾗπερ καὶ ἐπιστήμων. Ἆρα οὖν σῴζει τὸ δυνάμει καὶ ⟨ὁ⟩ δυνάμει γραμματικὸς ἤδη γραμματικὸς ὤν; Ἢ οὐδὲν κωλύει καὶ ἄλλον τρόπον· ἐκεῖ μὲν δυνάμει μόνον, ἐνταῦθα δὲ τῆς δυνάμεως ἐχούσης τὸ εἶδος. Εἰ οὖν ἐστι τὸ μὲν δυνάμει τὸ ὑποκείμενον, τὸ δ᾽ ἐνεργείᾳ τὸ συναμφότερον, ὁ ἀνδριάς, τὸ εἶδος τὸ ἐπὶ τοῦ χαλκοῦ τί ἂν λέγοιτο; Ἢ οὐκ ἄτοπον τὴν ἐνέργειαν, καθ᾽ ἣν ἐνεργείᾳ ἐστὶ καὶ οὐ μόνον δυνάμει, τὴν μορφὴν καὶ τὸ εἶδος λέγειν, οὐχ ἁπλῶς ἐνέργειαν, ἀλλὰ τοῦδε ἐνέργειαν· ἐπεὶ καὶ ἄλλην ἐνέργειαν τάχα κυριώτερον ἂν λέγοιμεν, τὴν ἀντίθετον τῇ δυνάμει τῇ ἐπαγούσῃ ἐνέργειαν. Τὸ μὲν γὰρ δυνάμει τὸ ἐνεργείᾳ ἔχει παρ᾽ ἄλλου, τῇ δὲ δυνάμει ὃ δύναται παρ᾽ αὑτῆς ἡ ἐνέργεια· οἷον ἕξις καὶ ἡ κατ᾽ αὐτὴν λεγομένη ἐνέργεια, ἀνδρεία καὶ τὸ ἀνδρίζεσθαι. Ταῦτα μὲν οὖν οὕτως.

3 Οὗ δ᾽ ἕνεκα ταῦτα προείρηται, νῦν λεκτέον, ἐν τοῖς νοητοῖς πῶς ποτε τὸ ἐνεργείᾳ λέγεται καὶ εἰ ἐνεργείᾳ μόνον ἢ καὶ ἐνέργεια ἕκαστον καὶ εἰ ἐνέργεια πάντα καὶ εἰ τὸ δυνάμει κἀκεῖ. Εἰ δὴ μήτε ὕλη ἐκεῖ ἐν ᾗ τὸ δυνάμει, μήτε τι μέλλει τῶν ἐκεῖ, ὃ μὴ ἤδη ἔστι, μηδέ τι μεταβάλλον εἰς

18 usque ad **4**, 14 deest in E Darm.; habet A in marg. || 23 ἆρα conieci : ἔτι codd. || ὁ Volkmann || 33 ἔχει Kirchhoff : ἔχειν codd.
3 3 εἰ ἐνέργεια del. Vitringa || 4 εἰ δὴ : εἰ δὲ Müller.

demander à ceux qui admettent de la matière dans les intelligibles, s'il n'y a pas aussi en eux de l'être en puissance, puisqu'il y a de la matière. (Si même, en effet, le mot matière est pris en un autre sens, il n'y en a pas moins en chaque intelligible quelque chose qui est comme sa matière, quelque chose qui est comme sa forme, et le composé des deux.) Que diront-ils donc? — Ce qu'on appelle là-bas la matière est une forme; l'âme aussi, qui est une forme, est matière par rapport à un autre objet. — Est-elle donc en puissance par rapport à cet objet? — Non pas; car la forme lui appartient et ne survient pas en elle après coup; elle n'a avec la matière qu'une distinction de raison; on dit : la forme y occupe une matière et l'on perçoit ainsi par la pensée deux choses qui dans la réalité n'en font qu'une. En ce sens Aristote nous dit que son « cinquième corps » est sans matière.

— Mais que dire de l'âme? Car elle est bien en puissance; animal en puissance, lorsqu'elle n'est pas encore unie au corps et qu'elle doit l'être; musicienne en puissance, et ainsi de toutes les qualités qui lui adviennent et qu'elle n'a pas toujours possédées. Il y a donc bien des choses en puissance dans des êtres intelligibles. — Non, ces choses n'y sont pas en puissance; mais l'âme est la puissance productrice de ces choses.

— En quel sens être en acte se dit-il de l'intelligible? Est-ce au sens où la statue, comme couple de forme et de matière, est un être en acte? Est-ce parce que chaque intelligible a reçu une forme? — Non, c'est que chacun d'eux est une forme et qu'il est parfaitement ce qu'il est. L'intelligence ne passe pas de la puissance à l'acte, d'un état où elle est capable de penser à un état où elle pense effectivement (car il faudrait alors avant elle une autre intelligence qui ne fût pas passée de la puissanee à l'acte); mais le tout de son être est en elle. L'être en puissance ne consent à passer à l'acte que par l'intervention d'un autre terme, nécessaire à la génération d'un être en acte; mais l'être qui tire de lui-même et garde éternellement ses manières d'être, est un être en acte. Donc tous les êtres premiers sont des êtres en acte; car ils possédent d'eux-mêmes et toujours ce qu'ils doivent posséder. Il en est ainsi également de l'âme qui n'est pas dans la matière mais dans l'intelligible. Quant à l'autre âme, celle qui est dans la matière, comme l'âme végétative, elle est aussi

ἄλλο ἢ μένον ἕτερόν τι γεννᾷ ἢ ἐξιστάμενον ἑαυτοῦ ἔδωκεν ἄλλῳ ἀνθ᾽ αὑτοῦ εἶναι, οὐκ ἂν εἴη ἐκεῖ τὸ δυνάμει ἐν ᾧ ἐστι, τῶν ὄντων καὶ αἰῶνα, οὐ χρόνον ἐχόντων. Εἴ τις οὖν καὶ ἐπὶ τῶν νοητῶν τοὺς τιθεμένους κἀκεῖ ὕλην ἔροιτο, εἰ μὴ κἀκεῖ τὸ δυνάμει κατὰ τὴν ὕλην τὴν ἐκεῖ — καὶ γὰρ εἰ ἄλλον τρόπον ἡ ὕλη, ἀλλ᾽ ἔσται ἐφ᾽ ἑκάστου τὸ μὲν ὡς ὕλη, τὸ δὲ ὡς εἶδος, τὸ δὲ συναμφότερον — τί ἐροῦσιν ; Ἢ καὶ τὸ ὡς ὕλη ἐκεῖ εἶδός ἐστιν, ἐπεὶ καὶ ἡ ψυχὴ εἶδος ὂν πρὸς ἕτερον ἂν εἴη ὕλη. Οὐκοῦν πρὸς ἐκεῖνο καὶ δυνάμει ; Ἢ οὔ· εἶδος γὰρ ἦν αὐτῆς καὶ οὐκ εἰς ὕστερον δὲ τὸ εἶδος καὶ οὐ χωρίζεται δὲ ἀλλ᾽ ἢ λόγῳ, καὶ οὕτως ὕλην ἔχον, ὡς διπλοῦν νοούμενον, ἄμφω δὲ μία φύσις· οἷον καὶ Ἀριστοτέλης φησὶ τὸ πέμπτον σῶμα ἄυλον εἶναι. Περὶ δὲ ψυχῆς πῶς ἐροῦμεν ; Δυνάμει γὰρ ζῷον, ὅταν μήπω, μέλλῃ δέ, καὶ μουσικὴ δυνάμει καὶ τά ἄλλα ὅσα γίνεται οὐκ ἀεὶ οὖσα· ὥστε καὶ ἐν νοητοῖς τὸ δυνάμει. Ἢ οὐ δυνάμει ταῦτα, ἀλλὰ δύναμις ἡ ψυχὴ τούτων. Τὸ δὲ ἐνεργείᾳ πῶς ἐκεῖ ; Ἆρα ὡς ὁ ἀνδριὰς τὸ συναμφότερον ἐνεργείᾳ, ὅτι τὸ εἶδος ἕκαστον ἀπείληφεν ; Ἢ ὅτι εἶδος ἕκαστον καὶ τέλειον ὅ ἐστι. Νοῦς γὰρ οὐκ ἐκ δυνάμεως τῆς κατὰ τὸ οἷόν τε νοεῖν εἰς ἐνέργειαν τοῦ νοεῖν — ἄλλου γὰρ ἂν προτέρου τοῦ οὐκ ἐκ δυνάμεως δέοιτο — ἀλλ᾽ ἐν αὐτῷ τὸ πᾶν. Τὸ γὰρ δυνάμει βούλεται ἑτέρου ἐπελθόντος εἰς ἐνέργειαν ἄγεσθαι, ἵνα ἐνεργείᾳ γίγνηταί τι, ὃ δ᾽ αὐτὸ παρ᾽ αὑτοῦ τὸ ἀεὶ οὕτως ἔχει, τοῦτο ἐνεργείᾳ ἂν εἴη. Πάντα οὖν τὰ πρῶτα ἐνεργείᾳ· ἔχει γὰρ ἃ δεῖ ἔχειν καὶ παρ᾽ αὑτῶν καὶ ἀεί· καὶ ψυχὴ δὴ οὕτως ἡ μὴ ἐν ὕλῃ, ἀλλ᾽ ἐν τῷ νοητῷ. Καὶ ἡ ἐν ὕλῃ δὲ ἄλλη ἐνεργείᾳ· οἷον ἡ φυτική· ἐνεργείᾳ γὰρ καὶ αὕτη ὅ ἐστιν. Ἀλλ᾽

8 ἐστι, τῶν : ἐστι <εἴδη>, τῶν Vitringa ἐστι <πάντα ὄντως>, τῶν Müller ἐστι πάντων Gollwitzer qui transfert : *omni ente in eo in quo est existente* ; lectionem codicum restitui e I, 9-10 || 13 ἐροῦσιν : ἐροῦμεν Ciz Leid Marc A Vat. Mon. AC || 15 εἰς-<έρχεται> Vitringa || 31 ἃ Volkmann ὅ.

en acte ; elle aussi, elle est ce qu'elle est, parce qu'elle est en acte.

— Tout être réel est en acte ; mais est-il aussi un acte, et en quel sens ? — Si l'on a dit avec raison que « cette nature intelligible est sans sommeil », qu'elle est une vie et la meilleure des vies, c'est là-bas qu'on trouve les plus beaux des actes. Tout être est donc en acte, et il est acte ; tout être est une vie ; le lieu intelligible est le lieu de la vie, le principe et la source véritables de l'âme et de l'intelligence.

4 En général, lorsqu'une chose est un être en puissance, elle possède sous un autre rapport l'existence en acte ; elle est une chose en acte, que l'on dit être en puissance relativement à autre chose. Mais la matière (et sous ce nom nous désignons ce qui est en puissance tous les êtres), comment peut-on dire qu'elle est elle-même un être en acte ? S'il en était ainsi, elle ne serait pas tous les êtres en puissance ; puisqu'elle n'est aucun de ces êtres, elle doit être un non être. Si elle n'est aucun être, comment serait-elle en acte ? — Elle n'est, dira-t-on, aucun des êtres qui sont engendrés en elle ; mais rien n'empêche qu'elle soit autre chose, si tous les êtres ne sont pas engendrés en elle. — C'est donc si elle n'est aucun des êtres engendrés en elle, et si ces êtres sont tous les êtres qu'elle est un non être. D'autre part, puisqu'on l'imagine comme une chose sans forme, elle ne saurait être une forme, ni être comptée au nombre des formes ; à ce point de vue encore, elle est non être. Non être dans les deux sens [comme être sensible et comme forme], elle est plusieurs fois non être. Puisqu'elle est en dehors de la nature des êtres véritables, puisqu'elle ne peut pas non plus atteindre le degré de réalité des prétendus êtres sensibles, parce qu'elle n'est pas, comme ceux-là, une image de la raison, en quelle région de l'être la saisirait-on ? Et si on ne la saisit nulle part, comment serait-elle une chose en acte ?

5 Que dire d'elle alors ? En quel sens est-elle matière des êtres ? — C'est qu'elle est ces êtres en puissance. — Donc elle est déjà, si elle est en puissance. — Oui, elle est déjà en tant qu'être à venir ; son seul être, c'est cet être futur qui s'annonce en elle ; son être se ramène à ce qui sera. Elle n'est

ἐνεργείᾳ μὲν πάντα, καὶ οὕτως ἐνέργεια τὰ πάντα ; Ἢ πῶς ; Εἰ δὴ καλῶς εἴρηται ἐκείνη ἡ φύσις ἄγρυπνος εἶναι καὶ ζωὴ καὶ ζωὴ ἀρίστη, αἱ κάλλισται ἂν εἶεν ἐκεῖ ἐνέργειαι. Καὶ ἐνεργείᾳ ἄρα καὶ ἐνέργεια τὰ πάντα καὶ ζωαὶ τά πάντα καὶ ὁ τόπος ὁ ἐκεῖ τόπος ἐστὶ ζωῆς καὶ ἀρχὴ καὶ πηγὴ ἀληθῶς ψυχῆς τε καὶ νοῦ.

4 Τὰ μὲν οὖν ἄλλα πάντα, ὅσα δυνάμει τί ἐστιν, ἔχει καὶ τὸ ἐνεργείᾳ εἶναι ἄλλο τι, ὃ ἤδη ὂν πρὸς ἄλλο δυνάμει εἶναι λέγεται· περὶ δὲ τῆς λεγομένης εἶναι ὕλης, ἣν πάντα δυνάμει λέγομεν τὰ ὄντα, πῶς ἔστιν εἰπεῖν ἐνεργείᾳ τι τῶν ὄντων εἶναι ; Ἤδη γὰρ οὐ πάντα τά ὄντα δυνάμει ἂν εἴη. Εἰ οὖν μηδὲν τῶν ὄντων, ἀνάγκη μηδ' ὂν αὐτὴν εἶναι. Πῶς οὖν ἂν ἐνεργείᾳ τι εἴη μηδὲν τῶν ὄντων οὖσα ; Ἀλλ' οὐδὲν τῶν ὄντων ἂν εἴη τούτων, ἃ γίνεται ἐπ' αὐτῇ, ἄλλο δέ τι οὐδὲν κωλύει εἶναι, εἴπερ μηδὲ πάντα τὰ ὄντα ἐπὶ τῇ ὕλῃ. Εἰ μὲν δὴ οὐδέν ἐστι τούτων τῶν ἐπ' αὐτῇ, ταῦτα δὲ ⟨πάντα⟩ ὄντα, μὴ ὂν ἂν εἴη. Οὐ μὲν δὴ ἀνείδεόν τι φανταζομένη εἶδος ἂν εἴη· οὐ τοίνυν οὐδ' ἐν ἐκείνοις ἂν ἀριθμηθείη. Μὴ ὂν ἄρα καὶ ταύτῃ ἔσται. Ἐπ' ἄμφω ἄρα μὴ ὂν οὖσα καὶ πλειόνως μὴ ὂν ἔσται. Εἰ δὴ πέφευγε μὲν τὴν τῶν ὡς ἀληθῶς ὄντων φύσιν, οὐ δύναται δὲ ἐφικέσθαι οὐδὲ τῶν ψευδῶς λεγομένων εἶναι, ὅτι μηδὲ ἴνδαλμα λόγου ἐστὶν ὡς ταῦτα, ἐν τίνι τῷ εἶναι ἂν ἁλοίη ; Εἰ δὲ ἐν μηδενὶ τῷ εἶναι, τί ἂν ἐνεργείᾳ εἴη ;

5 Πῶς οὖν λέγομεν περὶ αὐτῆς ; Πῶς δὲ τῶν ὄντων ὕλη ; Ἢ ὅτι δυνάμει. Οὐκοῦν, ὅτι ἤδη δυνάμει· ἤδη οὖν ἔστι καθὸ μέλλει, ἀλλὰ τὸ εἶναι αὐτῇ μόνον τὸ μέλλον ἐπαγγελλόμενον· οἷον τὸ εἶναι αὐτῇ εἰς ἐκεῖνο ἀναβάλλεται, ὃ ἔσται. Τὸ τοίνυν δυνάμει οὔ τι, ἀλλὰ δυνάμει πάντα·

4 5 ἢ Volkmann : ἤδη codd. || 8 ἐπ' αὐτῇ Vitringa : ἐπ' αὐτῆς codd. || 11 πάντα addidi || 12 εἴη · οὐ sic interpunxi : εἴη ; οὐ Müller.

5 2 οὐκοῦν, ὅτι ἤδη, δυνάμει · ἤδη οὖν ἐστι sic interpunxi : οὔκουν, ὅτι δυνάμει, ἤδη ἔστι Kirchhoff.

rien de particulier en puissance, mais toutes choses ; elle n'est donc rien par elle-même. Mais en tant qu'elle est matière, elle n'est pas en acte ; si elle était quelque chose en acte, l'être en acte qu'elle posséderait ne serait plus matière ; elle ne serait donc plus matière au sens complet du terme, mais seulement au sens où l'airain est matière.

Elle n'est pas non être, en ce sens qu'elle serait autre que l'être[1], comme est le mouvement ; car le mouvement est porté sur l'être parce qu'il vient de lui et parce qu'il est en lui ; la matière, elle, est rejetée hors de l'être, tout à fait séparée de lui ; incapable de se transformer, elle reste ce qu'elle était d'abord ; elle était le non être, et elle l'est toujours. Dès l'abord, elle n'était pas un être en acte, puisqu'elle était bien loin de tous les êtres ; et elle ne l'est pas devenue. Voulant se revêtir des formes, elle n'arrive pas même à en garder le reflet ; elle reste ce qu'elle était, toujours en puissance des formes qui viendront après ; elle apparaît là où cessent les êtres intelligibles ; occupée par les êtres qui sont engendrés après elle, elle reste fixée à la limite inférieure de ces êtres. Étant occupée par ces deux genres d'êtres, elle n'est en acte ni l'un ni l'autre, et l'être en puissance lui est seul laissé ; c'est un fantôme fragile et effacé qui ne peut recevoir une forme. Si elle est en acte, elle est un fantôme en acte, un mensonge en acte ; c'est-à-dire un mensonge véritable, autant dire le réel non être. Il s'en faut bien qu'une chose soit un être en acte, si elle a sa vérité dans le non être. Si elle doit être, elle ne doit pas être en acte, de manière à être en dehors de tout être véritable et à avoir son être dans le non être ; car si on retire leur mensonge aux êtres mensongers, on leur retire aussi leur essence ; si on introduit l'acte en une chose dont l'être et l'essence sont d'être en puissance, on lui fait perdre le principe même de sa réalité, puisque cette réalité consistait à être en puissance. Si la matière doit se conserver sans périr, elle doit donc se conserver comme matière. Il faut donc dire, semble-t-il, qu'elle est seulement en puissance, pour être réellement matière. Ou bien il faut réfuter nos raisons.

1. Tout le passage vise les idées péripatéticiennes développées dans Alexandre d'Aphrodisias, *in Met.* 672, 31.

μηδὲν δὲ ὂν καθ' αὑτό, ἀλλ' ὅ ἐστιν ὕλη ὄν, οὐδὲ ἐνεργείᾳ ἐστιν. Εἰ γὰρ ἔσται τι ἐνεργείᾳ, ἐκεῖνο ὅ ἐστιν ἐνεργείᾳ, οὐχ ὕλη ἔσται· οὐ πάντη οὖν ὕλη, ἀλλὰ οἷον ὁ χαλκός. Εἴη ἂν οὖν τὸ μὴ ὄν, οὐχ ὡς ἕτερον τοῦ ὄντος, οἷον κίνησις· αὕτη γὰρ καὶ ἐποχεῖται τῷ ὄντι οἷον ἀπ' αὐτοῦ καὶ ἐν αὐτῷ οὖσα, ἡ δέ ἐστιν οἷον ἐκριφεῖσα καὶ πάντη χωρισθεῖσα καὶ μεταβάλλειν ἑαυτὴν οὐ δυναμένη, ἀλλ' ὅπερ ἐξ ἀρχῆς ἦν· μὴ ὂν δὲ ἦν· οὕτως ἀεὶ ἔχουσα. Οὔτε δὲ ἦν ἐξ ἀρχῆς ἐνεργείᾳ τι ἀποστᾶσα πάντων τῶν ὄντων οὔτε ἐγένετο· ἃ γὰρ ὑποδῦναι ἠθέλησεν, οὐδὲ χρωσθῆναι ἀπ' αὐτῶν δεδύνηται, ἀλλὰ μένουσα πρὸς ἄλλο δυνάμει οὖσα πρὸς τὰ ἐφεξῆς, τῶν δ' ὄντων ἤδη παυσαμένων ἐκείνων φανεῖσα ὑπό τε τῶν μετ' αὐτὴν γενομένων καταληφθεῖσα ἔσχατον καὶ τούτων κατέστη. Ὑπ' ἀμφοτέρων οὖν καταληφθεῖσα ἐνεργείᾳ μὲν οὐδέτερον ἂν εἴη, δυνάμει δὲ μόνον ἐγκαταλέλειπται εἶναι ἀσθενές τι καὶ ἀμυδρὸν εἴδωλον μορφοῦσθαι μὴ δυνάμενον. Οὐκοῦν ἐνεργείᾳ εἴδωλον· οὐκοῦν ἐνεργείᾳ ψεῦδος. Τοῦτο δὲ ταὐτὸν τῷ ἀληθινῶς ψεῦδος· τοῦτο δὲ ὄντως μὴ ὄν. Εἰ οὖν ἐνεργείᾳ μὴ ὄν, μᾶλλον μὴ ὄν, καὶ ὄντως ἄρα μὴ ὄν. Πολλοῦ ἄρα δεῖ αὐτῷ ἐνεργείᾳ τι τῶν ὄντων εἶναι τὸ ἀληθὲς ἔχοντι ἐν τῷ μὴ ὄντι. Εἴπερ ἄρα δεῖ αὐτὸ εἶναι, δεῖ αὐτὸ ἐνεργείᾳ μὴ εἶναι, ἵνα ἐκβεβηκὸς τοῦ ἀληθῶς εἶναι ἐν τῷ μὴ εἶναι ἔχῃ τὸ εἶναι, ἐπείπερ τοῖς ψευδῶς οὖσιν, ἐὰν ἀφέλῃς τὸ ψεῦδος αὐτῶν, ἀφεῖλες αὐτῶν ἥντινα εἶχον οὐσίαν, καὶ τοῖς δυνάμει τὸ εἶναι καὶ τὴν οὐσίαν ἔχουσιν εἰσαγαγὼν τὴν ἐνέργειαν ἀπολώλεκας [αὐτῶν] τῆς ὑποστάσεως αὐτῶν τὴν αἰτίαν, ὅτι τὸ εἶναι αὐτοῖς ἐν δυνάμει ἦν. Εἴπερ ἄρα δεῖ ἀνώλεθρον τὴν ὕλην τηρεῖν, ὕλην αὐτὴν δεῖ τηρεῖν· δεῖ ἄρα δυνάμει, ὡς ἔοικεν, εἶναι λέγειν μόνον, ἵνα ᾖ ὅ ἐστιν, ἢ τούτους τοὺς λόγους ἐξελεγκτέον.

6 ὅ ἐστιν : ὅτι ἐστιν Ciz Leid Marc A (cum obelo) || 9 οὖν τό : οὖν τοῦτο E || 15 χρωσθῆναι : χωρισθῆναι C Leid || 20 οὐδέτερον conieci : οὐδετέρων C οὐδ' ἑτέρων ABE || 32 αὐτῶν del. Volkmann.

NOTICE

Dès l'époque de Plotin, le traité des *Catégories* d'Aristote avait donné lieu à une grande quantité d'interprétations, qui nous sont heureusement en partie connues grâce au très riche et remarquable commentaire que nous en a laissé Simplicius. Le sujet des *Catégories* devait être un des plus à la mode dans les écoles du temps, comme en fait encore foi le début de la sixième Ennéade dont les trois premiers traités lui sont consacrés.

Ici Plotin, après avoir mis hors de cause, dans une courte préface, l'application des catégories au monde intelligible et indiqué qu'on ne les trouve que dans les choses sensibles [1], se limite à une question déjà célèbre alors, et qui devait faire couler des flots d'encre jusqu'à la fin de la scolastique, celle des qualités substantielles. Dans un chapitre de la *Métaphysique* (Δ 14), on peut voir qu'Aristote répartissait les qualités en deux groupes, celles qui étaient des « différences de la substance », telles que bipède, qui, ajoutées à un genre, constituent une espèce et peuvent par conséquent être appelées des « compléments de la substance », et celles qui en sont les affections passagères, dont l'absence ne compromet pas l'existence de la substance.

La difficulté de ce classement est que l'on peut citer des qualités qui, prises en elles-mêmes, sont identiques et qui, attribuées à certains êtres, sont des qualités substantielles, et attribuées à d'autres n'en sont pas : tel est le blanc qui est,

1. Ce point de vue qui fait, de l'étude des catégories, un chapitre de la physique, était celui des Stoïciens, et Plotin l'accepte comme une chose acquise.

pour la céruse ou la neige, une qualité substantielle, et pour l'homme, un simple accident [1]. Plotin indique deux solutions ; l'une consiste à dire que le blanc, dans la céruse n'est pas une qualité ; l'autre consiste à dire qu'il est bien une qualité, mais qu'il a son principe dans la raison de l'être [2] : deux solutions également irrecevables puisque, dans la céruse et dans l'homme, le blanc a la même nature. Il n'y a donc pas, comme l'avait cru Aristote (*Métaphysique*, I, 9), de qualités qui, par leur nature, font les espèces ; des qualités, telles que le blanc, qu'il indique expressément dans ce passage comme accidentelles, peuvent être essentielles (dans le cas de la céruse).

Le platonisme est seul capable de nous donner la solution. Cette solution consiste, pourrait-on dire, à substituer à une méthode de classification logique, une méthode qui met en valeur la continuité et la dégradation progressive des formes de la réalité. C'est la même chose qui est quiddité et qualité ; la quiddité, dans le monde intelligible, a pour image la qualité dans le monde sensible ; qualité et quiddité sont dans un rapport analogue à la chaleur qui émane du feu et à la chaleur constitutive du feu. C'est pourquoi s'inspirant d'une *Lettre* de Platon, Plotin affirme que l'on ne peut définir l'essence d'un être par l'énumération de ses qualités. Toute qualité, considérée dans son modèle intelligible, n'est plus une qualité, mais un acte ou une forme ; en revanche, toute forme, séparée de la substance dont elle émane, n'est plus une essence véritable, mais est devenue une qualité.

Le caractère bien platonicien de cette solution nous dispense d'insister sur les raisons qu'a données Heinemann [3] pour rejeter l'authenticité de ce traité ; il ne ferait, à son gré, que reproduire une discussion entre des élèves de Plotin, et la nuance de l'argumentation serait trop « aristotélicienne » pour qu'elle provînt du maître.

1. Cet exemple d'école était, au dire de Simplicius (*in Categ.*, 209, 8, éd. de Berlin), très fréquemment employé.
2. Ce sera la solution de Simplicius, *ibid.*, 276, 35.
3. *Plotin*, p. 74.

VI [17].

DE LA QUALITÉ ET DE LA FORME

1 L'être est-il différent de la substance ? L'être est-il ce qui est sans plus, ce qui est isolé des autres choses ? La substance, est-ce l'être pris avec d'autres choses, avec le mouvement et le repos, l'identité et la différence ? Sont-ce là les éléments de la substance ? La substance est-elle un ensemble dont les parties sont l'être, le mouvement, etc. ? C'est donc par accident que le mouvement est un être ; mais est-il substance par accident, ou bien est-il un complément de la substance ? — Non, en lui-même, il est substance ; dans le monde intelligible, tout est substance. — Pourquoi n'en est-il pas de même dans le monde sensible ? — Parce que, là-bas, tous les êtres n'en font qu'un ; mais ici, on ne voit que leurs images, séparées l'une de l'autre et formant chacune une chose différente. De même, dans la semence, toutes les parties sont réunies, et chacune y est toutes les autres ; la main et le pied n'y ont pas une existence distincte ; mais, dans le corps, ces parties sont séparées l'une de l'autre ; c'est qu'elles sont alors des reflets sans réalité.

Dans le monde intelligible, les qualités sont-elles des différences de la substance situées dans la substance ou dans l'être, par lesquelles les substances se distinguent les unes des autres, et même par lesquelles elles sont des substances ? Cette définition est admissible, mais restreinte aux qualités du monde sensible ; parmi ces qualités, les unes sont bien en effet des différences de la substance, comme « bipède et quadrupède » ; mais les autres ne sont point des différences substantielles et ne sont que des qualités. — Pourtant la même chose peut être, dans un cas, une différence qui complète une substance, et, dans un autre cas, non pas une pareille diffé-

VI [17]

ΠΕΡΙ ΠΟΙΟΤΗΤΟΣ ΚΑΙ ΕΙΔΟΥΣ

1 Ἆρα τὸ ὂν καὶ ἡ οὐσία ἕτερον, καὶ τὸ μὲν ὂν ἀπηρημωμένον τῶν ἄλλων, ἡ δὲ οὐσία τὸ ὂν μετὰ τῶν ἄλλων, κινήσεως, στάσεως, ταὐτοῦ, ἑτέρου, καὶ στοιχεῖα ταῦτα ἐκείνης ; Τὸ οὖν ὅλον οὐσία, ἕκαστον δὲ ἐκείνων τὸ μὲν ὄν, τὸ δὲ κίνησις, τὸ δὲ ἄλλο τι. Κίνησις μὲν οὖν κατὰ συμβεβηκὸς ὄν· οὐσία δὲ ἆρα κατὰ συμβεβηκός, ἢ συμπληρωτικὸν οὐσίας ; Ἢ καὶ αὐτὴ [ἡ] οὐσία καὶ τὰ ἐκεῖ πάντα οὐσία. Πῶς οὖν οὐ καὶ ἐνταῦθα ; Ἢ ἐκεῖ, ὅτι ἓν πάντα, ἐνθάδε δὲ διαληφθέντων τῶν εἰδώλων τὸ μὲν ἄλλο, τὸ δὲ ἄλλο· ὥσπερ ἐν μὲν τῷ σπέρματι ὁμοῦ πάντα καὶ ἕκαστον πάντα καὶ οὐ χεὶρ χωρὶς καὶ χωρὶς κεφαλή, ἐνθάδε δὲ χωρίζεται ἀλλήλων· εἴδωλα γὰρ καὶ οὐκ ἀληθῆ. Τὰς οὖν ποιότητας ἐκεῖ φήσομεν οὐσίας διαφορὰς περὶ οὐσίαν οὔσας ἢ περὶ ὄν, διαφορὰς δὲ ποιούσας ἑτέρας οὐσίας πρὸς ἀλλήλας καὶ ὅλως οὐσίας ; Ἢ οὐκ ἄτοπον, ἀλλὰ περὶ τῶν τῇδε ποιοτήτων, ὧν αἱ μὲν διαφοραὶ οὐσιῶν, ὡς τὸ δίπουν καὶ τὸ τετράπουν, αἱ δὲ οὐ διαφοραὶ οὖσαι αὐτὸ τοῦτο μόνον ποιότητες λέγονται. Καίτοι τὸ αὐτὸ καὶ διαφορὰ γίνεται συμπληροῦσα καὶ οὐ διαφορὰ ἐν ἄλλῳ οὐ συμπληροῦσα τὴν οὐσίαν, σημβεβηκὸς δέ· οἷον τὸ λευκὸν ἐν μὲν χιόνι ἢ ψιμμυθίῳ συμπληροῦν, ἐν δὲ σοί

1 4 ἐκείνης Müller : ἐκείνων codd. || 7 ἡ Müller || 21 χιόνι ἢ conieci e Simplicio *in Physica* 48, 6 Diels : κύκνῳ ἢ codd. quod recte reiecit Müller *Philol. Woch.* 1917, 1008 e lin. 31.

rence, mais un simple accident. Par exemple le blanc est un complément de la substance dans la neige ou dans la céruse ; et en toi, il est un accident. — Dans le premier cas, il est dans la raison séminale ; il est complément de la substance, mais il n'est pas vraiment une qualité. Dans le second cas il n'est qu'à la surface du corps, et il est une qualité. A moins qu'il ne faille diviser les qualités en deux espèces : les qualités substantielles qui sont des propres de la substance, et les qualités qui sont seulement des qualités ; celles-ci qualifient la substance ; mais elles ne font pas la différence des substances entre elles, et ne proviennent pas de la substance elle-même ; dans une substance déjà entièrement constituée, elles introduisent une manière d'être purement extérieure ; elles viennent après la substance de l'être et s'ajoutent à lui, qu'il s'agisse d'ailleurs d'une âme ou d'un corps. Et si le blanc que l'on voit dans la céruse était le complément de sa substance, n'en est-il pas de même dans les cygnes, sans quoi ils pourraient ne pas être blancs. La chaleur est aussi le complément de la substance du feu (ne pourrait-on pas dire que c'est l'ignéité qui est la substance du feu, et son analogue la substance de la céruse ? Il n'en resterait pas moins que, dans le feu qui tombe sous les sens, l'ignéité, c'est la chaleur qui complète la substance du feu, et que, dans la céruse, son analogue est la blancheur). Donc les mêmes choses, lorsqu'elles complètent une substance, ne sont pas des qualités, et lorsqu'elles ne la complètent pas, sont des qualités ; mais il est absurde de dire qu'elles ne sont pas les mêmes dans les êtres où elles complètent la substance, et dans les êtres où elles ne la complètent pas ; car leur nature reste la même.

Mais peut-être les raisons séminales qui produisent les qualités substantielles sont toute substantielles ; mais les qualités substantielles produites sont, dans les êtres intelligibles, des quiddités et, dans les choses sensibles, des qualités. C'est pourquoi nous nous trompons toujours dans nos recherches sur la quiddité d'un être ; nous manquons la quiddité et nous nous contentons de la qualité. Par exemple le feu n'est pas ce que nous disons qu'il est, en considérant sa qualité seule ; le feu est une substance ; mais ce que nous en voyons et ce que nous faisons entrer dans la formule de sa définition, nous fait sortir de sa quiddité, et nous ne définissons que sa qualité. Dans le cas des choses sensibles, cette pratique est

συμβεβηκός. Ἢ [τὸ λευκὸν] τὸ μὲν ἐν τῷ λόγῳ συμπληροῦν καὶ οὐ ποιότης, τὸ δὲ ἐν τῇ ἐπιφανείᾳ ποιόν. Ἢ διαιρετέον τὸ ποιόν, ὡς τὸ μὲν οὐσιῶδες ἰδιότης τις οὖσα τῆς οὐσίας, τὸ δὲ μόνον ποιόν, καθ' ὃ ποιὰ οὐσία, τοῦ ποιοῦ οὐ διαλλαγὴν εἰς τὴν οὐσίαν ποιοῦντος οὐδ' ἐκ τῆς οὐσίας, ἀλλ' οὔσης ἤδη καὶ πεπληρωμένης διάθεσίν τινα ἔξωθεν ποιοῦντος καὶ μετὰ τὴν οὐσίαν τοῦ πράγματος προσθήκην, εἴτε περὶ ψυχὴν εἴτε περὶ σῶμα γίνοιτο. Ἀλλ' εἰ καὶ τὸ ὁρώμενον λευκὸν ἐπὶ τοῦ ψιμμυθίου συμπληρωτικὸν εἴη αὐτοῦ, ἐπὶ [μὲν γὰρ] τοῦ κύκνου οὐ συμπληρωτικόν; Γένοιτο γὰρ ἂν καὶ οὐ λευκός· [ἀλλ' ἐπὶ τοῦ ψιμμυθίου]. Καὶ τοῦ πυρὸς δὲ ἡ θερμότης. Ἀλλ' εἴ τις λέγοι τὴν πυρότητα τὴν οὐσίαν εἶναι καὶ ἐπὶ τοῦ ψιμμυθίου τὸ ἀνάλογον; Ἀλλ' ὅμως τοῦ ὁρωμένου πυρὸς πυρότης ἡ θερμότης συμπληροῦσα καὶ ἡ λευκότης ἐπὶ τοῦ ἑτέρου. Αἱ αὐταὶ τοίνυν συμπληρώσουσι καὶ οὐ ποιότητες, καὶ οὐ συμπληρώσουσι καὶ ποιότητες· καὶ ἄτοπον ἐν μὲν οἷς συμπληροῦσι λέγειν ἄλλο εἶναι, ἐν δὲ οἷς μὴ ἄλλο, τῆς αὐτῆς φύσεως οὔσης. Ἀλλ' ἄρα τοὺς μὲν λόγους τοὺς ποιήσαντας αὐτὰ οὐσιώδεις ὅλους, τὰ δὲ ἀποτελέσματα ἔχειν ἤδη τὰ ἐκεῖ τί ἐνταῦθα ποιά, οὐ τί. Ὅθεν καὶ ἁμαρτάνειν ἡμᾶς ἀεὶ περὶ τὸ τί ἀπολισθαίνοντας ἐν ταῖς ζητήσεσιν αὐτοῦ καὶ εἰς τὸ ποιὸν καταφερομένους. Οὐ γὰρ εἶναι τὸ πῦρ ὃ λέγομεν εἰς τὸ ποιὸν ἀφορῶντες, ἀλλὰ τὸ μὲν εἶναι οὐσίαν, ἃ δὲ νῦν βλέπομεν, εἰς ἃ καὶ ἀφορῶντες λέγομεν, ἀπάγειν ἡμᾶς ἀπὸ τοῦ τί καὶ ὁρίζεσθαι τὸ ποιόν· καὶ ἐπὶ τῶν αἰσθητῶν εὐλόγως, οὐδὲν γὰρ αὐτῶν οὐσίαν εἶναι, ἀλλ' αὐτῆς πάθη. Ὅθεν κἀκεῖνο, πῶς ἐξ οὐκ οὐσιῶν οὐσία. Ἐλέγετο μὲν οὖν, ὅτι οὐ δεῖ τὸ

22 συμβεβηκὸς δὲ omis. F || τὸ λευκὸν del. Müller || 31 μὲν γὰρ del. Müller *ibid.* || 32 ἀλλ' ἐπὶ τοῦ ψιμμυθίου del. Müller *ibid.* || 33-36 ἀλλ' εἰ — ἑτέρου fortasse glossa || 35 πυρὸς πυρότης ἡ θερμότης : πυρὸς ἡ πυρότης ἢ θερμότης Müller || 37 οὐ ποιότητες · οὐ (cum obelo) ποιότητες Vat. ποιότητες A || 50 ἐλέγετο μὲν : ἐλέγομεν F Darm. Marc B.

naturelle ; car aucune d'elles n'est une substance, et, seules, les affections sont sensibles ; de là vient la question : comment une substance est-elle faite de choses qui ne sont pas des substances ? On a déjà répondu que ce qui est fait de plusieurs choses n'est pas identique aux choses dont il est fait ; mais il faut répondre en outre que ce qui devient n'est pas du tout une substance. Mais dans le cas des intelligibles, comment pourrait-on dire que la substance est faite de choses qui ne sont pas des substances ? Dans le monde intelligible, dirons-nous, l'être de la substance a un rôle plus grand et il est plus pur ; les différences de l'être ont aussi la substantialité ; ou plutôt une substance n'est telle que si ses actes s'ajoutent à sa nature. Tel paraît être l'intelligible dans sa perfection ; mais peut-être, cette addition des actes et cette composition l'amoindrissent, et il commence à s'éloigner de sa nature.

2 Il faut maintenant donner une définition générale de la qualité ; peut-être la connaissance de cette définition dissipera-t-elle mieux les difficultés.

Demandons-nous d'abord si une même chose peut être tantôt simple qualité, tantôt complèment d'une substance, et (n'en soyons pas surpris), elle serait alors plutôt le complément d'une substance pourvue de qualités. Or, une substance pourvue de qualités doit être une substance et avoir une quiddité avant de posséder des qualités : par exemple, la substance du feu est antérieure à cette même substance pourvue de qualités. Mais qu'est donc cette substance ? Est-ce le corps ? Donc la catégorie de la substance, ce sera le corps ; or, le feu est un corps chaud ; donc l'ensemble corps et chaud n'est point une substance, et le chaud est dans le feu comme le camus dans le nez ; mais, si on enlève du feu sa chaleur, sa lumière et sa légèreté, qui paraissent bien être des qualités, il ne reste qu'une étendue résistante à trois dimensions ; la substance, c'est alors la matière. Mais cela ne semble pas vrai ; car « c'est plutôt la forme qui est substance » ; or la forme est qualité. A moins qu'elle soit non pas qualité, mais raison. Mais qu'est la chose composée de cette raison et du substrat où elle est ? Est-ce, dans le feu, ce que l'on voit et ce qui brûle ? Non ; ce sont là des qualités. A moins qu'on ne dise que brûler est un acte dérivé de la raison séminale ;

αὐτὸ τὸ γινόμενον εἶναι τοῖς ἐξ ὧν· νῦν δὲ λέγειν δεῖ ὅτι οὐδὲ τὸ γενόμενον οὐσία. Ἀλλὰ πῶς ἐκεῖ ἣν ἐλέγομεν οὐσίαν ἐξ οὐκ οὐσίας λέγομεν; Τὴν γὰρ οὐσίαν φήσομεν ἐκεῖ κυριώτερον καὶ ἀμιγέστερον ἔχουσαν τὸ ὂν εἶναι οὐσίαν ὡς ἐν διαφοραῖς ὄντος, μᾶλλον δὲ μετὰ προσθήκης ἐνεργειῶν λεγομένην οὐσίαν, τελείωσιν μὲν δοκοῦσαν εἶναι ἐκείνου, τάχα δ' ἐνδεεστέραν τῇ προσθήκῃ καὶ τῷ οὐχ ἁπλῷ, ἀλλ' ἤδη ἀφισταμένην τούτου.

2 Ἀλλὰ περὶ τῆς ποιότητος σκεπτέον τί ὅλως· τάχα γὰρ γνωσθὲν ὅ τι ἐστὶ μᾶλλον παύσει τὰς ἀπορίας. Πρῶτον οὖν ἐκεῖνο ζητητέον, εἰ τὸ αὐτὸ θετέον ὁτὲ μὲν ποιόν μόνον, ὁτὲ δὲ συμπληροῦν οὐσίαν, οὐ δυσχεράναντας ποιὸν συμπληρωτικὸν οὐσίας εἶναι, ἀλλὰ ποιᾶς μᾶλλον οὐσίας. Δεῖ τοίνυν ἐπὶ τῆς ποιᾶς οὐσίας τὴν οὐσίαν πρὸ τοῦ ποιὰν εἶναι καὶ τὸ τί ἐστι. Τί οὖν ἐπὶ τοῦ πυρὸς πρὸ τῆς ποιᾶς οὐσίας ἡ οὐσία; Ἆρα τὸ σῶμα; Τὸ γένος τοίνυν οὐσία ἔσται τὸ σῶμα, τὸ δὲ πῦρ σῶμα θερμὸν καὶ οὐκ οὐσία τὸ ὅλον, ἀλλ' οὕτω τὸ θερμὸν ἐν αὐτῷ, ὡς καὶ ἐν σοὶ τὸ σιμόν. Ἀφαιρεθείσης τοίνυν θερμότητος καὶ τοῦ λαμπροῦ καὶ κούφου, ἃ δὴ δοκεῖ ποιὰ εἶναι, καὶ ⟨μετ'⟩ ἀντιτυπίας τὸ τριχῇ διαστατὸν καταλείπεται καὶ ἡ ὕλη οὐσία. Ἀλλ' οὐ δοκεῖ· τὸ γὰρ εἶδος μᾶλλον οὐσία. Ἀλλὰ τὸ εἶδος ποιότης. Ἢ οὐ ποιότης, ἀλλὰ λόγος τὸ εἶδος. Τὰ οὖν ἐκ τοῦ λόγου καὶ τοῦ ὑποκειμένου τί ἐστιν; Οὐ γὰρ τὸ ὁρώμενον καὶ τὸ καῖον· τοῦτο δὲ ποιόν. Εἰ μή τις λέγοι τὸ καίειν ἐνέργειαν ἐκ τοῦ λόγου· καὶ τὸ θερμαίνειν καὶ τὸ λευκαίνειν τοίνυν καὶ τὰ ἄλλα ποιήσεις· ὥστε τὴν ποιότητα οὐχ ἕξομεν ὅπου καταλείψομεν. Ἢ ταύτας μὲν οὐ λεκτέον ποιότητας, ὅσαι

53 ἐξ οὐκ οὐσίας : Müller : οὐκ ἐξ οὐσίας codd. || λέγομεν Vitringa : λέγοντες || 55 ὄντος F super lineam Vat. Müller : ὄντως ceteri codd.

2 4 ποιόν <οὐ> Vitringa || 8 τὸ γένος del. Müller || 12 καὶ μετ' ἀντιτυπίας conieci : ἀντὶ τοῦ πυρός Vitringa.

et l'on en dira autant de l'acte d'échauffer, de blanchir, et des autres ; mais alors nous ne saurons plus du tout ce qui peut bien rester à la qualité. — C'est bien en effet qu'il ne faut pas appeler qualité tout ce qui est le complément d'une substance ; ce sont des activités issues des raisons séminales et des puissances qui sont dans les substances. La vraie qualité, c'est ce qui est en dehors de la substance ; elle n'apparaît pas tantôt comme étant une qualité, tantôt comme ne l'étant pas ; c'est ce qui est en excès après la substance ; c'est par exemple la vertu et le vice, la beauté et la laideur, la santé, le fait d'avoir telle forme (la qualité, ce n'est pas la forme même, triangle ou carré, mais bien le fait d'avoir acquis la forme triangulaire, en tant que cette forme a été reçue ; ce n'est pas la triangularité qui est qualité, mais l'acquisition de cette forme) ; ce sont encore les arts et les aptitudes. La qualité est donc une disposition qui se trouve dans des substances déjà existantes ; ou bien elle est acquise, ou bien elle appartient à la substance dès le principe ; mais la substance n'aurait rien de moins, si elle ne lui appartenait pas. Les qualités changent facilement ou non ; il y en a deux espèces, celles qui changent facilement et celles qui persistent.

3 La blancheur qui est en toi n'est donc pas une qualité ; elle est évidemment un acte dérivé d'une puissance qui est celle de produire la blancheur. Dans le monde intelligible, les prétendues qualités sont aussi des actes ; nous les prenons faussement pour des qualités parce que chacune d'elles est le propre d'une substance, parce qu'elles possèdent, quant à elles, un caractère propre. — En quoi la qualité dans le monde intelligible diffère-t-elle donc de la qualité dans le monde sensible, puisque l'une et l'autre sont des actes ? — C'est que la qualité, dans le monde sensible, n'indique pas la quiddité d'une substance ; elle ne fait pas la différence des substances entre elles ni leur caractère propre ; elle révèle seulement ce que nous appelons qualité et ce qui, dans le monde intelligible, est un acte. Donc lorsqu'une qualité constitue le propre d'une substance, il est évident par là qu'elle n'est pas véritablement une qualité ; mais lorsque, par la pensée, nous isolons cette propriété qui est en la substance (sans d'ailleurs rien enlever à la substance, et en nous bornant à concevoir et à engendrer une notion), nous

λέγονται συμπληροῦν οὐσίας, εἴπερ ἐνέργειαι [αἱ αὐτῶν] ἀπὸ τῶν λόγων καὶ τῶν δυνάμεων τῶν οὐσιωδῶν ἰοῦσαι, ἃ δέ ἐστιν ἔξωθεν πάσης οὐσίας οὐ πῇ μὲν ποιότητες, ἄλλοις δέ οὐ ποιότητες φανταζόμεναι, τὸ δὲ περιττὸν μετὰ τὴν οὐσίαν ἔχουσαι, οἷον καὶ ἀρεταὶ καὶ κακίαι καὶ αἴσχη καὶ κάλλη καὶ ὑγίειαι καὶ οὕτως ἐσχηματίσθαι. Καὶ τρίγωνον μὲν καὶ τετράγωνον καθ᾽ αὑτὸ οὐ ποιόν, τὸ δὲ τετριγωνίσθαι ᾗ μεμόρφωται ποιὸν λεκτέον, καὶ οὐ τὴν τριγωνότητα, ἀλλὰ τὴν μόρφωσιν· καὶ τὰς τέχνας δὲ καὶ τὰς ἐπιτηδειότητας· ὥστε εἶναι τὴν ποιότητα διάθεσίν τινα ἐπὶ ταῖς οὐσίαις ἤδη οὔσαις εἴτε ἐπακτὴν εἴτε ἐξ ἀρχῆς συνοῦσαν, ἣ εἰ μὴ συνῆν, οὐδὲν ἔλαττον εἶχεν ⟨ἂν⟩ ἡ οὐσία. Ταύτην δὲ καὶ εὐκίνητον καὶ δυσκίνητον εἶναι· ὡς διττὸν εἶναι εἶδος, τὸ μὲν εὐκίνητον, τὸ δὲ ἔμμονον αὐτῆς.

3 Τὸ οὖν λευκὸν τὸ ἐπὶ σοὶ θετέον οὐ ποιότητα, ἀλλ᾽ ἐνέργειαν δηλονότι ἐκ δυνάμεως τῆς τοῦ λευκαίνειν, κἀκεῖ πάσας τὰς λεγομένας ποιότητας ἐνεργείας τὸ ποιὸν λαβούσας παρὰ τῆς ἡμετέρας δόξης τῷ ἰδιότητα εἶναι ἑκάστην οἷον διοριζούσας τὰς οὐσίας πρὸς ἀλλήλας καὶ πρὸς ἑαυτὰς ἴδιον χαρακτῆρα ἐχούσας. Τί οὖν διοίσει ποιότης ἡ ἐκεῖ; Ενέργειαι γὰρ καὶ αὗται. Ἢ ὅτι μὴ οἷόν τί ἐστι δηλοῦσιν οὐδὲ ἐναλλαγὴν τῶν ὑποκειμένων οὐδὲ χαρακτῆρα, ἀλλ᾽ ὅσον μόνον τὴν λεγομένην ποιότητα ἐκεῖ ἐνέργειαν οὖσαν· ὥστε τὸ μέν, ὅταν ἰδιότητα οὐσίας ἔχῃ, δῆλον αὐτόθεν ὡς οὐ ποιόν, ὅταν δὲ χωρίσῃ ὁ λόγος τὸ ἐπ᾽ αὐτοῖς ἴδιον οὐκ ἐκεῖθεν ἀφελών, ἀλλὰ μᾶλλον λαβὼν καὶ γεννήσας ἄλλο, ἐγέννησε ποιὸν οἷον μέρος οὐσίας λαβὼν τὸ ἐπιπολῆς φανὲν αὐτῷ. Εἰ δὲ τοῦτο, οὐδὲν κωλύει καὶ τὴν θερμότητα τῷ σύμφυτον εἶναι τῷ πυρὶ εἶδός τι εἶναι τοῦ

21 αἱ αὐτῶν del. Müller || 27 τετριγωνίσθαι : τετριγωνίσαι A Marc B τριγωνίσαι F Darm. || 32 ἂν Kirchhoff || ταύτην — αὐτῆς glossa Müller.

3 15 τῷ σύμφυτον : τὴν σύμφυτον A Darm. Marc B.

engendrons cette autre chose qui est la qualité, en prenant dans la substance la partie la plus superficielle. S'il en est ainsi, rien n'empêche que la chaleur, quand elle est inhérente au feu, soit une forme ou un acte et non une qualité du feu, et que, d'autre part, elle soit une qualité, prise dans un autre sujet et isolée ; elle n'est plus désormais la forme d'une substance, mais une trace, une ombre ou une image qui a abandonné sa substance ; alors elle est qualité. Donc tous les accidents qui ne sont point des actes et des formes essentielles aux substances sont des qualités ; telles sont les habitudes acquises et autres dispositions des sujets, qu'il faut appeler des qualités ; mais leurs modèles intelligibles, où elles existent primitivement, sont des actes. Il n'est pas vrai aussi qu'une même chose soit une qualité et ne soit pas une qualité ; la qualité, c'est ce qui est isolé de la substance ; ce qui lui est lié est une forme ou un acte ; une chose n'est pas la même, quand elle reste en elle-même et quand, placée en un sujet autre qu'elle, elle déchoit de son rang de forme et d'acte. Ce qui n'est jamais la forme, mais seulement l'accident d'un sujet est une pure qualité et n'est que cela[1].

1. L'argumentation de Plotin se réfère souvent à Aristote ou à ses commentateurs ; comparer 1, 20 et Arist. *Éth. Nic.* 1096 b 22 ; 2, 11 et *Mét.* Z 3 ; 2, 26-29 et *Catég.* 6, 14. Cf. les discussions sur les qualités complémentaires de la substance dans Simplicius *in Categ.* surtout 48, 1, sq. Au 1er chapitre (42 sq.), Plotin utilise une lettre de Platon, *Epist.* 7, 343 b.

πυρὸς καὶ ἐνέργειαν καὶ οὐ ποιότητα αὐτοῦ, καὶ αὖ ἄλλως ποιότητα, μόνην δὲ ἐν ἄλλῳ ληφθεῖσαν οὐκέτι μορφὴν οὐσίας οὖσαν, ἀλλὰ ἴχνος μόνον καὶ σκιὰν καὶ εἰκόνα ἀπολιποῦσαν αὐτῆς τὴν οὐσίαν, ἧς ἡ ἐνέργεια, ποιότητα εἶναι. Ὅσα οὖν συμβέβηκε καὶ μὴ ἐνέργειαι καὶ εἴδη οὐσιῶν μορφάς τινας παρεχόμενα, ποιὰ ταῦτα· οἷον καὶ αἱ ἕξεις καὶ διαθέσεις ἄλλαι τῶν ὑποκειμένων λεκτέαι ποιότητες, τὰ δὲ ἀρχέτυπα αὐτῶν, ἐν οἷς πρώτως ἐστίν, ἐνεργείας ἐκείνων. Καὶ οὐ γίνεται ταὐτὸ ποιότης καὶ οὐ ποιότης, ἀλλὰ τὸ ἀπηρημωμένον οὐσίας ποιόν, τὸ δὲ σὺν ταύτῃ ἢ εἶδος ἢ ἐνέργεια· οὐδὲν γάρ ἐστι ταὐτὸν ἐν αὐτῷ μένον καὶ ἐν ἄλλῳ ἐκπεσὸν τοῦ εἶδος καὶ ἐνέργεια εἶναι. Ὃ μέντοι μηδέποτε εἶδος ἄλλου, ἀλλὰ συμβεβηκὸς ἀεί, καθαρῶς ποιότης καὶ μόνον τοῦτο.

16 καὶ αὖ ἄλλως ποιότητα delev. Creuzer Müller || 26 ἢ εἶδος ἢ ἐνέργεια Kirchhoff : οὐσίαν ἢ εἶδος ἢ ἐνέργειαν codd. || ἐν αὐτῷ μένον καὶ ἐν ἄλλῳ Müller : ἐν αὐτῷ καὶ ἐν ἄλλῳ μόνον codd.

NOTICE

L'idée de ce traité a pu être suggérée à Plotin par les critiques qu'Alexandre d'Aphrodisias a présentées de la fameuse théorie stoïcienne du mélange total. Avec Aristote (*de gener. et corr.*, I, 10), Plotin écarte d'abord l'explication du mélange des corps par une simple juxtaposition de leurs parties. Puis, au chapitre 1, il suit, dans tous ses détails, l'exposé de la question que donne Alexandre dans le *de Mixtione*, et dans l'une des *Questions* [1]. Cet exposé a bien le caractère que nous indique Plotin (1, XI sq.); il est, du moins jusqu'au chapitre XIII du *de Mixtione*, une simple critique du stoïcisme. Deux des trois arguments [2] (1° le mélange total impliquerait une division à l'infini en acte ; 2° il n'expliquerait pas que le composant a un volume plus grand que les composés ; 3° les Stoïciens n'expliquent pas comment le petit corps peut s'étendre dans le grand) se retrouvent dans le *de Mixtione* et les *Questions* [3].

Suit la réplique des Stoïciens. Des trois arguments qu'ils donnent en leur faveur, le premier et le second ne sont pas envisagés par Alexandre d'Aphrodisias, ce qui tendrait à prouver que Plotin ne s'est pas servi simplement des traités que

1. *Quaestiones et solutiones*, II, 12 ; éd. Bruns, p. 57.

2. 1, 11-15, 15-20, 20-22.

3. Comparer 1, 11-15 et *de Mixtione* éd. Bruns 219, 32 sq., et surtout 221, 25-222, 26 ; 1, 15-20 à *de Mixtione* 220, 3 sq. (l'explication des cas, favorables à la thèse stoïcienne, où il n'y a pas accroissement de volume dans le mélange se trouve dans les *Questions*, II, 12, p. 57, 12).

nous avons mentionnés [1]. Le premier argument est tiré du filtrage des liquides à travers des lames minces, que les liquides traversent sans les détruire (1, 22-32) : il répond à la première critique des péripatéticiens. Le second argument est une réponse à la seconde critique ; il cherche à expliquer comment, dans la thèse du mélange total, le composant peut être plus grand que le composé (1, 33-41) ; et il est suivi d'une nouvelle réponse des péripatéticiens (1, 41-48). Enfin le troisième argument, qui répond à la troisième critique, est un appel à l'évidence des sens en faveur de l'extension d'un petit corps dans un corps très grand ; la réplique péripatéticienne à cet argument est indiquée par Plotin (1, 52-56) et on la retrouve sous la même forme chez Alexandre, soit dans le *de Mixtione* [2], soit dans les *Questions* [3].

C'est moins une thèse personnelle que Plotin présente au chapitre II que deux objections contre la thèse péripatéticienne. La première difficulté, tirée de l'observation d'un papier imprégné d'eau, est tout à fait favorable à la thèse du mélange total ; néanmoins, après discussion, elle n'aboutit pas, et le péripatéticien, avec sa doctrine de l'impénétrabilité des corps, paraît rester maître de la situation (2, 1, 26). Mais elle est complétée par la seconde objection qui est une objection *ad hominem* ; Alexandre avait lui-même fait remarquer dans le *de Mixtione* que, ce qui empêchait le mélange de certains corps, c'était non pas l'impénétrabilité de leurs matières, mais leurs qualités mêmes [4]. Plotin s'empare de cet aveu (2, 33 sq.) pour montrer que, selon les

1. Sextus Empiricus (*Pyrrh. Hyp.*, III, 8) nous apprend que la question de la κρᾶσις fait l'objet de nombreux débats à son époque.

2. 220, 14. Lorsque l'encens se dissipe dans l'air, c'est qu'il se change en un autre corps (εἰς ἄλλο τι σῶμα μεταβάλλοντα ; comp. Plotin, 1, 54).

3. II 12 ; p. 57, 22. Le petit corps ne peut s'agrandir dans la proportion où le supposent les stoïciens, que s'il se détruit et change de nature.

4. 228, 35 sq. L'eau ne peut se mélanger à l'huile διὰ γλισχρότητα. « Il n'y a de mélange que si les corps qui doivent s'unir ont des qualités telles qu'ils peuvent agir l'un sur l'autre. »

péripatéticiens, ce n'est pas l'impénétrabilité de la matière qui s'oppose au mélange. Plotin se montre donc au fond, bien qu'il ne le dise pas expressément, favorable à la théorie stoïcienne, mais sous une forme compatible avec sa propre théorie de la matière ; douer la matière d'impénétrabilité, et faire de cette impénétrabilité un principe actif qui empêche le mélange total, ce serait lui donner des qualités qu'elle n'a pas.

Comme les précédents, le dernier chapitre, qui est un appendice, vise aussi le péripatétisme, et renferme de toute évidence une critique d'une thèse proposée par Alexandre dans une de ses *Questions* [1]. Alexandre y démontrait que le corps en général (la corporéité) n'est pas un corps, parce qu'il est une définition qui énonce la nature du corps. Plotin refuse de réduire la corporéité à une définition, obtenue par abstraction et généralisation ; elle est en outre une raison productrice des caractères qui font qu'un corps est un corps. Nous avons ici, on le voit, un aspect de la lutte du réalisme platonicien contre le conceptualisme aristotélicien.

1. *Quaestiones et Solutiones* II, 14, p. 59.

VII [37].

DU MÉLANGE TOTAL

1 Examinons ce qu'on appelle le « mélange total » des corps. Est-il possible, si l'on mélange un liquide à un autre, que chacun d'eux pénètre tout entier à travers l'autre, ou bien le premier à travers le second ? Il n'y a d'ailleurs aucune différence entre ces deux hypothèses.

Laissons de côté ceux qui attribuent le mélange à la juxtaposition de particules ; ce serait alors moins un mélange qu'une simple réunion, puisque, dans un mélange, tout doit être homogène, et chaque partie, si petite qu'elle soit, doit être faite des éléments du mélange.

Certains admettent que les qualités seules se mélangent ; selon eux la matière de chacun des deux corps est juxtaposée à celle de l'autre ; mais les qualités qui viennent de chacun des deux s'introduisent dans l'autre. Ils peuvent sembler avoir raison dans leur critique du mélange total ; il en résulterait, disent-ils, que les grandeurs des masses se subdiviseraient en fragments, s'il ne restait, dans le mixte, aucun intervalle rempli par un seul des deux corps, et si la division se poursuivait continuellement jusqu'à ce que chacun des deux traversât l'autre tout entier. De plus, les corps mélangés occupent parfois un volume plus grand que l'un des deux pris séparément, et un volume aussi grand que s'ils étaient simplement juxtaposés ; pourtant s'il y avait une pénétration totale, il faudrait que le volume du corps où l'autre a été projeté restât le même. Quant au cas où le volume du mixte n'est pas plus grand que celui d'un des deux corps, la raison en est que ce corps contenait de l'air qui en est sorti, et à la place duquel l'autre corps a pénétré. Comment, d'ailleurs, un petit corps pourrait-il s'étendre en un grand pour le conte-

VII [37]

ΠΕΡΙ ΤΗΣ ΔΙ' ΟΛΩΝ ΚΡΑΣΕΩΣ

1 Περὶ τῆς δι' ὅλων λεγομένης τῶν σωμάτων κράσεως ἐπισκεπτέον. Ἆρα ἐνδέχεται ὅλον δι' ὅλου ὑγρὸν ὑγρῷ συμμιχθὲν ἑκάτερον δι' ἑκατέρου ἢ θάτερον διὰ θατέρου χωρεῖν ; Διαφέρει γὰρ οὐδὲν ὁποτερωσοῦν, εἰ γίγνοιτο. Οἱ μὲν γὰρ τῇ παραθέσει διδόντες ὡς μιγνύντες μᾶλλον ἢ κιρνάντες ἐατέοι, εἴπερ δεῖ τὴν κρᾶσιν ὁμοιομερὲς τὸ πᾶν ποιεῖν, καὶ ἕκαστον μέρος τὸ σμικρότατον ἐκ τῶν κεκρᾶσθαι λεγομένων εἶναι. Οἱ μὲν οὖν τὰς ποιότητας μόνας κιρνάντες τὴν δὲ ὕλην παρατιθέντες ἑκατέρου τοῦ σώματος καὶ ἐπ' αὐτῶν ἐπάγοντες τὰς παρ' ἑκατέρου ποιότητας πιθανοὶ ἂν εἶεν τῷ διαβάλλειν τὴν δι' ὅλων κρᾶσιν τῷ τε εἰς τομὰς τὰ μεγέθη συμβαίνειν τῶν ὄγκων ἰέναι, εἰ μηδὲν διάλειμμα μηδετέρῳ τῶν σωμάτων γίγνοιτο, εἰ συνεχὴς ἔσται ἡ διαίρεσις τῷ κατὰ πᾶν τὴν διάδυσιν γίνεσθαι θατέρῳ εἰς θάτερον, καὶ δή, ὅταν τὰ κραθέντα μείζω τόπον κατέχῃ ἢ θάτερον καὶ τοσοῦτον, ὅσον συνελθόντα τὸν ἑκατέρου τόπον. Καίτοι, εἰ δι' ὅλου ὅλον ἦν διεληλυθός, τὸν τοῦ ἑτέρου ἔδει, φασί, μένειν τὸν αὐτόν, εἰς ὃ θάτερον ἐνεβλήθη. Οὗ δὲ μὴ μείζων ὁ τόπος γίνεται, ἀέρος τινὰς ἐξόδους αἰτιῶνται, ἀνθ' ὧν ἐσέδυ θάτερον. Καὶ τὸ σμικρὸν δὲ ἐν τῷ μείζονι πῶς ἂν ἐκταθὲν δι' ὅλου χωρήσειε ; Καὶ πολλὰ ἄλλα λέγουσιν. Οἱ δ' αὖ τὴν δι' ὅλων κρᾶσιν

1 10 ἑκατέρου Kirchhoff : ἑκατέρας.

nir tout entier ? Et ils donnent encore bien d'autres raisons.

Les partisans du mélange total pourraient répondre que les corps se divisent bien, mais sans se dissoudre en fragments, même dans le cas du mélange total ; la sueur, diront-ils, coule sans qu'il y ait des fentes ou des trous sur le corps. Dira-t-on que la nature a fait le corps de telle manière que la sueur puisse le traverser ? Mais on fabrique des lames minces et continues, que l'on voit un liquide imprégner complètement, et traverser d'une face à l'autre. Comment est-ce possible, dira-t-on, si ces lames sont des corps ? Il n'est certes pas facile de comprendre comment un corps en traverse un autre sans le diviser ; mais, s'ils se divisaient, il est clair qu'ils se détruiraient complètement l'un l'autre. De plus, lorsque leurs adversaires parlent des cas où il n'y a pas augmentation de volume dans le mélange, ils en donnent comme raison la sortie de l'air renfermé dans l'un des corps : mais, dans le cas où le volume augmente, qui empêche, malgré la difficulté de cette explication, de dire que cette augmentation est due à ce que chacun des deux corps apporte au mixte sa grandeur propre avec ses autres qualités ? Car la grandeur ne s'évanouit pas plus que les autres qualités ; et de même que le mixte a une qualité nouvelle formée du mélange des qualités des deux corps, il aurait une grandeur nouvelle produite par le mélange des grandeurs des deux corps. Mais alors, pourraient répondre les partisans de la première thèse, puisque la matière d'un corps se juxtapose à la matière de l'autre, et sa masse, à laquelle est liée la grandeur, à la masse de l'autre, c'est notre thèse même que vous soutenez ; mais, si la matière de l'un, avec la grandeur qui est primitivement en elle, pénétrait entièrement celle de l'autre, le phénomène ne serait pas comparable à la juxtaposition de deux lignes placées bout à bout et se touchant par leurs points extrêmes (cas où il y aurait accroissement de grandeur), mais à la coïncidence de deux lignes ; et alors il n'y aurait pas accroissement.

Restent les cas où le plus petit des corps, si petit qu'il soit, pénètre le plus grand, si grand qu'il soit, et où le mélange est apparent. Quand le mélange n'est pas apparent, l'on peut répondre que le petit corps ne s'étend pas de toutes parts dans le grand corps ; mais quand le mélange est apparent, c'est

εἰσάγοντες τέμνεσθαι μὲν καὶ μὴ εἰς τομὰς ἀναλίσκεσθαι λέγειν ἂν δύναιντο καὶ δι' ὅλων τῆς κράσεως γιγνομένης. ἐπεὶ καὶ τοὺς ἱδρῶτας οὐ τοῦ σώματος τομὰς ποιεῖν οὐδ' αὖ κατατετρῆσθαι φήσουσι. Καὶ γὰρ εἴ τις λέγοι μηδὲν κωλύειν τὴν φύσιν οὕτω πεποιηκέναι τοῦ διιέναι τοὺς ἱδρῶτας χάριν, ἀλλὰ ἐπὶ τῶν τεχνητῶν, ὅταν λεπτὰ ᾖ καὶ συνεχῆ, ὁρᾶσθαι τὸ ὑγρὸν δι' ὅλου δεῦον αὐτὰ καὶ διαρρεῖν ἐπὶ θάτερα τὸ ὑγρόν· ἀλλὰ σωμάτων ὄντων πῶς οἷόν τε τοῦτο γίγνεσθαι; Ὡς διιέναι μὴ τέμνοντα ἐπινοῆσαι οὐ ῥᾴδιον· τέμνοντα δὲ κατὰ πᾶν ἀναιρήσει ἄλληλα δηλονότι. Τὰς δὲ αὔξας ὅταν λέγωσι μὴ γίγνεσθαι πολλαχοῦ, διδόασι τοῖς ἑτέροις ἀέρων ἐξόδους αἰτιᾶσθαι. Πρός τε τὴν τῶν τόπων αὔξησιν χαλεπῶς μέν, ὅμως δὲ τί κωλύει λέγειν συνεισφερομένου ἑκατέρου σώματος καὶ τὸ μέγεθος μετὰ τῶν ἄλλων ποιοτήτων ἐξ ἀνάγκης τὴν αὔξην γίνεσθαι; Μὴ γὰρ μηδὲ τοῦτο ἀπόλλυσθαι, ὥσπερ οὐδὲ τὰς ἄλλας ποιότητας, καὶ ὥσπερ ἐκεῖ ποιότητος ἄλλο εἶδος μικτὸν ἐξ ἀμφοῖν, οὕτω καὶ μέγεθος ἄλλο· οὗ δὴ τὸ μῖγμα ποιεῖ τὸ ἐξ ἀμφοῖν μέγεθος. Ἀλλ' ἐνταῦθ' ἂν πρὸς αὐτοὺς οἱ ἕτεροι λέγοιεν, ὡς, εἰ μὲν ἡ ὕλη τῇ ὕλῃ παράκειται καὶ ὁ ὄγκος τῷ ὄγκῳ, ᾧ σύνεστι τὸ μέγεθος, τὸ ἡμέτερον ἂν λέγοιτε· εἰ δὲ δι' ὅλου καὶ ἡ ὕλη μετὰ τοῦ ἐπ' αὐτῇ πρώτως μεγέθους, οὕτως ἂν γένοιτο οὐχ ὡς γραμμὴ γραμμῇ ἐφεξῆς ἂν κέοιτο κατὰ τὰ πέρατα τοῖς σημείοις ἑαυτῶν συνάψασαι, οὗ δὴ αὔξη ἂν γίνοιτο, ἀλλ' ἐκείνως ὡς ἂν γραμμὴ γραμμῇ ἐφαρμοσθείη, ὥστε αὔξην μὴ γίνεσθαι. Τὸ δὲ ἔλαττον διὰ παντὸς τοῦ μείζονος καὶ μεγίστου τὸ μικρότατον, [καὶ] ἐφ' ὧν φανερὸν ὅτι κίρναται. Ἐπὶ γὰρ τῶν ἀδήλων ἔξεστι λέγειν μὴ εἰς πᾶν φθάνειν, ἀλλ' ἐφ' ὧν

29 δεῦον Kirchhoff : δεύοντα codd. || 33 αὔξας : αὔξεις Ciz Marc A || 40 οὗ δὴ CF in marg. : οὐ δὴ ABEF || 44 λέγοιτε : λέγοιτο E Marc C || 47 συνάψασαι Kirchhoff : συνάψαι codd. || 47 οὗ δὴ Kirchhoff οὐδ' ἡ codd. οὗ F in marg. || 50 μικρότατον [καὶ] Müller : μικρότατον χωρεῖ Volkmann.

impossible ; on peut leur dire alors : vous parlez d'une extension de la masse du petit corps ; mais il est tout à fait invraisemblable qu'une masse si petite s'étende à tel point ; ce serait admettre que, sans changer de nature, les dimensions de cette masse augmentent autant que lorsque, d'eau, elle devient air [1].

2 [Mais voilà une question qu'il faut traiter pour elle-même ; qu'arrive-t-il lorsque la masse d'eau est devenue de l'air ? Comment s'agrandit-elle ?] Restons-en maintenant aux arguments indiqués, parmi bien d'autres, en faveur de chacune des deux thèses ; et examinons par nous-mêmes ce qu'il faut dire à ce sujet, quelle est l'opinion conforme aux arguments indiqués, et s'il ne s'en présentera pas une autre, différente des deux premières.

Lorsque de l'eau coule à travers de la laine, ou filtre goutte à goutte à travers un papier, pourquoi le corps liquide tout entier ne traverse-t-il pas la feuille ? Et lorsque l'eau ne coule plus, comment admettre que la matière de l'eau ne fasse que toucher à celle du papier et la masse de l'une à celle de l'autre, et que leurs qualités seules se mélangent ? Car la matière de l'eau n'est pas seulement juxtaposée de l'extérieur à celle du papier, et elle n'est pas davantage dans les intervalles du papier ; car la feuille est tout entière humide, et, en aucun point, sa matière n'est exempte de cette qualité ; et, puisque cette qualité est partout accompagnée de sa matière, il n'y a pas de point du papier où il n'y ait de l'eau. — Non pas de l'eau, dit-on, mais la qualité de l'eau. — Mais alors où est l'eau, et pour quoi la masse du papier n'est-elle pas restée la même ? — C'est l'eau qui, en s'ajoutant, a augmenté le papier ; il s'est accru des dimensions de l'eau qui s'y est introduite. S'il s'est accru, c'est qu'un volume d'eau s'est ajouté au sien ; s'il s'y est ajouté, c'est qu'il n'y a pas été absorbé. La matière de l'eau et celle du papier sont donc en des endroits différents. — Mais de même qu'un corps donne une qualité à un autre ou reçoit une qualité d'un autre, qui empêche que ce corps donne ou reçoive une grandeur ? [— Le cas est différent ; car] si une qualité se joint

1. C'est le paradoxe que les stoïciens acceptaient effectivement : Arnim, *Frag. vet. Stoïcor,*, II, nº 480.

γε φανερῶς συμβαίνει, ⟨οὐ⟩ λέγοιτ' ἄν· καὶ ⟨ἂν⟩ λέγοιεν ἐκτάσεις τῶν ὄγκων, οὐ σφόδρα πιθανὰ λέγοντες εἰς τοσοῦτον τὸν σμικρότατον ὄγκον ἐκτείνοντες· οὐδὲ γὰρ μεταβάλλοντες τὸ σῶμα μέγεθος αὐτῷ πλέον διδόασιν, ὥσπερ εἰ ἐξ ὕδατος ἀὴρ γίγνοιτο.

2 Τοῦτο δὲ αὐτὸ ἐφ' ἑαυτοῦ ζητητέον, τί συμβαίνει, ὅταν ὅσπερ ἦν ὄγκος ὕδατος ἀὴρ γίγνηται, πῶς τὸ μεῖζον ἐν τῷ γενομένῳ· νῦν δὲ τὰ μὲν εἰρήσθω πολλῶν καὶ ἄλλων παρ' ἑκατέρων λεγομένων. Ἡμεῖς δὲ ἐφ' ἑαυτῶν σκοπῶμεν τί χρὴ λέγειν περὶ τούτου, τίς δόξα σύμφωνος τοῖς λεγομένοις ἢ καὶ τίς ἄλλη παρὰ τὰς νῦν λεγομένας φανεῖται. Ὅταν τοίνυν διὰ τοῦ ἐρίου ῥέῃ τὸ ὕδωρ ἢ βίβλος ἐκστάζῃ τὸ ἐν αὐτῇ ὕδωρ, πῶς οὐ τὸ πᾶν ὑδάτινον σῶμα δίεισι δι' αὐτῆς; Ἢ καὶ ὅταν μὴ ῥέῃ, πῶς συνάψομεν τὴν ὕλην τῇ ὕλῃ καὶ τὸν ὄγκον τῷ ὄγκῳ, τὰς δὲ ποιότητας μόνας ἐν συγκράσει ποιησόμεθα; Οὐ γὰρ δὴ ἔξω τῆς βίβλου ἡ τοῦ ὕδατος ὕλη παρακείσεται οὐδ' αὖ ἔν τισι διαστήμασιν αὐτῆς· πᾶσα γὰρ ὑγρά ἐστι καὶ οὐδαμοῦ ὕλη κενὴ ποιότητος. Εἰ δὲ πανταχοῦ ἡ ὕλη μετὰ τῆς ποιότητος, πανταχοῦ τῆς βίβλου τὸ ὕδωρ. Ἢ οὐ τὸ ὕδωρ, ἀλλ' ἡ τοῦ ὕδατος ποιότης. Ἀλλὰ ποῦ ὄντος τοῦ ὕδατος; Πῶς οὖν οὐχ ὁ αὐτὸς ὄγκος; Ἢ ἐξέτεινε τὴν βίβλον τὸ προστεθέν· ἔλαβε γὰρ μέγεθος παρὰ τοῦ εἰσελθόντος. Ἀλλ' εἰ ἔλαβε, προσετέθη τις ὄγκος· εἰ δὲ προσετέθη, οὐ κατεπόθη ἐν τῷ ἑτέρῳ, δεῖ οὖν ἐν ἄλλῳ καὶ ἄλλῳ τὴν ὕλην εἶναι. Ἢ τί κωλύει, ὥσπερ δίδωσι τῆς ποιότητος καὶ λαμβάνει σῶμα θάτερον παρὰ θατέρου, οὕτω καὶ ἐπὶ τοῦ μεγέθους; Ποιότης μὲν γὰρ ποιότητι συνελθοῦσα οὐκ ἐκείνη οὖσα, ἀλλὰ μετ' ἄλλης, ἐν τῷ μετ'

52 οὐ Kirchhoff || λέγοιτ' ἄν· καὶ <ἂν> λέγοιεν conieci : λέγοιτ' ἂν καὶ λέγοιεν codd. <οὐ> λέγοιτ' ἄν. Καὶ <εἰ> λέγοιεν Kirchhoff λέγοιτ' ἄν. Καὶ λέγοντες Volkmann || 53 λέγοντες : λέγουσιν Müller.

2 7 ἢ Creuzer : ἡ codd. || 18 ὄντος F in mg. ὄντα codd.

à une autre, elle n'est plus ce qu'elle était ; jointe à l'autre, elle perd sa pureté, elle n'est plus elle-même, et elle s'affaiblit ; mais une grandeur, jointe à une autre grandeur, ne disparaît pas.

D'autre part, objecte-t-on, pourquoi dit-on qu'un corps, en pénétrant un autre corps, le fragmente, puisque nous admettons nous-mêmes que les qualités traversent un corps sans le diviser ? — Mais c'est que les qualités sont incorporelles. — La matière, elle aussi, est incorporelle[1] ; puisqu'elle est aussi incorporelle que les qualités, si ces qualités sont en assez petit nombre, pourquoi ne traversent-elles pas aussi bien le corps avec leur matière ? Si elles ne traversent pas les corps solides, disent-ils, c'est que ces corps ont des qualités propres à empêcher les autres de passer au travers ou des qualités trop nombreuses. Ce n'est donc pas parce qu'il leur est impossible de traverser le corps avec leur matière. Si la contexture serrée des corps solides vient du grand nombre de leurs qualités, ce nombre est la cause de cet empêchement ; si cette contexture est une qualité qui leur est propre (celle qu'on appelle la corporéité), c'est leur qualité propre qui en est la cause. Ce ne sont donc pas les qualités comme telles qui admettent le mélange entre elles, mais des qualités d'une certaine nature ; et ce n'est pas la matière comme telle qui se refuse au mélange, mais la matière douée d'une certaine qualité. Cela est d'autant plus vrai que la matière n'a pas de grandeur propre, bien qu'elle ne soit jamais dépouillée de grandeur. En voilà assez sur ces questions.

3 Puisque nous avons fait mention de la corporéité, demandons-nous si elle est un composé résultant de toutes les propriétés d'un corps, ou bien si elle est une forme ou une raison qui produit le corps en venant dans la matière. Si le corps est fait de toutes les qualités plus la matière, la corporéité est bien une forme. Et si elle est une raison qui produit le corps en s'ajoutant au reste, il est évident que cette raison a, incluses en elle, toutes les qualités. Cette raison, si elle ne se réduit pas à une formule qui définit la quiddité d'un objet, mais si elle est raison productrice de l'objet, ne doit pas comprendre en elle la matière ;

1. C'est par là que la thèse exposée diffère de la thèse stoïcienne.

ἄλλης εἶναι οὐ καθαρὰ οὖσα οὐκ ἔστι παντελῶς ἐκείνη, ἀλλ' ἠμαύρωται· μέγεθος δὲ συνελθὸν ἄλλῳ μεγέθει οὐκ ἀφανίζεται. Τὸ δὲ σῶμα χωροῦν διὰ σώματος πάντως τομὰς ποιεῖν πῶς λέγεται, ἐπιστήσειεν ἄν τις· ἐπεὶ καὶ αὐτοὶ τὰς ποιότητας [τὰς] διὰ τῶν σωμάτων χωρεῖν λέγομεν καὶ οὐ τομὰς ποιεῖν. Ἢ ὅτι ἀσώματοι. Ἀλλ' εἰ ἡ ὕλη καὶ αὐτὴ ἀσώματος, διὰ τί τῆς ὕλης ἀσωμάτου οὔσης καὶ τῶν ποιοτήτων, εἰ τοιαῦται εἶεν ὡς ὀλίγαι εἶναι, οὐ μετὰ τῆς ὕλης τὸν αὐτὸν τρόπον διίασι; Μὴ διιέναι δὲ τὰ στερεά, ὅτι τοιαύτας ἔχει τὰς ποιότητας ὡς κωλυθῆναι διιέναι, ἢ πολλὰς ὁμοῦ, ⟨οὐ τῷ⟩ ἀδυνατεῖν μετὰ τῆς ὕλης ποιεῖν τοῦτο; Εἰ μὲν οὖν τὸ πλῆθος τῶν ποιοτήτων τὸ πυκνὸν λεγόμενον σῶμα ποιεῖ, τὸ πλῆθος ἂν εἴη αἴτιον· εἰ δὲ πυκνότης ἰδία ποιότης ἐστίν, ὥσπερ καὶ ἣν λέγουσι σωματότητα, ἰδία ποιότης· ὥστε οὐχ ᾗ ποιότητες τὴν μῖξιν ποιήσονται, ἀλλ' ᾗ τοιαίδε, οὐδ' αὖ ἡ ὕλη ᾗ ὕλη οὐ μιχθήσεται, ἀλλ' ᾗ μετὰ τοιᾶσδε ποιότητος, καὶ μάλιστα, εἰ μέγεθος οἰκεῖον οὐκ ἔχει ἀλλ' ἢ μὴ ἀποβαλοῦσα τὸ μέγεθος. Ταῦτα μὲν οὖν ἔστω καὶ οὕτω διηπορημένα.

3 Ἐπεὶ δὲ ἐμνήσθημεν σωματότητος, ἐπισκεπτέον πότερα ἡ σωματότης ἐστὶ τὸ ἐκ πάντων συγκείμενον ἢ εἶδός τι [ἡ σωματότης] καὶ λόγος τις, ὃς ἐγγενόμενος τῇ ὕλῃ σῶμα ποιεῖ. Εἰ μὲν οὖν τοῦτό ἐστι τὸ σῶμα τὸ ἐκ πασῶν τῶν ποιοτήτων σὺν ὕλῃ, τοῦτο ἂν εἴη ἡ σωματότης. Καὶ εἰ λόγος δὲ εἴη ὃς προσελθὼν ποιεῖ τὸ σῶμα, δηλονότι ὁ λόγος ἐμπεριλαβὼν ἔχει τὰς ποιότητας ἁπάσας. Δεῖ δὲ τὸν λόγον τοῦτον, εἰ μή ἐστιν ἄλλως ὥσπερ ὁρισμὸς δηλωτικὸς τοῦ τί ἐστι τὸ πρᾶγμα, ἀλλὰ λόγος ποιῶν πρᾶγμα, μὴ τὴν ὕλην συμπεριειληφέναι, ἀλλὰ περὶ ὕλην

28 τὰς del. Kirchhoff ‖ 34 οὐ τῷ addidi ‖ 42 ἀποβαλοῦσα : ἀπολαβοῦσα F in marg.

3 3 ἡ σωματότης del. Müller.

elle est une raison qui est dans la matière et qui produit le corps en venant en elle. Le corps, c'est la matière plus la raison qui est en elle ; mais cette raison est en elle-même une forme sans matière que l'on peut considérer isolément, même si elle n'est jamais en fait séparée de la matière. Il y a d'ailleurs, dans l'intelligence, une autre raison qui en est séparée ; elle est dans l'intelligence parce qu'elle est elle-même intelligence. Mais c'est là une question à traiter ailleurs.

λόγον εἶναι καὶ ἐγγενόμενον ἀποτελεῖν τὸ σῶμα, καὶ εἶναι μὲν τὸ σῶμα ὕλην καὶ λόγον ἐνόντα, αὐτὸν δὲ εἶδος ὄντα ἄνευ ὕλης ψιλὸν θεωρεῖσθαι, κἂν ὅτι μάλιστα ἀχώριστος αὐτὸς ᾖ. Ὁ γὰρ χωριστὸς ἄλλος, ὁ ἐν νῷ· ἐν νῷ δέ, ὅτι καὶ αὐτὸς νοῦς. Ἀλλὰ ταῦτα ἄλλοθι.

NOTICE

Aristote avait écrit au *de Anima*[1] : « On peut avoir une représentation fausse des choses dont on a une opinion vraie ; ainsi le soleil paraît avoir la dimension d'un pied ; or il est prouvé qu'il est plus grand que la terre. » L'explication de cette fausse apparence a fort occupé toutes les écoles de la fin de l'antiquité. Il ne s'agit pas, proprement, pour un ancien, du problème général de la perception visuelle des grandeurs (puisqu'on ne fait aucun doute que, dans certaines limites de distance, les objets nous apparaissent avec leur vraie grandeur), mais de ce fait qu'au delà d'une certaine distance, qu'ils s'efforcent parfois de déterminer, les objets ne soient pas vus aussi grands qu'ils sont[2].

Plotin indique cinq solutions du problème, et il choisit la quatrième. A lui seul, le fait de ne pas prendre parti pour la solution indiquée en dernier lieu, est instructif. Tout se passe en effet comme s'il lisait ou se faisait lire, un de ces προβλήματα, rédigés par les commentateurs d'Aristote, en y ajoutant au fur et à mesure, ses propres réflexions.

La première solution est la solution stoïcienne qui est exposée en deux lignes, et incomplètement[3], tout comme s'il

1. III, 3 428 b 2.

2. Galien, *de Hippocratis et Platonis placitis*, 615 sq. ed. Müller.

3. Il indique bien en effet, comme Sénèque (*Quaest. Nat.*, I 3, 10) la contraction de la grandeur (hunc (solem)... acies nostra contraxit) mais il n'en donne pas la raison, qui est que le regard, considéré par les Stoïciens comme une émanation matérielle partant de l'œil ne peut pas s'étendre à une si grande distance. Cette raison est indiquée par Chalcidius, *ad Timaeum*, chap. 237 et par Basile, *Hexaemé-*

lisait la première phrase du texte qu'il commente, sans se donner la peine d'aller jusqu'au bout et encore moins de critiquer.

La deuxième solution repose sur l'interprétation d'un passage d'Aristote (*De Anima,* II, 12, début) ; la perception, disait-il, ne recueille que les formes des objets sensibles, et n'en retient pas la matière. L'auteur de cette solution en conclut que, avec la matière, la grandeur disparaît de l'objet perçu. Interprétation inadmissible, puisque la grandeur est une forme, et non pas quelque chose de la matière.

La troisième solution est la solution épicurienne, qui est aussi exposée sans discussion [1].

La quatrième solution repose sur la distinction aristotélicienne entre le sensible propre (par exemple la couleur) et le sensible commun (grandeur) [2]. Le développement est un moment interrompu pour discuter le principe même de cette distinction à l'occasion de la sensation de son [3] ; cette digression qui s'insère ici comme une parenthèse confirme notre hypothèse ; Plotin n'abandonne un moment son développement que parce qu'il a sous les yeux le texte du problème qu'il commente. Le développement de la thèse, qui vient ensuite, montre que le sensible par accident doit suivre le sort du sensible propre, et que la grandeur doit diminuer, quand s'effacent les détails visibles de l'objet ; Plotin utilise l'exemple de la vision d'un paysage de montagne, exemple que l'on retrouve dans l'*Hexaméron* de saint Basile, en un développement de même allure.

Étant donné la manière dont il pose le problème, il ne faut pas s'étonner qu'il rejette la solution mathématique, si

ron, VI, 9 (τῆς ὁρατικῆς δυνάμεως οὐκ ἐξικνουμένης τὸν μεταξὺ τόπον διαπερᾶν).

1. Il faut remarquer que Galien (*de Hippocr. et Plat. decr.*, 615, 15 éd. Mueller) s'attache à prouver que la théorie épicurienne des εἴδωλα rend impossible la perception des grandeurs.

2. *De Anima,* II, 6 418 a 16-19.

3. Cette remarque sur la grandeur inhérente au son se trouve chez les commentateurs d'Aristote.

simple, qui est proposée en dernier lieu. Cette thèse, nous dit Plotin, est inapplicable à des objets qui occupent le champ visuel tout entier, tel que l'hémisphère visible du ciel dont la grandeur apparente est très inférieure à la grandeur réelle.

Ce petit traité nous donne, en définitive, un excellent exemple de ce que devait être le travail d'école chez Plotin, et de la place qu'y tenaient les commentaires d'Aristote[1].

1. Cette notice doit beaucoup à Jaeger, *Nemesios von Emesa*. Berlin, 1914, p. 46 sq.

VIII [35].

POURQUOI LES OBJETS VUS DE LOIN PARAISSENT-ILS PETITS ?

1 D'où vient que les objets éloignés paraissent plus petits et que, à une grande distance, ils paraissent être à un intervalle peu considérable, tandis que les objets voisins sont vus avec leur vraie grandeur et à leur vraie distance ? Les objets paraissent-ils plus petits, parce que la lumière tend à se rassembler vers l'œil et à s'ajuster à la grandeur de la pupille ?

Est-ce que, plus la matière de l'objet visible est éloignée, plus la forme arrive à l'œil, isolée de la matière ? Et la grandeur, comme la qualité, est sans doute une forme ; mais la forme de la qualité arriverait seule jusqu'à l'œil.

Ou bien y a-t-il une grandeur qui parcourt l'espace [1], et que nous percevons telle qu'elle est réellement à chacun des points où elle est ? Il faudrait alors que l'objet lui-même fût près de l'œil pour être connu avec sa vraie grandeur.

Est-ce parce que la grandeur est visible par accident, et parce que la couleur est le premier visible ? Alors un objet voisin est perçu comme une étendue colorée ; de loin, on perçoit bien qu'il est coloré ; mais ses parties, en se distinguant, ne permettent pas une appréciation exacte de la grandeur, parce que leurs couleurs n'arrivent qu'effacées... [2].

(Est-il d'ailleurs étonnant que les grandeurs soient comme les sons, qui diminuent à mesure que leur forme s'efface, en se propageant ? L'ouïe, elle aussi, cherche sa forme propre, et ne perçoit la grandeur que par accident. — Mais est-il bien

1. Ce sont les *eidola* des Épicuriens, pour qui l'objet est toujours aussi grand qu'il paraît.

2. La digression qui suit emploie une notion du *sensible* par acci-

VIII [35]

ΠΩΣ ΤΑ ΠΟΡΡΩ ΟΡΩΜΕΝΑ ΜΙΚΡΑ ΦΑΙΝΕΤΑΙ

1 Ἆρα τὰ πόρρω φαίνεται ἐλάττω καὶ τὰ πολὺ ἀφεστηκότα ὀλίγον δοκεῖ ἔχειν τὸ μεταξύ, τὰ δὲ ἐγγύθεν ἡλίκα ἐστὶ φαίνεται, καὶ ὅσην ἔχει τὴν ἀπόστασιν ; Ἐλάττω μὲν δοκεῖ τοῖς ὁρῶσι τὰ πόρρω, ὅτι συναιρεῖσθαι πρὸς τὴν ὄψιν ἐθέλει καὶ πρὸς τὸ μέγεθος τῆς κόρης τὸ φῶς — καὶ ὅσῳ ἂν πόρρω ἡ ὕλη ᾖ τοῦ ὁρωμένου, τόσῳ τὸ εἶδος οἷον μεμονωμένον ἀφικνεῖται [γινομένου] καὶ τοῦ πηλίκου εἴδους αὐτοῦ καὶ τοῦ ποιοῦ, ὡς τὸν λόγον αὐτοῦ ἀφικνεῖσθαι μόνον· ἢ καί, ὅτι τὸ μὲν μέγεθος ἐν διεξόδῳ καὶ ἐπελεύσει καθ᾽ ἕκαστον μέρος ὅσον ἐστὶν αἰσθανόμεθα — παρεῖναι οὖν δεῖ αὐτὸ καὶ πλησίον εἶναι, ἵνα γνωσθῇ ὅσον· ἢ καί, ὅτι κατὰ συμβεβηκὸς ὁρᾶται τὸ μέγεθος τοῦ χρώματος πρώτως θεωρουμένου. Πλησίον μὲν οὖν ὅσον κέχρωσται γινώσκεται, πόρρω δὲ ὅτι κέχρωσται, τὰ δὲ μέρη κατὰ ποσὸν συνδιαιρούμενα οὐκ ἀκριβῆ δίδωσι τὴν τοῦ ποσοῦ διάγνωσιν· ἐπεὶ καὶ τὰ χρώματα αὐτὰ ἀμυδρὰ προσέρχεται. Τί οὖν θαυμαστόν, εἰ καὶ τὰ μεγέθη, ὥσπερ καὶ αἱ φωναὶ ἐλάττους, ὅσῳ ἂν τὸ εἶδος αὐτῶν ἀμυδρὸν ἴῃ ; Εἶδος γὰρ κἀκεῖ ἡ ἀκοὴ ζητεῖ, τὸ δὲ μέγεθος κατὰ συμβε-

Tit. ὁρώμενα e Porphyrio *Vita Plot.* || 4 συναιρεῖσθαι : συναναιρεῖσθαι Marc C || 7 γινομένου del. Volkmann || μεμονωμένον : μεμορφωμένον F (μεμονωμένον super lineam) || 8 εἴδους αὐτοῦ καὶ τοῦ ποιοῦ Müller : εἴδους καὶ αὐτοῦ καὶ ποίου codd. εἴδους καὶ αὐτοῦ καὶ τοῦ ποίου coniecerat Creuzer εἴδους καὶ αὖ τοῦ ποίου Volkmann || 18 ἴῃ : εἴη C

vrai qu'elle la perçoit par accident ? Comment perçoit-elle primitivement la grandeur du son ? Est-ce comme il semble qu'on touche une grandeur visible ? — Il est une grandeur qui ne consiste pas en une quantité étendue, mais dans les degrés de plus et de moins, et que l'ouïe ne perçoit pas par accident ; c'est l'intensité du son, comparable à l'intensité du doux, que le goût ne perçoit pas non plus par accident. Quant à la grandeur proprement dite, c'est l'étendue de l'objet sonore ; or, elle la perçoit par accident, en prenant comme signe l'intensité du son. Mais cette perception n'est pas exacte ; car s'il est une intensité qui est la même pour chaque objet, il en est une autre qui va se multipliant et s'étendant dans tout le lieu occupé par l'objet sonore.)

... — Alors les couleurs ne se rapetissent pas, elles s'effacent, tandis que les grandeurs se rapetissent. — Mais il y a dans les couleurs et les formes un caractère commun, c'est l'amoindrissement qui, pour les couleurs, est effacement, et, pour les grandeurs, diminution ; et la grandeur diminue en proportion de l'effacement de la couleur. C'est ce qui devient plus clair dans un panorama varié ; voyez une colline qui porte des maisons, des jardins, d'autres choses encore[1] ; si chacun de ces objets est vu distinctement, l'on peut mesurer l'étendue de l'ensemble ; mais quand chaque objet ne présente pas un aspect distinct, on devient incapable de mesurer détail par détail et de connaître ainsi la grandeur totale de la colline. Et même, des objets voisins de nous et fort variés, sur qui l'on jette un coup d'œil d'ensemble, sans regarder tous leurs détails, paraissent d'autant plus petits que chacun d'eux s'est dérobé plus vite à nos regards ; lorsqu'on en voit le détail, on les mesure exactement, et l'on connaît leur grandeur totale. Si l'on regarde des objets de même aspect et de teinte uniforme, l'on se trompe en estimant leur grandeur, parce que la vue ne peut les mesurer partie par partie ; elle glisse sur eux, sans trouver aucune différence d'aspect qui lui permette de s'arrêter à chacun d'eux. C'est pourquoi un objet éloigné peut nous paraître voisin ; l'étendue qui est

dent, différente de celle que l'on trouve chez Aristote, *De l'Ame*, II, 6, pour qui la grandeur est non pas un sensible par accident, mais un sensible commun.

1. L'exemple est dans Basile, *Hexaéméron, Hom.*, VI, 8, 9.

βηκὸς αἰσθάνεται. Ἀλλὰ περὶ τῆς ἀκοῆς, εἰ τὸ μέγεθος κατὰ συμβέβηκός· τίνι γὰρ πρώτως τὸ ἐν τῇ φωνῇ μέγεθος, ὥσπερ δοκεῖ τῇ ἁφῇ τὸ ὁρώμενον ; Ἢ τὸ δοκοῦν μέγεθος ἡ ἀκοὴ οὐ κατὰ τὸ ποσόν, ἀλλὰ κατὰ τὸ μᾶλλον καὶ ἧττον, οὐ κατὰ συμβεβηκός, οἷον τὸ σφόδρα, ὡς καὶ ἡ γεῦσις τὸ σφόδρα τοῦ γλυκέος οὐ κατὰ συμβεβηκός· τὸ δὲ κυρίως μέγεθος φωνῆς τὸ ἐφ' ὅσον· τοῦτο δὲ κατὰ συμβεβηκὸς ἐκ τοῦ σφόδρα σημήνειεν ἄν, οὐκ ἀκριβῶς δέ. Τὸ μὲν γὰρ σφόδρα ἑκάστῳ τὸ αὐτό, τὸ δὲ εἰς πλῆθος εἰς ἅπαντα τὸν τόπον, ὃν ἐπέσχεν. Ἀλλ' οὐ σμικρὰ τὰ χρώματα, ἀλλὰ ἀμυδρά, τὰ δὲ μεγέθη σμικρά. Ἢ ἐν ἀμφοτέροις κοινὸν τὸ ἧττόν ὅ ἐστι· χρῶμα μὲν οὖν τὸ ἧττον ἀμυδρόν, μέγεθος δὲ τὸ ἧττον σμικρόν, καὶ ἑπόμενον τῷ χρώματι τὸ μέγεθος ἀνὰ λόγον ἠλάττωται. Σαφέστερον δὲ ἐπὶ τῶν ποικίλων γίνεται τὸ πάθος· οἷον ὀρῶν ἐχόντων πολλὰς οἰκήσεις καὶ δένδρων πλῆθος καὶ ἄλλα πολλά, ὧν ἕκαστον, εἰ μὲν ὁρῷτο, δίδωσιν ἐκ τῶν ὁρωμένων ἑκάστων μετρεῖν τὸ ὅλον· τοῦ δὲ εἴδους καθ' ἕκαστον οὐκ ἰόντος ἀπεστέρηται τοῦ καθ' ἕκαστον εἶδος μετροῦντα τὸ ὑποκείμενον μέγεθος τὸ πᾶν ὅσον ἐστὶ γινώσκειν. Ἐπεὶ καὶ τὰ πλησίον, ὅταν ποικίλα ᾖ ἀθρόως δὲ γίνηται ἡ ἐπιβολὴ πρὸς αὐτὰ καὶ μὴ πάντα τὰ εἴδη ὁρῷτο, ἐλάττω ἂν φανείη κατὰ λόγον, ὅσον ἂν ἕκαστον κλαπῇ ἐν τῇ θέᾳ· ὅταν δὲ πάντα ὀφθῇ, ἀκριβῶς μετρηθέντα ὅσα ἐστὶ γινώσκεται. Ὅσα δὲ τῶν μεγεθῶν ὁμοειδῆ ὁμοιόχροα ὄντα, ψεύδεται καὶ ταῦτα τὸ ποσὸν αὐτῆς οὐ κατὰ μέρος πάνυ τι μετρεῖν δυναμένης ⟨τῆς⟩ ὄψεως, ὅτι ἀπολισθάνει κατὰ μέρος μετροῦσα, ὅτι μὴ ἔχει ἵστασθαι καθ' ἕκαστον μέρος τῇ διαφορᾷ. Ἐγγύθεν δὲ τὸ πόρρω, ὅτι ⟨τὸ⟩ μεταξὺ συναιρεῖται ὅσον ἐστὶ κατὰ τὴν αὐτὴν αἰτίαν.

31 τὸ ἧττον ὅ ἐστι BCA in marg. F in marg. : τὸ εἶδός ἐστ' AF Darm. Vat. Müller τὸ ἧττόν ἐστι Volkmann || 32 σμικρόν : ὅ σμικρόν Müller || 38 καθ' ἕκαστον εἶδος μετροῦντα conicio : καθ' ἕκαστον ὄψις μετροῦσα Ficin Creuzer Müller καθ' ἕκαστον εἶδος μετροῦσα codd. || 45 τῆς Volkmann || ὄψεως reiecit Kirchhoff || 48 τὸ Kirchhoff.

entre nous et cet objet se contracte. Et c'est pourquoi nous percevons exactement la grandeur des objets voisins. Mais dès que l'œil ne peut saisir le détail des qualités d'un objet éloigné, il ne peut pas dire davantage quelle est sa grandeur.

2 La diminution des objets vient-elle de la diminution des angles sous lesquels on les voit ? Non, nous l'avons dit ailleurs. Ajoutons encore ici que, tout en attribuant la diminution de l'objet à celle de l'angle visuel, l'on admet que le reste de l'œil perçoit des objets qui ne tombent pas sous cet angle, au moins des objets tels que l'atmosphère. Mais supposons un très grand objet, une montagne, qui occupe l'œil entier ; elle est égale au champ visuel, et ne permet de rien voir en dehors d'elle, parce que la dimension de l'œil lui correspond, ou même que l'objet dépasse des deux côtés ce que le regard peut embrasser ; qu'aurait-on à dire en ce cas, puisque l'objet apparaît bien plus petit qu'il n'est et pourtant occupe tout le champ de la vision ? On comprendra, sans contestation possible, ce que je veux dire, en regardant le ciel. On ne peut voir d'un seul regard un hémisphère tout entier ; la vue ne saurait s'étendre en un si grand espace ; pourtant, admettons-le, si l'on veut ; la vue embrasse donc l'hémisphère entier, la grandeur de cet hémisphère, dans la voûte céleste, est égale à un grand nombre de fois sa grandeur apparente ; comment donc expliquer par une diminution de l'angle visuel, que la grandeur apparente soit considérablement inférieure à la grandeur réelle ?

Τὸ μὲν γὰρ πλησίον ὅσον ἐστὶν οὐ λανθάνει διὰ τὰ αὐτά· οὐ διεξοδεύουσα δὲ τὸ πόρρω τοῦ διαστήματος, οἷόν ἐστι κατ᾽ εἶδος, οὐκ ἂν δύναιτο οὐδ᾽ ὅσον ἐστὶ κατὰ μέγεθος εἰπεῖν.

2 Τὸ δὲ κατὰ τὰς τῆς ὄψεως γωνίας ἐλάττους εἴρηται μὲν καὶ ἐν ἄλλοις ὡς οὐκ ἔστι, καὶ νῦν δὲ ἐκεῖνο λεκτέον, ὡς ὁ λέγων ἔλαττον φαίνεσθαι ἐλάττονι γωνίᾳ καταλείπει τὴν λοιπὴν ἔξωθέν τι ὁρῶσαν ἢ ἄλλο τι ἢ ὄν τι ἔξωθεν ὅλως, οἷον ἀέρα. Ὅταν οὖν μηδὲν καταλείπῃ τῷ πολὺ εἶναι τὸ ὄρος, ἀλλ᾽ ἢ ἰσάζῃ καὶ μηκέτι ἄλλο οἷόν τε ᾖ αὐτῇ ὁρᾶν, ἅτε τοῦ διαστήματος αὐτῆς συναρμόσαντος τῷ ὁρωμένῳ, ἢ καὶ ὑπερτείνῃ τὸ ὁρώμενον ἐφ᾽ ἑκάτερα τὴν τῆς ὄψεως προσβολήν, τί ἄν τις ἐνταῦθα λέγοι ἐλάττονος μὲν ἢ ἔστι πολλῷ φαινομένου τοῦ ὑποκειμένου, πάσῃ δὲ τῇ ὄψει ὁρωμένου ; Εἰ δὲ δὴ καὶ ἐπὶ τοῦ οὐρανοῦ θεωροῖ, ἀναμφισβητήτως μάθοι ἄν τις. Πᾶν μὲν γὰρ τὸ ἡμισφαίριον οὐκ ἄν τις ὁρᾶν μιᾷ προσβολῇ δύναιτο, οὐδὲ ἐπὶ τοσοῦτον χυθῆναι ἡ ὄψις μέχρις αὐτοῦ ἐκτεινομένη. Ἀλλ᾽ εἴ τις βούλεται, δεδόσθω. Εἰ οὖν πᾶσα μὲν περιέλαβε πᾶν, πολλαπλάσιον δὲ τὸ μέγεθος τοῦ φαινομένου ὑπάρχει ἐν τῷ οὐρανῷ, τοῦ ἔλαττον πολλῷ ἢ ἔστι φαίνεσθαι πῶς ἂν ἐλάττωσιν γωνίας αἰτιῷτο ;

49 πλησίον ὅσον ἐστὶν Ficin Müller : πλησίον ἐστὶν ὅσον A πλησίον αὐτοῦ ὅσον BC πλησίον ἐστὶν αὐτοῦ ὅσον F.

2 18 γωνίας αἰτιῷτο : γωνίας τοῦ ἐλάττω φαίνεσθαι τὰ (τοῦ F) πόρρω αἰτιῷτο codd. τοῦ — πόρρω reiecit Kirchhoff.

NOTICE

Ce traité a, dans ces derniers temps, appelé tout particulièrement l'intérêt des historiens des religions[1]. Il est instructif au plus haut point. Deux visions de l'univers s'y confrontent : d'une part l'univers des gnostiques, univers dramatique, dont les aspects divers et les événements naissent de la volonté et des passions qu'ils attribuent aux principes de cet univers ; sorte de roman métaphysique, où vient s'encadrer, comme un épisode, la destinée de l'âme humaine avec son salut. D'autre part, l'univers de Plotin, où toutes les formes naissent les unes des autres selon une nécessité naturelle ; cette procession, dérivant de la nature même des principes producteurs, est éternelle, indépendante des à-coups d'une volonté, qui sera toujours changeante, qu'elle soit dirigée par la réflexion ou par la passion.

Qui sont les gnostiques auxquels s'adressent les critiques de Plotin ? Tous les efforts pour identifier cette secte à une des nombreuses sectes connues d'après nos documents, ont jusqu'ici échoué. Il faut se rappeler qu'à l'époque où Plotin écrivait ses critiques, le gnosticisme a déjà derrière lui une histoire vieille de plus d'un siècle et qu'il est près de sa fin. Or « les écoles gnostiques en vieillissant sont devenues de plus en plus éclectiques. Elles tendent à s'uniformiser[2]. »

1. C. Schmidt, *Plotins Stellung zum Gnosticismus und kirchlichen Christentum*, Leipzig, 1901 ; Bousset, *Hauptprobleme der Gnosis*, p. 186 sq. ; E. De Faye, *Gnostiques et Gnosticismes*, p. 467 sq., Paris, 1913.

2. E. de Faye, p. 365.

En matière de doctrine religieuse, les conditions du travail sont alors les mêmes qu'en philosophie; les écoles se connaissent, s'interpénètrent et se font des emprunts mutuels; il ne faut donc pas s'étonner si, dans la reconstruction que nous allons tenter du système gnostique des adversaires de Plotin, nous trouvons des éléments empruntés aux systèmes les plus différents.

Reconstruction nécessaire; car Plotin ne vise pas à exposer le système qu'il combat; il s'adresse à des auditeurs qui le connaissent bien, et il lui suffit de s'en tenir aux « points capitaux », c'est-à-dire aux doctrines qui heurtent le plus violemment son optimisme et son sentiment de la rationalité de l'univers (chap. x).

On y reconnaît pourtant aisément le schème commun à toutes les théories gnostiques, qui racontent le drame du salut : d'abord la production d'une série de réalités intelligibles qui sont issues d'un premier principe ineffable; ensuite la chute de la dernière de ces réalités qui descend dans la matière et l'illumine de ses reflets; puis la naissance d'un démiurge, enfoncé dans la matière, qui crée à son tour le monde sensible grâce aux reflets qui viennent de l'intelligible et qui sont emprisonnés dans le monde sensible; enfin le salut : les germes spirituels inclus dans le monde, après avoir subi une foule d'épreuves, remontent à leur origine, et le monde sensible est détruit. Tels sont les quatre actes d'un drame dont le dessin paraît immuable.

Au sujet du premier acte, Plotin indique deux manières de concevoir la naissance des hypostases. En premier lieu, les hypostases sont une « expression » (προφορά) (1, 28) ou un « langage » (1, 31) par lequel le Principe suprême exprime la réalité qui existe en lui au repos (1, 27 sq; 6, 8)[1]. En second lieu, de l'intelligence qui pense tous les êtres, dérive une intelligence qui réfléchit la première et qui pense

1. Il pourrait sembler, d'après l'exposé, que le νοῦς ἐν ἡσυχίᾳ est non pas le principe suprême, mais une réalité déjà dérivée ; c'est impossible, puisque toute réalité dérivée est déjà une expression du principe.

qu'elle pense (1, 38). Ce ne sont pas là des interprétations arbitraires de Plotin; la première se trouve chez le Marc des *Philosophumena*[1]. « Le premier principe voulut que ce qu'il y a en lui d'ineffable, s'exprimât et que l'invisible prît forme; il ouvrit la bouche et proféra une parole semblable à lui. » La seconde est celle de Simon, d'après Irénée[2] : du Père, dérive une forme appelée Ennoia ou Hélène, qui est « la première appréhension de l'intelligence, » et qui « connaît ce que veut son père. » Mais, chez Simon, Ennoia est le seul intermédiaire entre le père et les puissances créatrices du monde sensible; c'est la « mère » qui « engendre les anges et les puissances par qui ce monde a été fait. » Au contraire, il y a, chez les gnostiques de Plotin, une troisième réalité : on l'appelle tantôt Psyché, tantôt Intelligence qui réfléchit, tantôt Sophia[3]. Elle doit son nom d'Intelligence, à ce qu'elle a reçu du « Verbe » de Dieu, une parole qui est en elle (1, 31), et qui est encore appelée le Paradigme, la pensée du monde ou la forme essentielle du monde[4]. Plotin dit aussi que cette Psyché est la psyché créatrice du monde (6, 20-21), ce qui fait difficulté, puisque, nous allons le voir, cette âme n'est pas le démiurge, mais seulement le principe ou la « mère » du démiurge; Plotin a pu vouloir dire qu'elle est le principe du démiurge[5].

1. 310, 4 éd. Cruice.

2. *Adv. Haereses,* I 37, 2 ; cf. aussi les gnostiques coptes cités par Bousset, p. 189.

3. Pour l'identité entre la Psyché de 1, 31 et Sophia, cf. 10,19-21, où Plotin indique pourtant qu'il y a incertitude sur cette identité; pour l'identité entre Psyché et l'Intelligence qui réfléchit, cf. 6, 20-21.

4. Comp. 5, 25-26 et 5, 34. Il y a sur ce point une obscurité; Plotin se demande, si, selon les gnostiques, le créateur du Paradigme l'a créé avant le monde, ou bien après. Pour mettre un peu de cohérence dans le système, il faut admettre que le mot Paradigme désigne deux choses : l'essence intelligible antérieure au monde sensible, telle qu'elle est dans Sophia, et la « terre nouvelle » dont nous parlerons plus loin, qui a été créée après le monde sensible pour recevoir les âmes sauvées.

5. Peut-être encore a-t-il confondu la chute de Psyché, qui n'est

A ce moment se produit l'événement critique qui va déclencher le drame. En dehors de ces hypostases et séparée d'elles comme par une limite (3, 19) existe une région obscure (10, 25-26) ; c'est la matière, de l'existence de laquelle les gnostiques ne donnent d'ailleurs aucune raison [1]. Sophia et les âmes qu'elle contient comme ses membres se décident à franchir la limite pour illuminer la matière de leurs reflets. Est-ce une descente, se demande Plotin, ou une illumination qui laisse intacte et à sa place la source de lumière (18, 25) ? Cette alternative, que Plotin devait poser, n'avait sans doute pas de sens pour les gnostiques ; le reflet est pour eux quelque chose de la substance même de l'âme ; c'est un reflet animé (11, 14), quelque chose comme l'objet d'une pensée (11, 18).

La chute de Sophia, telle qu'elle se présente ici, a la plus grande ressemblance avec la théorie que M. de Faye appelle celle des Adeptes de la mère [2] ; ceux-ci sont dualistes, comme les gnostiques de Plotin semblent bien l'être ; ils admettent que Sophia se plonge dans les « eaux primitives » [3], comme, chez Plotin, elle descend dans la matière. Enfin et surtout, Plotin appelle par deux fois Sophia la « Mère » (10, 31 ; 12, 9). Elle est en effet la mère du Démiurge, qui est un « reflet de son reflet » qui pénètre dans la matière (10, 27), un « reflet chargé de matière » (12, 10). C'est en s'écartant de sa mère (10, 31), par audace et vantardise, afin d'être honoré (11, 21-22), qu'il fabrique le monde sensible ; grâce au souvenir vague des formes, qu'il tient dès son origine (12, 7-8), il peut, d'une manière réfléchie, créer une suite d'êtres sensibles hiérarchisés, en commençant

que l'occasion lointaine de la création, avec la création même (cf. 4, 1-4).

1. 12, 39 sq. Plotin leur attribue donc le dualisme. Pourtant certains paraissent avoir assigné à la matière un principe qui est la matérialité (10, 27-28).

2. Comp. E. de Faye, p. 358.

3. Cf. Plotin, 10, 29, la diversité des noms par lesquels les gnostiques désignaient la matière.

par le feu (12, 12)[1]. A tous ces êtres, il n'a pu donner que des âmes matérielles et périssables, faites d'un mélange d'éléments (5, 12-18) et qui possèdent pourtant perception et volonté (5, 22); ce sont, et particulièrement celles des astres, des principes maléfiques (13, 6-7).

C'est alors, semble-t-il, que commence, avec le repentir de Sophia, le temps d'épreuve des « âmes véritables », qui doit aboutir au salut des initiés et à la destruction du monde. D'une manière qui nous est peu compréhensible, en effet, les « âmes véritables », celles qui sont membres de Sophia, descendent volontairement (8, 42) dans des corps humains, et se soumettent à un cycle d'incarnations successives (4, 20-22); cette partie de la doctrine, nous dit Plotin, reproduisait dans ses détails les mythes platoniciens. Sans doute, devons-nous voir là un écho de la pensée la plus profonde des gnostiques; ils considèrent les tribulations et les souffrances comme des châtiments qui sauvent; idée fondamentale du premier des gnostiques, Basilide[2], mais que Plotin était très mal préparé à apprécier et même à comprendre. Ces êtres, qui n'appartiennent pas au monde sensible et sont supérieurs au ciel même (9, 43 sq.) sont les « fils de Dieu » (9, 57), en très petit nombre (9, 47 sq.), sur lesquels seuls s'étend la providence de Dieu (9, 64-66). Le temps d'épreuves terminé, ils sont recueillis dans une « terre nouvelle » (5, 24) ou « terre étrangère » (11, 12), qui est faite des germes spirituels qui s'étaient égarés dans la matière et qui sont repris par un sauveur que Plotin ne nomme pas (5, 34).

Les gnostiques de Plotin ne sont pas seulement des théolo-

1. Chacun de ces êtres paraît être un reflet du précédent « jusqu'aux derniers » (10, 32). Ainsi s'expliquerait le mot bizarre d'ἀντίτυποι (6, 20). Dans le système de Basilide, tel que le fait connaître Irénée (*adv. haer.*, I 24, 3), ce mot désigne dans les créations successives des trois cent soixante-cinq cieux, les vertus créatrices de chaque ciel, en tant qu'elles imitent, en créant, celles du ciel supérieur.

2. E. de Faye, p. 30.

giens ; ce sont aussi des guérisseurs, et des guérisseurs par exorcisme ; puisque toute maladie est une possession démoniaque, ils ont des procédés variés pour évoquer les esprits. Toute cette réclame bruyante, qui s'ajoutait à leur prétention de sauver les âmes leur attirait, bien plus que leur doctrine même, les suffrages du vulgaire. Ajoutons, d'après Porphyre [1], qu'ils mettaient leur croyance sous l'autorité de prétendus livres sacrés, dont les élèves de Plotin dévoilèrent le caractère apocryphe.

Ces derniers détails témoignent d'une doctrine épuisée. Il ne faut pas prendre trop au sérieux leur prétendue liaison avec le platonisme. Porphyre, il est vrai, en fait « des sectaires qui sont partis de la philosophie antique » (15, 12) ; et, venus dans l'école de Plotin, ils devaient être naturellement questionnés sur la manière dont ils comprenaient Platon. De plus, en les rattachant au platonisme, on ne faisait que suivre une mode, que l'on retrouve chez le critique chrétien qui a écrit les *Philosophumena* ; lui aussi, il rattachait leurs spéculations à l'hellénisme. Mais les critiques de Plotin nous font voir ce qu'il faut penser de leur platonisme prétendu ; ils n'étaient fidèles ni à l'esprit ni à la lettre de Platon, et ne le citaient que pour le railler et se déclarer supérieurs à lui.

Au reste, ce que Plotin critique surtout en eux, c'est le caractère foncièrement antihellénique de leur doctrine, et l'on pourrait dire, son caractère chrétien [2]. Car ce qui l'a choqué d'abord et avant tout (15, 1), c'est l'absence, chez eux, de toute la doctrine hellénique de la vertu (ch. xv) ; pour

1. *Vie de Plotin*, ch. 16.

2. M. Bousset a contesté, semble-t-il, sans raison suffisante, le caractère chrétien de nos sectaires (*Hauptprobleme*, p. 186 sq.). Pourquoi trouver invraisemblable que des chrétiens aient été admis dans l'entourage de Plotin ? Est-il exact que le Christ soit absent de leur doctrine ? Le créateur de la « terre nouvelle » qui « retire du monde » les germes spirituels qui y sont conservés n'est-il pas le Christ ? Enfin pourquoi vouloir chercher dans la théorie hermétique et païenne de l'Anthropos le prototype de la théorie de Sophia-mère ?

lui, la véritable « fuite d'ici-bas », c'est la vertu du sage. A cette vue, qui met au premier plan l'activité de la volonté humaine, s'oppose la conception d'un salut mécanique et passif, où l'élection apparaît comme l'enjeu d'une lutte à laquelle l'élu ne participe pas. C'est la critique de cette théorie du salut qui fait le fond de notre traité.

Elle impliquait d'abord un système compliqué d'hypostases, êtres à demi-mythiques qu'on « imaginait » et qu'on « faisait naître » selon les besoins de la cause, sans aucune nécessité ni plan rationnels. Chacun de ces êtres agit non pas selon la nécessité de sa nature [1], mais d'une manière arbitraire, accidentelle, selon ses volontés du moment et ses passions.

Il s'ensuit que le monde sensible, au lieu d'être considéré comme une réalité éternelle et nécessaire, qui a sa place marquée dans la série décroissante des réalités émanées du premier principe, est considéré seulement dans sa signification relative au problème du salut, comme le séjour momentané où des âmes, d'essence étrangère et supérieure à lui, viendront subir les épreuves destinées à préparer leur salut. Le monde sensible a donc commencé et doit finir, lorsque le drame sera terminé. Il est, par suite, un objet de mépris pour le gnostique. Tandis que, chez Plotin, l'âme individuelle se reconnaît comme la « sœur » de l'âme qui organise et dirige le monde, parce qu'elle forme, avec elle, un système rationnel de réalités, où elle a sa place et son rôle marqués par la raison, l'âme du gnostique, qui voit toutes choses sous l'angle du salut individuel, se sait étrangère à ce monde et supérieure à toutes les puissances cosmiques.

Ce traité a donc une signification profonde qui dépasse singulièrement, en intérêt, l'occasion historique d'où il est né. C'est une des plus belles et des plus fières protestations qui soient du rationalisme hellénique contre l'individualisme religieux qui envahissait, à cette époque, le monde gréco-romain. Il s'agit du droit que l'homme croit avoir de désorganiser sa

1. Cf. par exemple 4, 5 sq , 4, 15 sq. ; 11, 7, où Plotin s'étonne surtout de l'*initiative*, que l'on attribue arbitrairement aux hypostases.

vision du monde et d'y introduire arbitrairement des puissances fantastiques pour les besoins de son salut personnel. Il y avait là un manque de tenue intellectuelle et même de tenue morale qui blesse profondément Plotin, comme pouvaient choquer Spinoza celles des croyances chrétiennes qui introduisent dans l'univers l'irrationalité et la discontinuité. Ce n'est pas au détail de leurs fantaisies qu'il s'attaque (il laissa ce soin à deux de ses disciples les plus chers, à Amélius et à Porphyre) ; il va tout droit au principe même de ces fantaisies, c'est-à-dire à l'exaltation de l'individu croyant qui rapporte tout à son salut. Il y oppose avec force la vieille tradition hellénique, pour qui la véritable fin de l'homme consiste à saisir sa place dans le système des réalités, et non à s'y tailler un premier rôle.

IX [33]

CONTRE CEUX QUI DISENT QUE LE DÉMIURGE DU MONDE EST MÉCHANT ET QUE LE MONDE EST MAUVAIS

Il nous est donc apparu que la nature du Bien est simple, et aussi primitive, ce qui n'est pas primitif n'étant jamais simple ; elle ne contient rien en elle-même, et elle est quelque chose d'un dont la nature n'est point différente de ce qu'on appelle l'Un. L'Un n'est pas une certaine chose, dont on dit ensuite : un ; pas plus que le Bien n'est une chose dont on dit ensuite qu'elle est le bien. Qu'on dise l'Un ou le Bien, il faut penser à une même nature ; dire qu'elle est une, ce n'est point lui attribuer un prédicat, mais nous la désigner à nous-mêmes, autant qu'il est possible. Elle est le premier, parce qu'il n'y a rien de plus simple ; elle est ce qui se suffit à soi-même, parce qu'elle n'est pas faite de plusieurs choses ; sinon elle dépendrait des éléments dont elle serait formée ; elle est ce qui n'est pas en autre chose, puisque ce qui est en une autre chose dépend toujours d'une autre chose. Ne dépendant pas d'autre chose, n'étant pas en autre chose, n'étant point une combinaison, le Bien ne doit rien avoir au-dessus de lui. Il ne faut donc pas remonter à d'autres principes, mais il faut mettre le Bien en tête, après lui, l'intelligence et l'intelligent primitif, et après l'intelligence, l'âme. Tel est l'ordre conforme à la nature ; et il n'y a ni plus ni moins dans la réalité intelligible. Si l'on dit qu'il y a moins, il faut déclarer identiques ou bien l'âme et l'intelligence, ou bien l'intelligence et le Premier. Mais on a démontré bien des fois qu'ils sont différents. Reste donc à examiner pour le moment, s'il y a plus que ces trois termes. Quelles réalités

IX [33]

ΠΡΟΣ ΤΟΥΣ ΚΑΚΟΝ ΤΟΝ ΔΗΜΙΟΥΡΓΟΝ ΤΟΥ ΚΟΣΜΟΥ ΚΑΙ ΤΟΝ ΚΟΣΜΟΝ ΚΑΚΟΝ ΕΙΝΑΙ ΛΕΓΟΝΤΑΣ

1 Ἐπειδὴ τοίνυν ἐφάνη ἡμῖν ἡ τοῦ ἀγαθοῦ ἁπλῆ φύσις καὶ πρώτη, πᾶν γὰρ τὸ οὐ πρῶτον οὐχ ἁπλοῦν, καὶ οὐδὲν ἔχον ἐν ἑαυτῷ, ἀλλ' ἕν τι, καὶ τοῦ ἑνὸς λεγομένου ἡ φύσις ἡ αὐτή· καὶ γὰρ αὕτη οὐκ ἄλλο, εἶτα ἕν, οὐδὲ τοῦτο ἄλλο, εἶτα ἀγαθόν· ὅταν λέγωμεν τὸ ἕν, καὶ ὅταν λέγωμεν τἀγαθόν, τὴν αὐτὴν δεῖ νομίζειν τὴν φύσιν καὶ μίαν λέγειν οὐ κατηγοροῦντας ἐκείνης οὐδέν, δηλοῦντας δὲ ἡμῖν αὐτοῖς ὡς οἷόν τε. Καὶ τὸ πρῶτον δὲ οὕτως, ὅτι ἁπλούστατον, καὶ τὸ αὔταρκες, ὅτι οὐκ ἐκ πλειόνων· οὕτω γὰρ ἀναρτήσεται εἰς τὰ ἐξ ὧν· καὶ ⟨τὸ⟩ οὐκ ἐν ἄλλῳ, ὅτι πᾶν τὸ ἐν ἄλλῳ καὶ παρ' ἄλλου. Εἰ οὖν μηδὲ παρ' ἄλλου μηδὲ ἐν ἄλλῳ μηδὲ σύνθεσις μηδεμία, ἀνάγκη μηδὲν ὑπὲρ αὐτὸ εἶναι. Οὐ τοίνυν δεῖ ἐφ' ἑτέρας ἀρχὰς ἰέναι, ἀλλὰ τοῦτο προστησαμένους, εἶτα νοῦν μετ' αὐτὸ καὶ τὸ νοοῦν πρώτως, εἶτα ψυχὴν μετὰ νοῦν· αὕτη γὰρ τάξις κατὰ φύσιν· μήτε πλείω τούτων τίθεσθαι ἐν τῷ νοητῷ, μήτε ἐλάττω. Εἴτε γὰρ ἐλάττω, ἢ ψυχὴν καὶ νοῦν ταὐτὸν φήσουσιν, ἢ νοῦν καὶ τὸ πρῶτον· ἀλλ' ὅτι ἕτερα ἀλλήλων, ἐδείχθη πολλαχῇ. Λοιπὸν δὴ ἐπισκέψασθαι ἐν τῷ παρόντι, εἰ πλείω

1 6 τὴν αὐτὴν δεῖ Heigl : ταύτην δὴ AF || 9 ἀναρτήσεται : ἀναρτηθήσεται C || 10 τὸ Kirchhoff || 19 δὴ Kirchhoff : δὲ codd.

pourraient-ils donc y avoir sauf eux? Si le principe de toutes choses est tel qu'il a été décrit, il ne peut y avoir une nature plus simple que lui et plus élevée que lui. On ne dira pas qu'il y a ce principe en puissance, et ce principe en acte ; car il serait ridicule d'introduire en des réalités actuelles et sans matière cette division d'être en puissance et d'être en acte, pour multiplier ces réalités[1]. Mais cette division ne se trouve pas non plus dans les réalités postérieures à l'un ; et l'on ne doit pas imaginer qu'il y a une « intelligence en repos », et une « intelligence en mouvement ». Que serait le « repos » de l'intelligence? Que serait son « mouvement ou parole ». En quoi consistent l'inaction de l'une et l'activité de l'autre? L'intelligence est toujours comme elle est, son acte est stable et identique. Il appartient à l'âme de se mouvoir vers elle et autour d'elle. Quant à la raison, qui vient de l'intelligence dans l'âme, elle donne l'intelligence à l'âme et non point à une nature intermédiaire entre l'intelligence et l'âme. Il ne faut pas non plus admettre plusieurs intelligences dont l'une pense, et l'autre pense qu'elle pense. En admettant même que penser et penser que l'on pense sont deux choses différentes, l'intelligence est une intuition unique qui perçoit ses propres actes ; il est ridicule d'admettre une pareille différence dans l'intelligence véritable ; celle qui pense qu'elle pense est absolument la même que celle qui pense ; sinon il y aurait une intelligence qui pense, et une autre qui pense que la première pense ; elle serait toute différente de la première et ne serait pas celle-là même qui pensait. Diront-ils qu'elles se distinguent logiquement? C'est d'abord abandonner la multiplicité des hypostases. De plus il faut examiner, si, même par une distinction logique, on peut admettre une intelligence qui ne fait que penser, sans avoir conscience qu'elle pense. Une pareille division ne saurait se produire en nous-mêmes ; on a toujours un peu de sagesse pour diriger ses penchants et ses réflexions ; sans quoi on serait taxé de folie. Qu'en est-il donc de la véritable intelligence qui, en pensant, se pense elle-même, et ne pense pas un intelligible

1. On voit ici comment le petit traité technique [II 5] sur les notions de puissance et d'acte, qui insiste sur le point indiqué ici en passant, peut se rattacher aux questions les plus profondes de la vie religieuse.

τῶν τριῶν τούτων. Τίνες ἂν οὖν εἶεν φύσεις παρ᾽ αὐτάς; Τῆς τε γὰρ λεχθείσης οὕτως ἔχειν ἀρχῆς τῆς πάντων οὐδεὶς ἂν εὕροι ἁπλουστέραν οὐδὲ ἐπαναβεβηκυῖαν ἥντινοῦν. Οὐ γὰρ δὴ τὴν μὲν δυνάμει, τὴν δὲ ἐνεργείᾳ φήσουσι· γελοῖον γὰρ ἐν τοῖς ἐνεργείᾳ οὖσι καὶ ἀύλοις τὸ δυνάμει καὶ ἐνεργείᾳ διαιρουμένους φύσεις ποιεῖσθαι πλείους. Ἀλλ᾽ οὐδ᾽ ἐν τοῖς μετὰ ταῦτα· οὐδ᾽ ἐπινοεῖν τὸν μέν τινα νοῦν ἐν ἡσυχίᾳ τινί, τὸν δὲ οἷον κινούμενον. Τίς γὰρ ἂν ἡσυχία νοῦ καὶ τίς κίνησις καὶ προφορὰ ἂν εἴη ἢ τίς ἀργία καὶ τοῦ ἑτέρου τί ἔργον; Ἔστι γὰρ ὡς ἔστι νοῦς ἀεὶ ὡσαύτως ἐνεργείᾳ κείμενος ἑστώσῃ· κίνησις δὲ πρὸς αὐτὸν καὶ περὶ αὐτὸν ψυχῆς ἤδη ἔργον καὶ λόγος ἀπ᾽ αὐτοῦ εἰς ψυχὴν ψυχὴν νοερὰν ποιῶν, οὐκ ἄλλην τινὰ μεταξὺ νοῦ καὶ ψυχῆς φύσιν. Οὐ μὴν οὐδὲ διὰ τοῦτο πλείους νοῦς ποιεῖν, εἰ ὁ μὲν νοεῖ, ὁ δὲ νοεῖ ὅτι νοεῖ. Καὶ γὰρ εἰ ἄλλο τὸ ἐν τούτοις νοεῖν, ἄλλο δὲ τὸ νοεῖν ὅτι νοεῖ, ἀλλ᾽ οὖν μία προσβολὴ οὐκ ἀναίσθητος τῶν ἐνεργημάτων ἑαυτῆς· γελοῖον γὰρ ἐπὶ τοῦ ἀληθινοῦ νοῦ τοῦτο ὑπολαμβάνειν, ἀλλὰ πάντως γε ὁ αὐτὸς ἔσται ⟨τῷ⟩ ὅσπερ ἐνόει ὁ νοῶν ὅτι νοεῖ. Εἰ δὲ μή, ὁ μὲν ἔσται νοῶν μόνον, ὁ δὲ ὅτι νοεῖ νοῶν ἄλλου ὄντος, ἀλλ᾽ οὐκ αὐτοῦ τοῦ νενοηκότος. Ἀλλ᾽ εἰ ἐπινοίᾳ φήσουσι, πρῶτον μὲν τῶν πλειόνων ὑποστάσεων ἀποστήσονται· ἔπειτα δεῖ σκοπεῖν, εἰ καὶ αἱ ἐπίνοιαι χώραν ἔχουσι λαβεῖν νοῦν νοοῦντα μόνον, μὴ παρακολουθοῦντα δὲ ἑαυτῷ ὅτι νοεῖ· ὃ καὶ ἐφ᾽ ἡμῶν αὐτῶν εἰ γίγνοιτο τῶν ἀεὶ ἐπιστατούντων ταῖς ὁρμαῖς καὶ ταῖς διανοήσεσιν, εἰ καὶ μετρίως σπουδαῖοι εἶεν, αἰτίαν ἂν ἀφροσύνης ἔχοιεν. Ὅταν δὲ δὴ ὁ νοῦς ὁ ἀληθινὸς ἐν ταῖς νοήσεσιν αὐτὸν νοῇ καὶ μὴ ἔξωθεν

20 οὖν omis. ACE || 28 καὶ τοῦ ἑτέρου : καὶ ἑτέρου C Mon. A καὶ ἐπὶ (cum obelo) ἑτέρου Vat. καὶ ἐπὶ ἕτερον Vat. in marg. Heigl || 37 τοῦτο : τούτου Ciz A in marg. F super lineam τοῦτον C || 38 τῷ Heigl || ὅσπερ : ὅπερ EA (prima manu) F (prima manu) || ἐνόει : νοεῖ Müller || 39 ἔσται : ἔστω F || 46 εἶεν : εἶμεν Heigl Müller || ἔχοιεν : ἔχοι ἂν Heigl ἔχοιμεν Kirchhoff.

extérieur, mais qui est elle-même son propre objet de pensée ? Il faut que en pensant elle se possède et se voie elle-même ; et, en se voyant, elle se voit non pas dénuée de pensée, mais intelligente. Ainsi dans l'acte primitif de la pensée est contenu l'acte de penser qu'elle pense ; c'est un seul acte, que l'on ne saurait dédoubler, même logiquement. De plus, si l'intelligence pense toujours ce qu'elle est, quelle place y a-t-il pour cette distinction que l'on invente entre l'acte de penser et l'acte de penser qu'elle pense ? Et, si, outre cette seconde intelligence qui pense que la première pense, l'on introduisait une troisième intelligence qui affirmerait penser que la seconde pense que la première pense, l'absurdité serait encore plus manifeste ; pourquoi, alors, ne pas aller à l'infini ?

Quant à la raison, la faire procéder de l'intelligence, puis faire venir d'elle une autre raison qui est dans l'âme, de telle sorte que la première soit intermédiaire entre l'âme et l'intelligence, c'est priver l'âme de la pensée, puisqu'elle recevra la raison non pas de l'intelligence, mais d'une autre raison intermédiaire entre elle et l'intelligence ; elle possédera une image de la raison, et non pas la raison ; elle ne connaîtra pas l'intelligence ; elle ne pensera pas.

2 Donc rien de plus que les trois hypostases [1] : n'admettons pas dans les intelligibles ces inventions superflues auxquelles ils se refusent. Il n'y a qu'une intelligence unique, identique, toujours la même, inébranlable et imitant son père autant qu'elle le peut.

Notre âme a une partie qui est toujours près des intelligibles, une autre qui est en rapport avec le sensible, une autre qui est entre les deux ; nature unique à puissances multiples, tantôt elle se rassemble tout entière dans sa partie la plus parfaite et se joint au meilleur des êtres ; tantôt sa partie inférieure est entraînée et entraîne avec elle la partie moyenne ; car il n'est pas permis que l'âme soit entraînée tout entière. Elle éprouve ce malheur, parce qu'elle n'est point restée dans cette région de beauté où est restée l'âme qui n'est pas une partie de nous-même et dont nous ne

1. Plotin démontre la nécessité de ce nombre dans le premier traité de la cinquième Ennéade.

ᾗ τὸ νοητὸν αὐτοῦ, ἀλλ᾽ αὐτὸς ᾖ καὶ τὸ νοητόν, ἐξ ἀνάγκης ἐν τῷ νοεῖν ἔχει ἑαυτὸν καὶ ὁρᾷ ἑαυτόν· ὁρῶν δὲ ἑαυτὸν οὐκ ἀνοηταίνοντα, ἀλλὰ νοοῦντα ὁρᾷ. Ὥστε ἐν τῷ πρώτως νοεῖν ἔχοι ἂν καὶ τὸ νοεῖν ὅτι νοεῖ ὡς ἓν ὄν· καὶ οὐδὲ τῇ ἐπινοίᾳ ἐκεῖ διπλοῦν. Εἰ δὲ καὶ ἀεὶ νοῶν εἴη, ὅπερ ἔστι, τίς χώρα τῇ ἐπινοίᾳ τῇ χωριζούσῃ τὸ νοεῖν ἀπὸ τοῦ νοεῖν ὅτι νοεῖ; Εἰ δὲ δὴ καὶ ἑτέραν ἐπίνοιάν τις τρίτην ἐπεισάγοι τὴν ἐπὶ τῇ δευτέρᾳ τῇ λεγούσῃ ὅτι νοεῖ ὅτι νοεῖ, τὴν λέγουσαν ⟨νοεῖν⟩ ὅτι νοεῖ ὅτι νοεῖ, ἔτι μᾶλλον καταφανὲς τὸ ἄτοπον. Καὶ διὰ τί οὐκ εἰς ἄπειρον οὕτω; Τὸν δὲ λόγον ὅταν τις ἀπὸ τοῦ νοῦ ποιῇ, εἶτα ἀπὸ τούτου γίνεσθαι ἐν ψυχῇ ἄλλον ἀπ᾽ αὐτοῦ τοῦ λόγου, ἵνα μεταξὺ ψυχῆς καὶ νοῦ ᾖ οὗτος, ἀποστερήσει τὴν ψυχὴν τοῦ νοεῖν, εἰ μὴ παρὰ τοῦ νοῦ κομιεῖται, ἀλλὰ παρὰ ἄλλου τοῦ μεταξὺ τὸν λόγον· καὶ εἴδωλον λόγου, ἀλλ᾽ οὐ λόγον ἕξει, καὶ ὅλως οὐκ εἰδήσει νοῦν οὐδ᾽ ὅλως νοήσει.

2 Οὐ τοίνυν οὔτε πλείω τούτων οὔτε ἐπινοίας περιττὰς ἐν ἐκείνοις, ἃς οὐ δέχονται, θετέον, ἀλλ᾽ ἕνα νοῦν τὸν αὐτὸν ὡσαύτως ἔχοντα, ἀκλινῆ πανταχῇ, μιμούμενον τὸν πατέρα καθ᾽ ὅσον οἷόν τε αὐτῷ. Ψυχῆς δὲ ἡμῶν τὸ μὲν ἀεὶ πρὸς ἐκείνοις, τὸ δὲ πρὸς ταῦτα ἔχειν, τὸ δὲ ἐν μέσῳ τούτων· φύσεως γὰρ οὔσης μιᾶς ἐν δυνάμεσι πλείοσιν ὁτὲ μὲν τὴν πᾶσαν συμφέρεσθαι τῷ ἀρίστῳ αὐτῆς καὶ τοῦ ὄντος, ὁτὲ δὲ τὸ χεῖρον αὐτῆς καθελκυσθὲν συνεφελκύσασθαι τὸ μέσον· τὸ γὰρ πᾶν αὐτῆς οὐκ ἦν θέμις καθελκύσαι. Καὶ τοῦτο συμβαίνει αὐτῇ τὸ πάθος, ὅτι μὴ ἔμεινεν ἐν τῷ καλλίστῳ, ὅπου ψυχὴ μείνασα, ἡ μὴ μέρος

51 τῇ omis. A Ciz Marc C || 55 ὅτι νοεῖ ὅτι νοεῖ : ὅτι νοεῖ del. Müller : νοεῖν ὅτι νοεῖ Creuzer || 56 νοεῖν Creuzer : ὅτι νοεῖ ter in AF Marc A Marc B || 57 οὕτω : τοῦτο BE || 58 ὅταν τις : ὅντιν᾽ ἄν τις B Darm. Vat. in marg. || ἀπὸ τούτου : ἀπὸ τοῦ B Marc C.

2 10 πάθος : πλῆθος Vat.

sommes plus une partie ; c'est cette âme qui fait don à tout le corps de ce qu'il peut recevoir d'elle ; tout en restant immobile, sans avoir besoin d'agir, de réfléchir ni de rien corriger, elle le gouverne et en ordonne les parties, simplement en contemplant ce qui est avant elle, grâce à sa merveilleuse puissance. Plus elle s'attache à la contemplation, plus elle est belle et puissante ; elle donne ce qu'elle tient d'en haut à ce qui vient après elle ; elle l'illumine parce qu'elle est toujours illuminée.

3 Elle est toujours illuminée ; elle possède continuellement la lumière, qu'elle donne aux choses inférieures ; ces choses, toujours maintenues par elle et baignées de ses rayons, jouissent de la vie, autant qu'elles le peuvent. Ainsi l'on se réchauffe, autant qu'on peut, au feu autour duquel on fait cercle ; le feu, pourtant, n'a qu'une action bornée. Mais tant que l'on n'a pas retranché des êtres ces puissances illimitées, comment pourraient-elles exister, sans se communiquer ? Chacune doit donner du sien à un autre être ; sans quoi, le bien ne serait pas le bien, l'intelligence ne serait pas l'intelligence ; l'âme, enfin, ne serait plus elle-même, si, après le premier vivant, il n'y avait une seconde vie qui dure autant que la première. Tous les êtres doivent donc venir à la suite les uns des autres ; mais cette suite est éternelle ; et s'ils sont engendrés, c'est en ce sens qu'ils procèdent d'autres êtres. Ils n'ont pas été engendrés à un moment déterminé ; les êtres qu'on appelle engendrés le furent et le seront éternellement. Ne périront que les choses qui contiennent des parties dans lesquelles elles se décomposent[1] ; si elles n'en contiennent pas, elles ne périront pas. Et si l'on disait que toute chose se résorbe en matière, pourquoi ne pas dire que la matière périt, elle aussi ? Et si on le dit, pourquoi était-il nécessaire qu'elle naquît ? — C'est, dit-on, qu'elle était une conséquence indirecte, mais nécessaire. — Elle est alors nécessaire à chaque instant. Mais si on la laisse isolée de la forme, les êtres divins ne seront pas partout ; ils se retrancheront, en quelque sorte, en un lieu séparé ; puisque ce n'est pas possible, la matière sera toujours illuminée.

1. Expression aristotélicienne d'idées qui reviennent au *Phédon* 78 c.

μηδὲ ἧς ἡμεῖς ἔτι μέρος, ἔδωκε τῷ παντὶ σώματι αὐτῷ τε ἔχειν ὅσον δύναται παρ' αὐτῆς ἔχειν, μένει τε ἀπραγμόνως αὐτὴ οὐκ ἐκ διανοίας διοικοῦσα οὐδέ τι διορθουμένη, ἀλλὰ τῇ εἰς τὸ πρὸ αὐτῆς θέᾳ κατακοσμοῦσα δυνάμει θαυμαστῇ. Ὅσον γὰρ πρὸς αὐτῇ ἐστι, τόσῳ καλλίων καὶ δυνατωτέρα· κἀκεῖθεν ἔχουσα δίδωσι τῷ μετ' αὐτὴν καὶ ὥσπερ ἐλλάμπουσα ἀεὶ ἐλλάμπεται.

3 Ἀεὶ οὖν ἐλλαμπομένη καὶ διηνεκὲς ἔχουσα τὸ φῶς δίδωσιν εἰς τὰ ἐφεξῆς, τὰ δὲ ἀεὶ συνέχεται καὶ ἄρδεται τούτῳ τῷ φωτὶ καὶ ἀπολαύει τοῦ ζῆν καθ' ὅσον δύναται· ὥσπερ εἰ πυρὸς ἐν μέσῳ που κειμένου ἀλεαίνοιντο οἷς οἷόν τε. Καίτοι τὸ πῦρ ἐστιν ἐν μέτρῳ· ὅταν δὲ δυνάμεις μὴ μετρηθεῖσαι μὴ ἐκ τῶν ὄντων ὦσιν ἀνῃρημέναι, πῶς οἷόν τε εἶναι μέν, μηδὲν δὲ αὐτῶν μεταλαμβάνειν; Ἀλλ' ἀνάγκη ἕκαστον τὸ αὑτοῦ διδόναι καὶ ἄλλῳ, ἢ τὸ ἀγαθὸν οὐκ ἀγαθὸν ἔσται, ἢ ὁ νοῦς οὐ νοῦς, ἢ ⟨ἡ⟩ ψυχὴ μὴ τοῦτο, εἰ μή τι μετὰ τὸ πρώτως ζῶν ζῴη καὶ δευτέρως ἕως ἔστι τὸ πρώτως. Ἀνάγκη τοίνυν ἐφεξῆς εἶναι πάντα ἀλλήλοις καὶ ἀεί, γενητὰ δὲ τὰ ἕτερα τῷ παρ' ἄλλων εἶναι. Οὐ τοίνυν ἐγένετο, ἀλλ' ἐγίνετο καὶ γενήσεται, ὅσα γενητὰ λέγεται· οὐδὲ φθαρήσεται, ἀλλ' ἢ ὅσα ἔχει εἰς ἅ· ὃ δὲ μὴ ἔχει εἰς ὅ, οὐδὲ φθαρήσεται. Εἰ δέ τις εἰς ὕλην λέγοι, διὰ τί οὐ καὶ τὴν ὕλην; Εἰ δὲ καὶ τὴν ὕλην φήσει, τίς ἦν ἀνάγκη, φήσομεν, γενέσθαι; Εἰ δὲ ἀναγκαῖον εἶναι φήσουσι παρακολουθεῖν, καὶ νῦν ἀνάγκη. Εἰ δὲ μόνη καταλειφθήσεται, οὐ πανταχοῦ, ἀλλ' ἔν τινι τόπῳ ἀφωρισμένῳ τὰ θεῖα ἔσται καὶ οἷον ἀποτετειχισμένα· εἰ δὲ οὐχ οἷόν τε, ἐλλαμφθήσεται.

17 ἐλλάμπουσα : ἐκλάμπουσα C Ciz Marc A Mon. A.

3 7 αὐτῶν : ἐκ τῶν ὄντων Vat. || 9 <ἡ> Kirchhoff || 10 τὸ πρώτως ζῶν Kirchhoff : τοῦ πρώτως ζῆν codd. || 14 μὴ ἔχει : μὴ ἔχοι AF Marc B || 18 καταλειφθήσεται : καταληφθήσεται Vat. Mon. C καταληφθείσεται (sic) E.

4 — Ils diront : c'est l'âme qui a créé, en perdant ses ailes. — Mais l'âme de l'univers n'éprouve pas cette perte. — Ils diront encore : c'est après sa chute qu'elle crée. — Qu'ils nous disent donc la cause de cette chute : A quel moment est-elle tombée ? L'est-elle éternellement ? Alors, selon leur propre thèse, elle reste une âme tombée. Cette chute a-t-elle commencé ? Mais pourquoi n'a-t-elle pas commencé plus tôt ?

Pour nous, nous pensons que la cause productrice du monde n'est pas que l'âme s'incline vers la matière, c'est plutôt qu'elle ne s'incline pas ; car s'incliner, c'est évidemment oublier les intelligibles ; et si elle les avait oubliés, comment façonnerait-elle le monde ? D'où vient qu'elle produit le monde, sinon des intelligibles qu'elle a vus là-bas ? Si elle s'en souvient pour le produire, c'est qu'elle ne s'est pas inclinée du tout (car elle n'en a pas alors une vision obscure), si même elle ne s'incline pas plutôt vers le monde intelligible, afin de préciser sa vision ; car, si elle en a quelque souvenir, pourquoi n'aurait-elle pas la volonté de retourner à lui ? Quelles réflexions ferait-elle sur les résultats qu'aura pour elle la production du monde ? Le produit-elle afin d'être honorée ? Va-t-on la comparer à nos fabricants de statues ? C'est bien ridicule. Si elle produisait le monde par une pensée réflechie, si l'acte et le pouvoir de produire n'étaient pas dans sa nature même, comment aurait-elle produit le monde visible ? Quand le détruira-t-elle ? Si elle regrette de l'avoir produit, qu'attend-elle ? Et si elle ne le détruit pas encore, elle cessera de regretter ; par l'habitude et avec le temps, le monde lui deviendra plus cher. Si on dit qu'elle attend les âmes individuelles, ces âmes ne devraient plus renaître ; car, à leur première naissance, elles ont fait l'épreuve des maux d'ici-bas, et elles devraient cesser d'y venir.

Il ne faut pas non plus accorder que ce monde est une méchante production, parce qu'il contient bien des choses qui vont mal ; c'est vouloir lui donner une valeur trop grande ; c'est croire qu'il est identique au monde intelligible, tandis qu'il en est une image. Et quelle image pourrait être plus belle que lui ? Quel autre feu que le nôtre pourrait être une meilleure image du feu intelligible ? Et, après la terre intelligible, y a-t-il une terre supérieure à la nôtre ? Y a-t-il une sphère plus parfaite et d'un mouvement plus régulier,

4. Εἰ δὲ οἷον πτερορρυήσασαν τὴν ψυχὴν φήσουσι πεποιηκέναι, οὐχ ἡ τοῦ παντὸς τοῦτο πάσχει· εἰ δὲ σφαλεῖσαν αὐτοὶ φήσουσι, τοῦ σφάλματος λεγέτωσαν τὴν αἰτίαν. Πότε δὲ ἐσφάλη; Εἰ μὲν γὰρ ἐξ ἀιδίου, μένει κατὰ τὸν αὐτῶν λόγον ἐσφαλμένη· εἰ δὲ ἤρξατο, διὰ τί οὐ πρὸ τοῦ; Ἡμεῖς δὲ οὐ νεῦσιν φαμεν τὴν ποιοῦσαν, ἀλλὰ μᾶλλον μὴ νεῦσιν. Εἰ δὲ ἔνευσε, τῷ ἐπιλελῆσθαι δηλονότι τῶν ἐκεῖ· εἰ δὲ ἐπελάθετο, πῶς δημιουργεῖ; Πόθεν γὰρ ποιεῖ ἢ ἐξ ὧν εἶδεν ἐκεῖ; Εἰ δὲ ἐκείνων μεμνημένη ποιεῖ, οὐδὲ ὅλως ἔνευσεν — οὐδὲ γὰρ ἀμυδρῶς ἔχει —, εἰ οὐ μᾶλλον νεύει ἐκεῖ, ἵνα μὴ ἀμυδρῶς ἴδῃ. Διὰ τί γὰρ ἂν οὐκ ἐθέλησεν ἔχουσα ἡντινοῦν μνήμην ἐπανελθεῖν; Τί γὰρ ἂν ἑαυτῇ καὶ ἐλογίζετο γενέσθαι ἐκ τοῦ κοσμοποιῆσαι; Γελοῖον γὰρ τὸ ἵνα τιμῷτο, καὶ μεταφερόντων ἀπὸ τῶν ἀγαλματοποιῶν τῶν ἐνταῦθα. Ἐπεὶ καὶ εἰ διανοίᾳ ἐποίει καὶ μὴ ἐν τῇ φύσει ἦν τὸ ποιεῖν καὶ ἡ δύναμις ἡ ποιοῦσα ἦν, πῶς ἂν κόσμον τόνδε ἐποίησε; Πότε δὲ καὶ φθερεῖ αὐτόν; εἰ γὰρ μετέγνω, τί ἀναμένει; Εἰ δὲ οὔπω, οὐκ ἂν μεταγνοίη ἔτι ἤδη εἰθισμένη καὶ τῷ χρόνῳ προσφιλεστέρα γενομένη. Εἰ δὲ τὰς καθ᾽ ἕκαστον ψυχὰς ἀναμένει, ἤδη ἔδει μηκέτι ἐλθεῖν εἰς γένεσιν πάλιν πειραθείσας ἐν τῇ προτέρᾳ γενέσει τῶν τῇδε κακῶν· ὥστε ἤδη ἂν ἐπέλιπον ἰοῦσαι. Οὐδὲ τὸ κακῶς γεγονέναι τόνδε τὸν κόσμον δοτέον τῷ πολλὰ εἶναι ἐν αὐτῷ δυσχερῆ· τοῦτο γὰρ ἀξίωμα μεῖζόν ἐστι περιτιθέντων αὐτῷ, εἰ ἀξιοῦσι τὸν αὐτὸν εἶναι τῷ νοητῷ, ἀλλὰ μὴ εἰκόνα ἐκείνου. Ἢ τίς ἂν ἐγένετο ἄλλη καλλίων εἰκὼν ἐκείνου; Τί γὰρ ἄλλο πῦρ βελτίων τοῦ ἐκεῖ πυρὸς παρὰ τὸ ἐνταῦθα πῦρ; Ἢ τίς γῆ ἄλλη παρὰ ταύτην μετὰ τὴν ἐκεῖ γῆν;

4 3 αὐτοὶ : αὐτὴν E Ciz οἱ αὐτοὶ coni. Creuzer || 5 τὸν αὐτῶν : τὸν αὐτὸν legit Ficin || 6 νεῦσιν : νεῦσαι Volkmann (idem 7) || 10 γὰρ ἀμυδρῶς ἔχει εἰ οὐ AF (qui habet in marg. ἤ) Darm. Marc B : γαρ εἰ ἀμυδρῶς ἔχει οὐ BC Ciz Marc A Müller ; interpunctionem mutavi || **22** τὸ : τῷ AE Marc B || 25 τῷ νοητῷ : τὸν νοητὸν AEF Darm. || 27 βελτίων Heigl : βελτίον codd.

sauf l'extension du monde intelligible en lui-même ? Y a-t-il, après le soleil intelligible, un soleil supérieur au soleil visible ?

5 Voici qui est absurde : ces gens, avec un corps tel que le corps humain, avec une âme remplie de désirs, de peines, de colère, ne méprisent pourtant pas leur pouvoir [1], et ils prétendent être capables de contact avec l'intelligible ; mais, s'il s'agit du soleil, ils nient que cet astre possède un pouvoir bien plus exempt de passion, plus conforme à l'ordre et moins sujet à l'altération que le nôtre ; il n'aurait pas même l'intelligence, cet astre si supérieur à nous qui venons de naître et sommes empêchés par tant d'illusions d'aller jusqu'à la vérité ! D'après eux les hommes, même les plus méchants, ont une âme immortelle et divine, et le ciel entier, avec ses astres, ne possède pas d'âme immortelle ! Le ciel est fait pourtant de choses bien plus belles et plus pures que notre corps ; ils en voient la régularité, la belle disposition et la belle ordonnance, et ils blâment plus que personne le désordre des choses terrestres. Comme si l'âme immortelle préférait le lieu inférieur et voulait céder le lieu supérieur à une âme mortelle !

Une absurdité, c'est encore d'admettre cette autre âme, qu'ils composent d'éléments. Comment un simple composé fait d'éléments pourrait-il avoir vie ? Un mélange d'éléments ne produit que le chaud ou le froid, le sec ou l'humide, ou bien une combinaison de ces effets. Mais, comment ce mélange retiendrait-il ensemble les quatre éléments, puisqu'il leur est postérieur, étant leur produit ; et lorsqu'ils confèrent à cette âme la perception, la volonté et mille autres choses, que peut-on dire ?

Comme ils méprisent le monde créé et notre terre, ils prétendent qu'il a été fait pour eux une « terre nouvelle », dans laquelle ils s'en iront, en sortant d'ici, et que c'est là la « raison du monde » [2]. Et pourtant, que peut-il y avoir pour

1. L'expression est l'inverse de celle qui est employée par Platon dans le *Phédon* (81) pour dépeindre la sagesse de Socrate « méprisant la faiblesse humaine ».

2. Cette raison ou verbe semble être à la fois le modèle du monde et la fin du salut.

Τίς δὲ σφαῖρα ἀκριβεστέρα ἢ εὐτακτοτέρα τῇ φορᾷ μετὰ τὴν ἐκεῖ τοῦ κόσμου τοῦ νοητοῦ περιοχὴν ἐν αὐτῷ ; Ἄλλος δὲ ἥλιος μετ᾽ ἐκεῖνον πρὸ τούτου τοῦ ὁρωμένου τις ;

5 Ἀλλ᾽ ⟨ἄλογον⟩ αὐτοὺς μὲν σῶμα ἔχοντας, οἷον ἔχουσιν ἄνθρωποι, καὶ ἐπιθυμίας καὶ λύπας καὶ ὀργὰς τὴν παρ᾽ αὐτοῖς δύναμιν μὴ ἀτιμάζειν, ἀλλ᾽ ἐφάπτεσθαι τοῦ νοητοῦ λέγειν ἐξεῖναι, μὴ εἶναι δὲ ἐν ἡλίῳ ταύτης ἀπαθεστέραν ἐν τάξει μᾶλλον καὶ οὐκ ἐν ἀλλοιώσει μᾶλλον οὖσαν, οὐδὲ φρόνησιν ἔχειν ἀμείνονα ἡμῶν τῶν ἄρτι γενομένων καὶ διὰ τοσούτων κωλυομένων τῶν ἀπατώντων ἐπὶ τὴν ἀλήθειαν ἐλθεῖν· οὐδὲ τὴν μὲν αὐτῶν ψυχὴν ἀθάνατον καὶ θείαν λέγειν καὶ τὴν τῶν φαυλοτάτων ἀνθρώπων, τὸν δὲ οὐρανὸν πάντα καὶ τὰ ἐκεῖ ἄστρα μὴ τῆς ἀθανάτου κεκοινωνηκέναι ἐκ πολλῷ καλλιόνων καὶ καθαρωτέρων ὄντα, ὁρῶντας ἐκεῖ μὲν τὸ τεταγμένον καὶ εὔσχημον καὶ εὔτακτον καὶ μάλιστα τὴν ἐνταῦθα περὶ γῆν ἀταξίαν αὐτοὺς αἰτιωμένους· ὥσπερ τῆς ἀθανάτου ψυχῆς τὸν χείρω τόπον ἐπίτηδες ἑλομένης, παραχωρῆσαι δὲ τοῦ βελτίονος τῇ θνητῇ ψυχῇ ἑλομένης. Ἄλογος δὲ καὶ ἡ παρεισαγωγὴ αὐτοῖς τῆς ἑτέρας ψυχῆς ταύτης, ἣν ἐκ τῶν στοιχείων συνιστᾶσι· πῶς γὰρ ἂν ζωὴν ἡντινοῦν ἔχοι ἡ ἐκ τῶν στοιχείων σύστασις ; Ἡ γὰρ τούτων κρᾶσις ἢ θερμὸν ἢ ψυχρὸν ἢ μικτὸν ποιεῖ, ἢ ξηρὸν ἢ ὑγρὸν ἢ μῖγμα ἐκ τούτων. Πῶς δὲ συνοχὴ τῶν τεσσάρων ὕστερα γενομένη ἐξ αὐτῶν ; Ὅταν δὲ προστιθῶσι καὶ ἀντίληψιν αὐτῇ καὶ βούλευσιν καὶ ἄλλα μυρία, τί ἄν τις εἴποι ; Ἀλλ᾽ οὐ τιμῶντες ταύτην τὴν δημιουργίαν οὐδὲ τήνδε τὴν γῆν καινὴν αὐτοῖς φασι γῆν γεγονέναι, εἰς ἣν δὴ ἐντεῦθεν ἀπελεύσονται· τοῦτο δὲ λόγον εἶναι κόσμου. Καίτοι τί δεῖ αὐτοῖς γενέσθαι ἐν

5 1 ἄλογον coni. Creuzer ‖ 3 αὐτοῖς Wyttenbach : αὐτῆς codd. αὐτοῖς F sup. lineam ‖ 7 ἀπατώντων : ἀπαντῶν των C Marc A Creuzer ‖ 15 δὲ omis. CEF.

eux dans le modèle d'un monde pour lequel ils n'ont que haine ? D'où vient, d'ailleurs, ce modèle ? Selon eux, son créateur le produit, après qu'il s'est déjà penché vers les choses inférieures. Si l'auteur du modèle s'est tant soucié de produire un autre monde après le monde intelligible qu'il possède (et quel besoin de cet autre monde ?), ou bien il a créé le modèle avant le monde sensible (à quoi servait alors ce modèle ? A mettre les âmes en garde ? Pourquoi donc ne se sont-elles pas gardées ? Le modèle n'a donc servi à rien ?) ; ou bien il a créé le modèle après le monde sensible, en prenant la forme du monde dépouillée de matière ; il suffisait alors d'une seule épreuve pour les âmes, pour se garder en ce modèle. Si d'autre part, les âmes « ont reçu en elles la forme du monde » ; que signifient ces nouveautés de langage ?

6 Que dire des autres hypostases qu'ils admettent, les « exils », les « empreintes », les « repentirs »[1]. Par « repentirs », désignent-ils les affections de l'âme qui se repent ? Par « empreintes », ce qui est dans l'âme, lorsqu'elle contemple les images des êtres, et non les êtres eux-mêmes ? Ce sont des mots vides de sens, qu'ils emploient pour se faire une doctrine à eux. Ce sont des inventions de gens qui ne s'attachent pas à l'antique culture hellénique. Les Grecs avaient des idées claires et parlaient en termes simples de la « montée progressive qui, de la caverne, amène peu à peu l'âme à une contemplation de plus en plus vraie ». D'une manière générale, ces gens ont pris certains traits à Platon ; mais dès qu'ils innovent, afin de se faire un système à eux, ils ne trouvent que des idées contraires à la vérité. On voit chez eux « les châtiments, les fleuves du Hadès, les migrations de corps en corps ». Et, quant à la pluralité d'intelligibles qu'ils admettent, l'Être, l'Intelligence, le Démiurge différent de l'Intelligence et l'âme, ils l'ont empruntée aux paroles du *Timée*, où Platon a dit : « Comme l'intelligence a vu les idées qui sont dans l'animal en soi, le créateur de cet uni-

1. « Exil » et « repentir » s'expliquent par la mythologie des gnostiques. Les « empreintes » doivent être ces caractères magiques, que l'on voit gravés sur une sphère magique d'Athènes (Cf. Delatte, *Bullet. Corr. hellénique* 1913, p. 273) et dont la *Pistis Sophia* fait

παραδείγματι κόσμου, ὃν μισοῦσι ; Πόθεν δὲ τὸ παράδειγμα τοῦτο ; Τοῦτο γὰρ κατ' αὐτοὺς νενευκότος ἤδη πρὸς τὰ τῇδε τοῦ τὸ παράδειγμα πεποιηκότος. Εἰ μὲν οὖν ἐν αὐτῷ τῷ ποιήσαντι πολλὴ φροντὶς τοῦ κόσμον μετὰ τὸν κόσμον τὸν νοητὸν ὃν ἔχει ἄλλον ποιῆσαι — καὶ τί ἔδει ; — καὶ εἰ μὲν πρὸ τοῦ κόσμου, ἵνα τί ; Ἵνα φυλάξωνται αἱ ψυχαί. Πῶς οὖν οὐκ ἐφυλάξαντο, ὥστε μάτην ἐγένετο ; Εἰ δὲ μετὰ τὸν κόσμον ἐκ τοῦ κόσμου λαβὼν ἀποσυλήσας τῆς ὕλης τὸ εἶδος, ἤρκει ἡ πεῖρα ταῖς πειραθείσαις ψυχαῖς πρὸς τὸ φυλάξασθαι. Εἰ δὲ ἐν ταῖς ψυχαῖς λαβεῖν ἀξιοῦσι τοῦ κόσμου τὸ εἶδος, τί τὸ καινὸν τοῦ λόγου ;

6 Τὰς δὲ ἄλλας ὑποστάσεις τί χρὴ λέγειν ἃς εἰσάγουσι, παροικήσεις καὶ ἀντιτύπους καὶ μετανοίας ; Εἰ μὲν γὰρ ψυχῆς ταῦτα λέγουσι πάθη, ὅταν ἐν μετανοίᾳ ῇ, καὶ ἀντιτύπους, ὅταν οἷον εἰκόνας τῶν ὄντων, ἀλλὰ μὴ αὐτά πω τὰ ὄντα θεωρῇ, κενολογούντων ἐστὶν εἰς σύστασιν τῆς ἰδίας αἱρέσεως· ὡς γὰρ τῆς ἀρχαίας Ἑλληνικῆς οὐχ ἁπτόμενοι ταῦτα σκευωροῦνται εἰδότων [καὶ] σαφῶς τῶν Ἑλλήνων ⟨καὶ⟩ ἀτύφως λεγόντων ἀναβάσεις ἐκ τοῦ σπηλαίου καὶ κατὰ βραχὺ εἰς θέαν ἀληθεστέραν μᾶλλον καὶ μᾶλλον προιούσας. Ὅλως γὰρ αὐτοῖς τὰ μὲν παρὰ τοῦ Πλάτωνος εἴληπται, τὰ δέ, ὅσα καινοτομοῦσιν, ἵνα ἰδίαν φιλοσοφίαν θῶνται, ταῦτα ἔξω τῆς ἀληθείας εὕρηται. Ἐπεὶ καὶ αἱ δίκαι καὶ οἱ ποταμοὶ οἱ ἐν ᾅδου καὶ αἱ μετενσωματώσεις ἐκεῖθεν. Καὶ ἐπὶ τῶν νοητῶν δὲ πλῆθος ποιῆσαι, τὸ ὂν καὶ τὸν νοῦν καὶ τὸν δημιουργὸν ἄλλον καὶ τὴν ψυχήν, ἐκ τῶν ἐν τῷ Τιμαίῳ λεχθέντων εἴληπται· εἰπόντος γὰρ αὐτοῦ « ᾗπερ οὖν νοῦς ἐνούσας ἰδέας ἐν τῷ ὅ ἔστι ζῷον καθορᾷ,

28 ἤδη : οὐδὲ Ciz || 30 κόσμον Kirchhoff : κόσμου codd. || 31 κα ante τί : καίτοι Kirchhoff Müller || ἔδει ; καὶ : ἔδει ; <ἢ πρὸ τοῦ κόσμου τοῦδε ἐποίησεν ἢ μετὰ τὸν κόσμον>. Καὶ Müller.

6 5 κενολογούντων : καινολογούντων C || 7 καὶ del. Volkmann || 8 καὶ Müller || 10 αὐτοῖς τὰ μὲν : τὰ μὲν αὐτοῖς CE.

vers a réfléchi que ce monde contiendrait autant d'espèces qu'il y a d'idées [1]. » Mais ils n'ont pas compris le texte ; ils y ont vu une intelligence en repos, qui contient en elle tous les êtres, une autre intelligence qui les contemple, une autre enfin qui réfléchit (souvent d'ailleurs ils remplacent l'intelligence qui réfléchit par l'âme créatrice) ; ils pensent que Platon, par cette intelligence qui réfléchit, désigne le démiurge ; c'est qu'ils sont loin de savoir ce qu'est le démiurge. Ils se trompent en général dans leur manière de comprendre la création, et en bien d'autres choses ; ils prennent au plus mauvais sens les doctrines de Platon, croyant avoir compris la nature intelligible, tandis que Platon et tous ces hommes divins ne l'auraient pas comprise. En énumérant une quantité d'intelligibles, ils pensent que l'on croira qu'ils ont découvert l'exacte vérité. Or cette multitude même fait ressembler la nature intelligible à la nature sensible et inférieure : dans l'intelligible, il faut viser à admettre le plus petit nombre d'êtres possibles ; on attribue tous les êtres à l'Intelligence qui vient après le Premier, afin de s'affranchir du nombre ; cette Intelligence est toutes choses ; elle est la première intelligence, l'essence, et tout ce qu'il y a de beau après la première nature. Au troisième rang vient l'âme ; la raison des différentes espèces d'âmes doit être recherchée dans leurs passions et dans leur nature. Ne dénigrons pas ces hommes divins ; recevons leurs idées avec bienveillance, puisqu'ils sont anciens ; prenons-leur ce qu'ils disent de bien, l'immortalité de l'âme, le monde intelligible, le premier Dieu, la nécessité pour l'âme de fuir la société du corps, la séparation de l'âme et du corps, qui consiste à fuir du lieu de la génération à l'essence. Ils ont bien raison d'employer ces expressions si claires qu'ils trouvent chez Platon. Mais, s'ils veulent s'en écarter, ce n'est point de l'envie contre eux de leur dire qu'il ne faut pas établir leur propre système dans l'esprit de leurs auditeurs en raillant et en injuriant les Grecs, mais qu'il leur faut montrer, en elle-même, la justesse de leurs propres opinions en comparaison de celle

tantôt des émanations divines (cf. aussi Irénée, *Adv. haer.* I 24, 3), tantôt les sceaux dont l'âme se signe en arrivant devant les puissances célestes.

1. *Timée*, 39 e.

τοσαύτας καὶ ὁ τόδε ποιῶν τὸ πᾶν διενοήθη σχεῖν ». Οἱ δὲ οὐ συνέντες τὸν μὲν ἔλαβον ἐν ἡσυχίᾳ ἔχοντα ἐν αὐτῷ πάντα τὰ ὄντα, τὸν δὲ νοῦν ἕτερον παρ' αὐτὸν θεωροῦντα, τὸν δὲ διανοούμενον — πολλάκις δὲ αὐτοῖς ἀντὶ τοῦ διανοουμένου ψυχή ἐστιν ἡ δημιουργοῦσα — καὶ κατὰ Πλάτωνα τοῦτον οἴονται εἶναι τὸν δημιουργὸν ἀφεστηκότες τοῦ εἰδέναι τίς ὁ δημιουργός. Καὶ ὅλως τὸν τρόπον τῆς δημιουργίας καὶ ἄλλα πολλὰ καταψεύδονται αὐτοῦ καὶ πρὸς τὸ χεῖρον ἕλκουσι τὰς δόξας τοῦ ἀνδρὸς ὡς αὐτοὶ μὲν τὴν νοητὴν φύσιν κατανενοηκότες, ἐκείνου δὲ καὶ τῶν ἄλλων τῶν μακαρίων ἀνδρῶν μή. Καὶ πλῆθος νοητῶν ὀνομάζοντες τὸ ἀκριβὲς ἐξευρηκέναι δόξειν οἴονται αὐτῷ τῷ πλήθει τὴν νοητὴν φύσιν τῇ αἰσθητικῇ καὶ ἐλάττονι εἰς ὁμοιότητα ἄγοντες, δέον ἐκεῖ τὸ ὡς ὅτι μάλιστα ὀλίγον εἰς ἀριθμὸν διώκειν καὶ τῷ μετὰ τὸ πρῶτον τὰ πάντα ἀποδιδόντας ἀπηλλάχθαι ἐκείνου τῶν πάντων ὄντος καὶ νοῦ τοῦ πρώτου καὶ οὐσίας καὶ ὅσα ἄλλα καλὰ μετὰ τὴν πρώτην φύσιν. Ψυχῆς δὲ εἶδος τρίτον· διαφορὰς δὲ ψυχῶν ἐν πάθεσιν ἢ ἐν φύσει ἰχνεύειν μηδὲν τοὺς θείους ἄνδρας διασύροντας, ἀλλ' εὐμενῶς δεχομένους τὰ ἐκείνων ὡς παλαιοτέρων καὶ ἃ καλῶς λέγουσι παρ' ἐκείνων λαβόντας, ψυχῆς ἀθανασίαν, νοητὸν κόσμον, θεὸν τὸν πρῶτον, τὸ τὴν ψυχὴν δεῖν φεύγειν τὴν πρὸς τὸ σῶμα ὁμιλίαν, τὸν χωρισμὸν τὸν ἀπ' αὐτοῦ, τὸ ἐκ γενέσεως φεύγειν εἰς οὐσίαν· ταῦτα γὰρ κείμενα παρὰ τῷ Πλάτωνι σαφῶς οὑτωσὶ λέγοντες καλῶς ποιοῦσιν. Οἷς ⟨δὲ⟩ θέλουσι διαφωνεῖν φθόνος οὐδεὶς λεγόντων οὐ δεῖν τῷ τοὺς Ἕλληνας διασύρειν καὶ ὑβρίζειν τὰ αὐτῶν ἐν συστάσει παρὰ τοῖς ἀκούουσι ποιεῖν, ἀλλ' αὐτὰ παρ' αὐτῶν δεικνύναι ὀρθῶς ἔχοντα, ὅσα ἴδια αὐτοῖς

18 τόδε ὁ ποιῶν Kirchhoff : ὁ τόδε ποιῶν codd. ; cf. *Timaeum* 39 e || 20 παρ' αὐτόν : παρὰ τὸν C Mon. A Mon. C || 30 αἰσθητικῇ : αἰσθητῇ Müller || 38 λαβόντας : λαμβάνοντας Kirchhoff || 39 δεῖν : δεῖ AF Marc A Darm. || 43 δὲ Kirchhoff || 44 οὐ δεῖν conieci : οὐδ' ἐν codd.

des anciens ; qu'il faut critiquer avec bienveillance et en philosophe l'opinion de ces anciens ; qu'il leur faut exposer, avec leurs propres opinions, celles qu'ils contredisent, comme il est équitable ; qu'il faut viser au vrai, et ne pas chercher sa gloire à blâmer ces hommes dont le mérite est estimé depuis si longtemps par des gens qui ne sont pas sans valeur, et à dire qu'ils leur sont supérieurs. Les doctrines des anciens sur les intelligibles sont pourtant bien supérieures aux leurs ; ce sont des doctrines savantes ; on le reconnaîtra facilement, si l'on n'est séduit par l'erreur, si répandue chez les hommes. Venus après les anciens, ils leur ont pris bien des choses ; ils y ont seulement fait des additions malséantes, en voulant les contredire ; ils admettent dans l'intelligible des générations et des corruptions de toute sorte ; ils blâment l'univers sensible ; ils traitent de faute l'union de l'âme avec le corps ; ils critiquent celui qui gouverne notre univers ; ils identifient le démiurge à l'âme et lui attribuent les mêmes passions qu'aux âmes particulières.

7 L'on a dit que ce monde n'a pas commencé et ne finira pas [1] ; il existe toujours, aussi longtemps que les intelligibles. Quant à l'union de notre âme avec le corps, ce n'est pas ce qu'il y a de mieux pour elle ; et on l'a dit bien avant eux. Mais conclure de notre âme à celle de l'univers, c'est comme si l'on blâmait une cité bien administrée pour n'y voir que la corporation des potiers ou des forgerons. Or il faut saisir les différences qu'il y a entre l'âme universelle [2] et la nôtre ; elle ne gouverne pas son corps de la même manière que nous ; elle n'y est pas liée ; c'est là, en dehors des mille différences indiquées ailleurs, un point auquel il fallait songer ; nous, nous sommes enchaînés à notre corps, et ce lien est pour nous chose faite ; l'âme universelle, au contraire, enchaîne en elle-même son propre corps, qui relie avec elle tous les êtres compris en lui ; elle n'est pas elle-même enchaînée par ces corps qu'elle enchaîne ; elle les domine.

1. C'est le point capital qui sépare l'hellénisme du christianisme ; voyez Ennéade II 1, et la notice.

2. C'est l'âme universelle du *Timée* ; « notre âme », c'est l'âme telle qu'elle est décrite dans le *Phédon* ; Plotin a senti parfois (II 8) qu'il n'était pas facile de concilier ces deux descriptions.

ἔδοξε παρὰ τὴν ἐκείνων δόξαν λέγειν, εὐμενῶς καὶ φιλοσόφως αὐτὰς τὰς δόξας τιθέντας αὐτῶν καὶ οἷς ἐναντιοῦνται δικαίως, πρὸς τὸ ἀληθὲς βλέποντας, οὐ τὴν εὐδοκίμησιν θηρωμένους ἐκ τοῦ [πρὸς] ἄνδρας κεκριμένους ἐκ παλαιοῦ οὐ παρὰ φαύλων ἀνδρῶν ἀγαθοὺς εἶναι ψέγειν, λέγοντας ἑαυτοὺς ἐκείνων ἀμείνους εἶναι. Ἐπεὶ τά γε εἰρημένα τοῖς παλαιοῖς περὶ τῶν νοητῶν πολλῷ ἀμείνω καὶ πεπαιδευμένως εἴρηται καὶ τοῖς μὴ ἐξαπατωμένοις τὴν ἐπιθέουσαν εἰς ἀνθρώπους ἀπάτην ῥᾳδίως γνωσθήσεται· τὰ δὲ ὕστερον τούτοις παρ᾽ ἐκείνων ληφθέντα, προσθήκας δέ τινας οὐδὲν προσηκούσας εἰληφότα, ἔν τε οἷς ἐναντιοῦσθαι θέλουσι γενέσεις καὶ φθορὰς εἰσάγοντες παντελεῖς καὶ μεμφόμενοι τῷδε τῷ παντὶ καὶ τὴν πρὸς τὸ σῶμα κοινωνίαν τῇ ψυχῇ αἰτιώμενοι καὶ τὸν διοικοῦντα τόδε τὸ πᾶν ψέγοντες καὶ εἰς ταὐτὸν ἄγοντες τὸν δημιουργὸν τῇ ψυχῇ καὶ τὰ αὐτὰ πάθη διδόντες, ἅπερ καὶ τοῖς ἐν μέρει.

7 Ὅτι μὲν οὖν οὔτε ἤρξατο οὔτε παύσεται, ἀλλ᾽ ἔστιν ἀεὶ καὶ ὅδε ὁ κόσμος, ἕως ἂν ἐκεῖνα ᾖ, εἴρηται. Τὴν δὲ πρὸς τὸ σῶμα τῇ ψυχῇ κοινωνίαν τῇ ἡμετέρᾳ πρὸ αὐτῶν εἴρηται ὡς οὐκ ἄμεινον τῇ ψυχῇ· τὸ δὲ ἀπὸ τῆς ἡμετέρας καὶ τὴν τοῦ παντὸς λαμβάνειν ὅμοιον, ὡς εἴ τις τὸ τῶν χυτρέων ἢ χαλκέων λαβὼν γένος ἐν πόλει εὖ οἰκουμένῃ τὴν ἅπασαν ψέγοι. Δεῖ δὲ τὰς διαφορὰς λαμβάνειν τὰς τῆς ὅλης ὅπως διοικεῖ, ὅτι μὴ ὁ αὐτὸς τρόπος μηδὲ ἐνδεδεμένη. Πρὸς γὰρ αὖ ταῖς ἄλλαις διαφοραῖς, αἳ μυρίαι εἴρηνται ἐν ἄλλοις, κἀκεῖνο ἐνθυμεῖσθαι ἔδει ὅτι ἡμεῖς μὲν ὑπὸ τοῦ σώματος δεδέμεθα ἤδη δεσμοῦ γεγενημένου. Ἐν γὰρ τῇ πάσῃ ψυχῇ ἡ τοῦ σώματος φύσις δεδεμένη ἤδη συνδεῖ ὃ ἂν περιλάβῃ· αὐτὴ δὲ ἡ τοῦ παντὸς ψυχὴ οὐκ ἂν δέοιτο ὑπὸ τῶν ὑπ᾽ αὐτῆς δεδεμένων· ἄρχει γὰρ ἐκείνη. Διὸ καὶ

48 τιθέντας : τιθέντες AF Darm. Marc B || 49 βλέποντας : βλέποντες Vat. || 50 πρὸς del. Creuzer || 55 τὰ δὲ : τά τε Heigl Müller || 57 ἔν τε FAB Darm. : ὥστε GE ἔν γε Müller.

Elle n'en subit pas l'action, tandis que nous, nous ne sommes pas maîtres de notre corps. La partie d'elle-même qui est tournée vers l'être divin et supérieur reste inaltérée, et agit sans obstacle ; la partie qui donne la vie au corps ne reçoit rien du corps. Selon une règle générale, ce qui subit l'action d'un objet reçoit nécessairement le caractère inhérent à cet objet, mais ne lui donne rien de lui-même en échange, si l'objet a déjà sa vie propre. Par exemple, si l'on greffe une plante, la plante subit l'action de la greffe ; la greffe subit aussi une action, et elle se dessèche ; mais c'est qu'elle abandonne à la plante la vie qu'elle avait. Si le feu qui est en vous s'éteint, le feu de l'univers ne s'éteint pas pour cela ; le feu disparût-il tout entier, cette disparition n'aurait aucune action sur l'âme qui est au delà du corps, mais seulement sur le système des corps ; et si un monde pouvait se faire avec les éléments restants, cette âme n'en prendrait nul souci. C'est que l'organisme universel n'est pas semblable à celui d'un animal individuel ; dans l'organisme universel, l'âme qui plane au-dessus de lui lui impose la permanence ; dans l'organisme individuel, les parties s'écoulent partout, et ne sont assujetties à l'ordre que par un lien de second rang. Les parties du corps universel n'ont pas de lieu où elles puissent s'écouler ; l'âme n'a point à les contenir intérieurement, ni à les faire converger vers un centre en les poussant du dehors ; la nature reste où l'âme a voulu la placer dès l'abord. Si un des corps se meut conformément à sa nature, il fait pâtir ceux qui ne peuvent pas alors se mouvoir conformément à leur nature ; mais ces corps eux-mêmes, en tant que parties de l'univers, sont entraînés comme il le faut ; quelques-uns périssent, s'ils ne sont pas compatibles avec l'ordre de l'univers ; ils sont comme une tortue qui se serait laissée prendre au milieu d'un chœur, qui s'avance en bon ordre ; elle est foulée aux pieds, parce qu'elle ne peut se soustraire aux effets de l'avance régulière du chœur ; à moins qu'elle n'ordonne avec lui ses propres mouvements ; elle n'en subira alors aucun dommage.

8 Demander pourquoi le monde a été fait, c'est demander pourquoi il y a une âme ou pourquoi le Démiurge produit. C'est donc d'abord admettre un commencement de ce qui a toujours été. C'est ensuite croire qu'il est devenu la

ἀπαθὴς πρὸς αὐτῶν, ὑμεῖς δὲ τούτων οὐ κύριοι· τὸ δ' ὅσον αὐτῆς πρὸς τὸ θεῖον τὸ ὑπεράνω ἀκέραιον μένει καὶ οὐκ ἐμποδίζεται, ὅσον δὲ αὐτῆς δίδωσι τῷ σώματι ζωὴν οὐδὲν παρ' αὐτοῦ προσλαμβάνει. Ὅλως γὰρ τὸ μὲν ἄλλου πάθημα τὸ ἐν αὐτῷ ἐξ ἀνάγκης δέχεται, αὐτὸ δ' αὖ ἐκείνῳ οὐκέτι τὸ αὐτοῦ δίδωσιν οἰκείαν ζωὴν ἔχοντι· οἷον εἰ ἐγκεντρισθέν τι εἴη ἐν ἄλλῳ, παθόντος μὲν τοῦ ἐν ᾧ συμπέπονθεν, αὐτὸ δὲ ξηρανθὲν εἴασεν ἐκεῖνο τὴν αὐτοῦ ζωὴν ἔχειν. Ἐπεὶ οὐδ' ἀποσβεννυμένου τοῦ ἐν σοὶ πυρὸς τὸ ὅλον πῦρ ἀπέσβη· ἐπεὶ οὐδ' εἰ τὸ πᾶν πῦρ ἀπόλοιτο, πάθοι ἄν τι ἡ ψυχὴ ἡ ἐκεῖ, ἀλλ' ἡ τοῦ σώματος σύστασις, καὶ εἰ οἷόν τε εἴη διὰ τῶν λοιπῶν κόσμον τινὰ εἶναι, οὐδὲν ἂν μέλοι τῇ ψυχῇ τῇ ἐκεῖ. Ἐπεὶ οὐδὲ ἡ σύστασις ὁμοίως τῷ παντὶ καὶ ζῴῳ ἑκάστῳ· ἀλλ' ἐκεῖ οἷον ἐπιθεῖ κελεύσασα μένειν, ἐνταῦθα δὲ ὡς ὑπεκφεύγοντα εἰς τὴν τάξιν τὴν ἑαυτῶν δέδεται δεσμῷ δευτέρῳ· ἐκεῖ δὲ οὐκ ἔχει ὅπου φύγῃ. Οὔτε οὖν ἐντὸς δεῖ κατέχειν οὔτε ἔξωθεν πιέζουσαν εἰς τὸ εἴσω ὠθεῖν, ἀλλ' ὅπου ἠθέλησεν ἐξ ἀρχῆς αὐτῆς ἡ φύσις μένει. Ἐὰν δέ πού τι αὐτῶν κατὰ φύσιν κινηθῇ, οἷς οὐκ ἔστι κατὰ φύσιν, ταῦτα πάσχει, αὐτὰ δὲ καλῶς φέρεται ὡς τοῦ ὅλου· τὰ δὲ φθείρεται οὐ δυνάμενα τὴν τοῦ ὅλου τάξιν φέρειν, οἷον εἰ χοροῦ μεγάλου ἐν τάξει φερομένου ἐν μέσῃ τῇ πορείᾳ αὐτοῦ χελώνη ληφθεῖσα πατοῖτο οὐ δυνηθεῖσα φυγεῖν τὴν τάξιν τοῦ χοροῦ· εἰ μέντοι μετ' ἐκείνης τάξειεν ἑαυτήν, οὐδὲν ἂν ὑπὸ τούτου οὐδὲ αὐτὴ πάθοι.

8 Τὸ δὲ διὰ τί ἐποίησε κόσμον ταὐτὸν τῷ διὰ τί ἔστι ψυχὴ καὶ διὰ τί ὁ δημιουργὸς ἐποίησεν. Ὃ πρῶτον μὲν ἀρχὴν λαμβανόντων ἐστὶ τοῦ ἀεί· ἔπειτα οἴονται τραπέντα

7 15 τὸ δ' ὅσον : τὸ γὰρ ὅσον Kirchhoff || 17 αὐτῆς : αὐτοῖς C (correx. ῆς; Marc) A Vat. || 19 αὐτὸ δ' αὖ Müller : ὅ δ' αὐτὸ CEF Ciz ὅ δ' αὖ τὸ AB τὸ δ' αὖ Heigl || 22 ἐκεῖνο : ἐκείνῳ C Vat. Marc A || 30 ὅπου : ὅποι Volkmann || φύγῃ : φύγοι AF || 39 τούτου Volkmann : τούτων.

cause de son ouvrage, après avoir lui-même changé et subi des modifications.

Il faut donc, s'ils sont bien disposés à supporter l'instruction, leur enseigner la nature des choses, pour faire cesser les injures qu'ils adressent trop facilement à des êtres que l'on doit honorer, au lieu d'en parler avec le ménagement qui conviendrait. L'on a grand tort de faire des reproches au gouvernement de l'univers, puisque, d'abord, il témoigne de la grandeur de la nature intelligible. Car s'il est arrivé à une vie qui n'a point le désordre de la vie des petits animaux engendrés incessamment, jour et nuit, par la surabondance même de la vie universelle, mais qui est une vie d'un seul tenant, claire pour l'esprit, multiple, partout répandue et témoignant d'une sagesse immense, comment ne pas dire qu'il est la statue visible et belle des dieux intelligibles? Il n'est point le monde intelligible, puisqu'il en est une image; il est dans sa nature de ne pas l'être; sans quoi, il ne serait plus une image. Et il est faux de dire que cette image n'est pas ressemblante : rien n'y est omis de ce que peut posséder une belle image, quand elle est l'œuvre de la nature. Cette image ne doit pas être en effet l'œuvre d'un artifice réfléchi : l'intelligible ne peut pas être le terme dernier de la réalité; il doit agir de deux manières, en lui-même, et sur autre chose que lui. Il faut donc qu'il y ait quelque chose après lui; s'il était seul, il n'y aurait plus rien au-dessous de lui, ce qui est tout à fait impossible; une puissance merveilleuse circule en lui; et c'est pourquoi il agit. Or, s'il y a un autre monde sensible, supérieur à celui-ci, quel est-il? Si donc il faut qu'il y ait un monde sensible, et s'il n'y en a pas d'autre que celui-ci, c'est bien lui qui garde en lui l'image de l'intelligible. Voyez donc la terre avec ses animaux variés et immortels, l'univers jusqu'au ciel, rempli d'êtres vivants; et les astres, qu'ils soient dans les sphères inférieures ou au plus haut du monde, pourquoi ne seraient-ils pas des dieux, puisqu'ils sont transportés d'un mouvement régulier et circulent avec ordre [1]? Pourquoi n'auraient-ils pas la vertu? Qu'est-ce qui les empêche de la posséder, puisqu'on ne trouve pas au

1. Toute cette fin de chapitre, comme les chapitres suivants, a pour fond la théologie et la théodicée stoïciennes, dont on trouvera

ἔκ τινος εἴς τι καὶ μεταβαλόντα αἴτιον τῆς δημιουργίας γεγονέναι. Διδακτέον οὖν αὐτούς, εἰ εὐγνωμόνως ἀνέχοιντο, τίς ἡ φύσις τούτων, ὡς αὐτοὺς παύσασθαι τῆς εἰς τὰ τίμια λοιδορίας ἣν εὐχερῶς ποιοῦνται ἀντὶ πολλῆς προσηκόντως ἂν γενομένης εὐλαβείας. Ἐπεὶ οὐδὲ τοῦ παντὸς τὴν διοίκησιν ὀρθῶς ἄν τις μέμψαιτο πρῶτον μὲν ἐνδεικνυμένην τῆς νοητῆς φύσεως τὸ μέγεθος. Εἰ γὰρ οὕτως εἰς τὸ ζῆν παρελήλυθεν, ὡς μὴ ζωὴν ἀδιάρθρωτον ἔχειν — ὁποῖα τὰ σμικρότερα τῶν ἐν αὐτῷ, ἃ τῇ πολλῇ ζωῇ τῇ ἐν αὐτῷ ἀεὶ νύκτωρ καὶ μεθ' ἡμέραν γεννᾶται — ἀλλ' ἔστι συνεχὴς καὶ ἐναργὴς καὶ πολλὴ καὶ πανταχοῦ ζωὴ σοφίαν ἀμήχανον ἐνδεικνυμένη, πῶς οὐκ ἄν τις ἄγαλμα ἐναργὲς καὶ καλὸν τῶν νοητῶν θεῶν εἴποι; Εἰ δὲ μιμούμενον μή ἐστιν ἐκεῖνο, αὐτὸ τοῦτο κατὰ φύσιν ἔχει· οὐ γὰρ ἦν ⟨ἂν⟩ ἔτι μιμούμενον. Τὸ δὲ ἀνομοίως μεμιμῆσθαι ψεῦδος· οὐδὲν γὰρ παραλέλειπται ὧν οἷόν τε ἦν καλὴν εἰκόνα φυσικὴν ἔχειν. Ἀναγκαῖον μὲν γὰρ ἦν εἶναι οὐκ ἐκ διανοίας καὶ ἐπιτεχνήσεως τὸ μίμημα· οὐ γὰρ οἷόν τε ἦν ἔσχατον τὸ νοητὸν εἶναι. Εἶναι γὰρ αὐτοῦ ἐνέργειαν ἔδει διττήν, τὴν μὲν ἐν ἑαυτῷ, τὴν δὲ εἰς ἄλλο. Ἔδει οὖν εἶναί τι μετ' αὐτό· ἐκείνου γὰρ μόνου οὐδέν ἐστιν ἔτι πρὸς τὸ κάτω, ὃ τῶν πάντων ἀδυνατώτατόν ἐστι. Δύναμις δὲ θαυμαστὴ ἐκεῖ θεῖ· ὥστε καὶ εἰργάσατο. Εἰ μὲν δὴ ἄλλος κόσμος ⟨οὐκ⟩ ἔστι τούτου ἀμείνων, τίς οὗτος; Εἰ δὲ ἀνάγκη εἶναι, ἄλλος δὲ οὐκ ἔστιν, οὗτός ἐστιν ὁ τὸ μίμημα ἀποσῴζων ἐκείνου. Γῆ μὲν δὴ πᾶσα ζῴων ποικίλων πλήρης καὶ ἀθανάτων καὶ μέχρις οὐρανοῦ μεστὰ πάντα· ἄστρα δὲ τά τε ἐν ταῖς ὑποκάτω σφαίραις τά τε ἐν τῷ ἀνωτάτω διὰ τί οὐ θεοὶ ἐν τάξει φερόμενα καὶ κόσμῳ περιιόντα; Διὰ τί γὰρ οὐκ ἀρετὴν ἕξουσιν ἢ τί κώλυμα πρὸς κτῆσιν ἀρετῆς

8 11 ἀδιάρθρωτον : ἀδιόρθωτον Ciz Marc C Mon. A || 14 ἐναργής : ἐνεργής C Marc A Mon. A || 17 ἂν Kirchhoff || 24 αὐτό : αὐτὸν F || ἐκείνου γὰρ : ἐκείνου μὲν γὰρ B || 30 τά τε ἐν : τε omis. Müller || 32 κόσμῳ : τάξει Marc A.

ciel les raisons qui font la méchanceté des êtres d'ici-bas, ni ce corps défectueux qui est à la fois troublé et cause de trouble? Et, s'ils sont toujours de loisir, pourquoi ne comprendraient-ils pas et ne saisiraient-ils pas en leur intelligence le dieu suprême et les autres dieux intelligibles? Pourquoi nous attribuer une sagesse supérieure à la leur? Comment l'admettre, à moins d'être fou? Si nos âmes ont été forcées par l'âme de l'univers de venir ici-bas, comment seraient-elles supérieures aux astres, puisqu'elles subissent cette contrainte? Dans les âmes, l'âme supérieure est celle qui commande. Si nos âmes y sont venues volontairement, pourquoi faites-vous des reproches à un monde dans lequel vous êtes venus par votre volonté, et qui vous permet de le quitter, si vous ne vous y plaisez pas? Mais si cet univers est tel que l'on puisse, en restant en lui, posséder la sagesse et vivre ici-bas conformément aux intelligibles, comment n'y pas voir une preuve qu'il est suspendu aux intelligibles?

9 Si la richesse et la pauvreté, et toutes les inégalités analogues sont des sujets de plainte, c'est d'abord qu'on ignore que le sage ne cherche point l'égalité en ces matières; pour lui, les gens opulents ou puissants n'ont aucune supériorité sur les particuliers; il laisse les autres libres de prendre au sérieux ces avantages. Il comprend qu'il y a deux genres de vie, celle des sages, et celle du vulgaire; celle du sage est dirigée vers les sommets; celle du vulgaire, celle des hommes de la terre, est elle-même de deux espèces; l'une a encore un souvenir de la vertu, et elle a quelque part au bien; mais la foule méprisable n'est plus qu'une masse de travailleurs manuels destinés à produire les objets nécessaires à la vie des gens vertueux. Un homme est un assassin; un autre, par impuissance, est vaincu par les plaisirs : qu'y a-t-il d'étonnant dans ces fautes, qui ne viennent pas de l'intelligence, mais d'âmes enfantines et puériles? S'il y a lutte et s'il y a des vainqueurs et des vaincus, comment ne pas dire que c'est très bien ainsi? Un autre vous fait tort; qu'y a-t-il de terrible pour la partie immortelle de votre être? Un autre vous assassine : voilà précisément ce que vous vouliez. D'ail-

des exposés encore plus abondants et détaillés dans les trois premiers traités de la troisième Ennéade.

αὐτοῖς ; Οὐ γὰρ δὴ ταῦτά ἐστιν ἐκεῖ, ἅπερ τοὺς ἐνταῦθα ποιεῖ κακούς, οὐδ' ἡ τοῦ σώματος κακία ἐνοχλουμένη καὶ ἐνοχλοῦσα. Διὰ τί δὲ οὐ συνιᾶσιν ἐπὶ σχολῆς ἀεὶ καὶ ἐν νῷ λαμβάνουσι τὸν θεὸν καὶ τοὺς ἄλλους τοὺς νοητοὺς θεούς, ἀλλ' ἡμῖν σοφία βελτίων ἔσται τῶν ἐκεῖ ; Ταῦτα τίς ἂν μὴ ἔκφρων γεγενημένος ἀνάσχοιτο ; Ἐπεὶ καὶ αἱ ψυχαὶ εἰ μὲν βιασθεῖσαι ὑπὸ τῆς τοῦ παντὸς ψυχῆς ἦλθον, πῶς βελτίους αἱ βιασθεῖσαι ; Ἐν γὰρ ψυχαῖς τὸ κρατῆσαν κρεῖττον. Εἰ δὲ ἑκοῦσαι, τί μέμφεσθε εἰς ὃν ἑκοῦσαι ἤλθετε διδόντος καὶ ἀπαλλάττεσθαι, εἴ τις μὴ ἀρέσκοιτο ; Εἰ δὲ δὴ καὶ τοιοῦτόν ἐστι τόδε τὸ πᾶν, ὡς ἐξεῖναι ἐν αὐτῷ καὶ σοφίαν ἔχειν καὶ ἐνταῦθα ὄντας βιοῦν κατ' ἐκεῖνα, πῶς οὐ μαρτυρεῖ ἐξηρτῆσθαι τῶν ἐκεῖ ;

9 Πλούτους δὲ καὶ πενίας εἴ τις μέμφοιτο καὶ τὸ οὐκ ἴσον ἐν τοῖς τοιούτοις ἅπασι, πρῶτον μὲν ἀγνοεῖ, ὡς ὁ σπουδαῖος ἐν τούτοις τὸ ἴσον οὐ ζητεῖ, οὐδέ τι νομίζει τοὺς πολλὰ κεκτημένους πλέον ἔχειν, οὐδὲ τοὺς δυναστεύοντας τῶν ἰδιωτῶν, ἀλλὰ τὴν τοιαύτην σπουδὴν ἄλλους ἐᾷ ἔχειν, καὶ καταμεμάθηκεν ὡς διττὸς ὁ ἐνθάδε βίος, ὁ μὲν τοῖς σπουδαίοις, ὁ δὲ τοῖς πολλοῖς τῶν ἀνθρώπων, τοῖς μὲν σπουδαίοις πρὸς τὸ ἀκρότατον καὶ ἄνω, τοῖς δὲ ἀνθρωπικωτέροις διττὸς αὖ ὢν ὁ μὲν μεμνημένος ἀρετῆς μετίσχει ἀγαθοῦ τινος, ὁ δὲ φαῦλος ὄχλος οἷον χειροτέχνης τῶν πρὸς ἀνάγκην τοῖς ἐπιεικεστέροις. Εἰ δὲ φονεύει τις ἢ ἡττᾶται τῶν ἡδονῶν ὑπὸ ἀδυναμίας, τί θαυμαστὸν καὶ ἁμαρτίας εἶναι οὐ νῷ, ἀλλὰ ψυχαῖς ὥσπερ παισὶν ἀνήβοις ; Εἰ δὲ γυμνάσιον εἴη νικώντων καὶ ἡττωμένων, πῶς οὐ καὶ ταύτῃ καλῶς ἔχει ; Εἰ δ' ἀδικῇ, τί δεινὸν τῷ ἀθανάτῳ ; Καὶ εἰ φονεύῃ, ἔχεις ὃ θέλεις. Εἰ δὲ

42 ἑκοῦσαι : ἑκόντες C.
9 1 τὸ omis. Ciz Mon. A Marc A || 3 οὐ omis. C Mon. A Vat. || 5 ἄλλους : ἄλλον F Darm. sup. lineam ἄλλοις E || 12 ἡττᾶται : ἐλαττοῦται C ἡττᾶται ἢ ἐλαττοῦται Steinhart || 15 ἀδικῇ : ἀδικεῖ F (cum η super lineam) EC || 16 φονεύῃ : φονεύει F (cum η super lineam) B.

leurs, si vous vous plaignez tant de ce monde, vous n'êtes pas forcés d'en rester citoyen.

D'autre part, ils reconnaissent qu'il y a ici-bas justice et châtiment; comment alors auraient-ils raison de faire des reproches à une cité qui donne à chacun ce qu'il mérite? La vertu y est honorée; le vice y est méprisé comme il convient; non seulement on y voit des statues des dieux; eux-mêmes, ils surveillent d'en haut; et « ils seront, dit-il, facilement acquittés par les hommes »[1], puisqu'ils mènent tout en bon ordre du commencement à la fin, et puisqu'ils donnent à chacun, dans la succession alternée de ses vies, la destinée qui lui convient et qui est la conséquence de ses vies antérieures. Celui qui l'ignore porte des jugements trop inconsidérés pour un homme, et il est bien fruste dans la science des choses divines.

Il faut s'efforcer de devenir le meilleur possible, soit! Mais faut-il croire qu'on est seul à pouvoir atteindre la perfection? Ce serait là ne pas l'avoir atteinte; il faut penser qu'il y a d'autres hommes qui sont parfaits, et qu'il y a aussi parmi les êtres bons, des démons, et, plus encore, des dieux, les dieux qui sont en cet univers et qui contemplent l'intelligible, et, par-dessus tout, le chef de cet univers, l'âme bienheureuse; après elle, il faut chanter les dieux intelligibles, et, au-dessus d'eux tous, le grand roi des êtres intelligibles, qui témoigne de sa grandeur par la pluralité même des dieux[2]. Ne pas restreindre la divinité à un seul être, la faire voir aussi multipliée que Dieu nous la manifeste effectivement, voilà qui est connaître la puissance de Dieu, capable, en restant ce qu'elle est, de produire les dieux multiples qui se rattachent à lui, existent par lui, et viennent de lui!

Ce monde sensible aussi est par lui et regarde vers lui, ainsi que tous les dieux, dont chacun fait connaître aux hommes, par prophétie et par oracle, tout ce qui a de l'affinité avec eux. Qu'ils ne soient pas le Dieu suprême lui-même, c'est tout naturel; mais, si vous voulez les mépriser et si vous vous vantez de ne pas leur être inférieurs, je vous dirai d'abord, que, meilleur on est, plus on est bienveillant envers tous les êtres, comme envers les hommes; de plus il faut nous

1. Citation en dialecte ionien ; je n'ai pu identifier l'auteur.

2. Le passage s'adresse à des monothéistes chrétiens.

ἤδη μέμφῃ, πολιτεύεσθαι ἀνάγκην οὐκ ἔχεις. Ὁμολογεῖται δὲ καὶ δίκας εἶναι ἐνθάδε καὶ κολάσεις. Πῶς οὖν ὀρθῶς ἔχει μέμφεσθαι πόλει διδούσῃ ἑκάστῳ τὴν ἀξίαν; Οὗ καὶ ἀρετὴ τετίμηται, καὶ κακία τὴν προσήκουσαν ἀτιμίαν ἔχει, καὶ θεῶν οὐ μόνον ἀγάλματα, ἀλλὰ καὶ αὐτοὶ ἄνωθεν ἐφορῶντες, οἳ ῥηιδίως αἰτίας, φησίν, ἀποφεύξονται πρὸς ἀνθρώπων, πάντα ἄγοντες τάξει ἐξ ἀρχῆς εἰς τέλος μοῖραν ἑκάστῳ τὴν προσήκουσαν διδόντες κατὰ ἀμοιβὰς βίων τοῖς προυπηργμένοις ἀκόλουθον· ἣν ὁ ἀγνοῶν προπετέστερος ἀνθρώπων περὶ πραγμάτων θείων ἀγροικιζόμενος. Ἀλλὰ χρὴ ὡς ἄριστον μὲν αὐτὸν πειρᾶσθαι γενέσθαι, μὴ μόνον δὲ αὐτὸν νομίζειν ἄριστον δύνασθαι γενέσθαι; Οὕτω γὰρ οὔπω ἄριστος· ἀλλὰ καὶ ἀνθρώπους ἄλλους ἀρίστους, ἔτι καὶ δαίμονας ἀγαθοὺς εἶναι, πολὺ δὲ μᾶλλον θεοὺς τούς τε ἐν τῷδε ὄντας κἀκεῖ βλέποντας, πάντων δὲ μάλιστα τὸν ἡγεμόνα τοῦδε τοῦ παντός, ψυχὴν μακαριωτάτην· ἐντεῦθεν δὲ ἤδη καὶ τοὺς νοητοὺς ὑμνεῖν θεούς, ἐφ᾽ ἅπασι δὲ ἤδη τὸν μέγαν τῶν ἐκεῖ βασιλέα καὶ ἐν τῷ πλήθει μάλιστα τῶν θεῶν τὸ μέγα αὐτοῦ ἐνδεικνύμενον· οὐ γὰρ τὸ συστεῖλαι εἰς ἕν, ἀλλὰ τὸ δεῖξαι πολὺ τὸ θεῖον, ὅσον ἔδειξεν αὐτός, τοῦτό ἐστι δύναμιν θεοῦ εἰδότων, ὅταν μένων ὅς ἐστι πολλοὺς ποιῇ πάντας εἰς αὐτὸν ἀνηρτημένους καὶ δι᾽ ἐκεῖνον καὶ παρ᾽ ἐκείνου ὄντας. Καὶ ὁ κόσμος δὲ ὅδε δι᾽ ἐκεῖνόν ἐστι κἀκεῖ βλέπει καὶ πᾶς καὶ θεῶν ἕκαστος καὶ τὰ ἐκείνου προφητεύει ἀνθρώποις καὶ χρῶσιν ἃ ἐκείνοις φίλα. Εἰ δὲ μὴ τοῦτό εἰσιν, ὃ ἐκεῖνός ἐστιν, αὐτὸ τοῦτο κατὰ φύσιν ἔχει. Εἰ δ᾽ ὑπερορᾶν θέλεις καὶ σεμνύνεις σαυτὸν ὡς οὐ χείρων, πρῶτον μέν, ὅσῳ τις ἄριστος, πρὸς πάντας εὐμενῶς ἔχει καὶ πρὸς ἀνθρώπους· ἔπειτα σεμνύ-

23 τάξει : ἐν τάξει C Mon. A Marc. A || 34 τῶν ἐκεῖ : τὸν ἐκεῖ C || 35 ἐνδεικνύμενον C Marc A : ἐνδεικνυμένους cet. codd. || 38 δι᾽ ἐκεῖνον : δι᾽ ἐκείνου C Ciz. Marc. A || 45 ἔχει καὶ : ἔχει <καὶ πρὸς θεοὺς> καὶ Kirchhoff Müller || σεμνύνειν Heigl Kirchhoff : σεμνόν codd.

estimer avec mesure, sans grossièreté, et sans nous élever plus haut que notre nature ne peut nous faire monter; il faut penser qu'il y a place pour d'autres que nous auprès de Dieu; il ne faut pas nous mettre seuls à sa suite et, en nous envolant près de lui en rêve, nous priver de devenir un dieu, autant qu'il est possible à une âme humaine. Cela lui est possible dans la mesure où elle est conduite par l'intelligence; dépasser l'intelligence, c'est en fait en déchoir. Des hommes peu sensés se laissent persuader en entendant tout à coup des paroles comme celles-ci : « Tu seras supérieur à tous, aux hommes comme aux dieux. » Grande est la présomption chez les hommes, fussent-ils auparavant humbles, modestes et de simples profanes, dès qu'ils s'entendent dire : « Toi, tu es un fils de Dieu; les autres, que tu admirais tant, ne sont pas des fils de Dieu, pas même les astres qu'on honore par tradition; tu es, sans effort, supérieur même au ciel. » Puis les autres applaudissent. C'est comme si un homme qui ne sait pas compter, au milieu d'une foule de gens qui n'en savent pas plus, entendait dire qu'il a mille coudées; il croirait qu'il a mille coudées, et, en apprenant que les autres ont cinq coudées, il imaginerait seulement le nombre mille comme un nombre fort grand.

De plus, si Dieu exerce sa providence en votre faveur, pourquoi négligerait-il l'ensemble du monde dans lequel vous êtes? C'est, dites-vous, parce qu'il n'a pas le loisir de le regarder et parce qu'il ne lui est pas permis de regarder en bas hors de lui-même; pourquoi le regard qu'il jette sur vous n'est-il pas un regard hors de lui-même, tandis qu'il regarderait hors de lui-même, s'il regardait le monde dans lequel vous êtes? Et, s'il ne regarde pas hors de lui-même pour surveiller le monde, il ne vous regarde pas non plus. — Les hommes, direz-vous, n'ont pas besoin qu'il regarde le monde. — Oui, mais le monde en a besoin; ainsi le monde connaît son ordre propre; ainsi ceux qui sont en lui savent en quel sens ils sont dans le monde et en quel sens ils sont dans l'intelligible; ainsi ceux des hommes qui sont aimés de Dieu, supportent avec patience les événements qui résultent pour eux du mouvement de translation de l'univers; car il faut envisager non pas ce qui est agréable à chacun, mais l'univers entier; de cette manière on honore chacun selon son mérite; on tend au but que visent tous les êtres, autant qu'ils le peu-

νειν δεῖ εἰς μέτρον μετὰ οὐκ ἀγροικίας ἐπὶ τοσοῦτον ἰόντα, ἐφ᾽ ὅσον ἡ φύσις δύναται ἡμῶν ἀνιέναι, τοῖς δ᾽ ἄλλοις νομίζειν εἶναι χώραν παρὰ τῷ θεῷ καὶ μὴ αὐτὸν μόνον μετ᾽ ἐκεῖνον τάξαντα ὥσπερ ὀνείρασι πέτεσθαι ἀποστεροῦντα ἑαυτὸν καθ᾽ ὅσον ἐστὶ δυνατὸν ψυχῇ ἀνθρώπου θεῷ γενέσθαι· δύναται δὲ εἰς ὅσον νοῦς ἄγει· τὸ δὲ ὑπὲρ νοῦν ἤδη ἐστὶν ἔξω νοῦ πεσεῖν. Πείθονται δὲ ἄνθρωποι ἀνόητοι τοῖς τοιούτοις τῶν λόγων ἐξαίφνης ἀκούοντες ὡς σὺ ἔσῃ βελτίων ἁπάντων οὐ μόνον ἀνθρώπων, ἀλλὰ καὶ θεῶν· πολλὴ γὰρ ἐν ἀνθρώποις ἡ αὐθάδεια, καὶ ὁ πρότερον ταπεινὸς καὶ μέτριος καὶ ἰδιώτης ἀνὴρ εἰ ἀκούσειε· σὺ εἶ θεοῦ παῖς, οἱ δ᾽ ἄλλοι, οὓς ἐθαύμαζες, οὐ παῖδες οὐδὲ ⟨ἄστρα⟩ ἃ τιμῶσιν ἐκ πατέρων λαβόντες, σὺ δὲ κρείττων καὶ τοῦ οὐρανοῦ οὐδὲν πονήσας. Εἶτα καὶ συνεπηχοῦσιν ἄλλοι. Οἷον εἰ ἐν πλείστοις ἀριθμεῖν οὐκ εἰδόσιν ἀριθμεῖν οὐκ εἰδὼς πήχεων χιλίων εἶναι ἀκούοι, τί ἂν ἢ χιλιόπηχυς εἶναι νομίζοι; ⟨Εἰ δὲ⟩ τοὺς ἄλλους πενταπήχεις εἶναι ἀκούοι, μόνον δὲ φαντάζοιτο ὡς τὰ χίλια ἀριθμὸς μέγας. Εἶτ᾽ ἐπὶ τούτοις ὑμῶν προνοεῖ ὁ θεός, τοῦ δὲ κόσμου παντὸς ἐν ᾧ καὶ αὐτοὶ διὰ τί ἀμελεῖ; Εἰ μὲν γάρ, ὅτι οὐ σχολὴ αὐτῷ πρὸς αὐτὸν βλέπειν οὐδὲ θέμις αὐτῷ, πρὸς τὸ κάτω καὶ πρὸς αὐτοὺς βλέπων διὰ τί οὐκ ἔξω βλέπει καὶ πρὸς τὸν κόσμον δὲ βλέπει ἐν ᾧ εἰσιν; Εἰ δὲ μὴ ἔξω, ἵνα μὴ τὸν κόσμον ἐφορᾷ, οὐδὲ αὐτοὺς βλέπει. Ἀλλ᾽ οὐδὲν δέονται αὐτοῦ· ἀλλ᾽ ὁ κόσμος δεῖται καὶ οἶδε τὴν τάξιν αὐτοῦ καὶ οἱ ἐν αὐτῷ ὅπως ἐν αὐτῷ καὶ ὅπως ἐκεῖ, καὶ ἀνδρῶν οἳ ἂν θεῷ ὦσι φίλοι, πρᾴως μὲν τὰ παρὰ τοῦ κόσμου φέροντες, εἴ τι ἐκ τῆς τῶν πάντων φορᾶς ἀναγκαῖον αὐτοῖς συμβαίνει· οὐ γὰρ πρὸς τὸ ἑκάστῳ καταθύμιον, ἀλλὰ πρὸς τὸ πᾶν δεῖ βλέπειν· τιμῶν δὲ ἑκάστους

50 καθ᾽ ὅσον Volkmann : καὶ ὅσον codd. || 52 ἔξω νοῦ : ἔξω νοῦ τοῦ AF || 58 ἄστρα Müller : τίμια Kirchhoff || 59 post πονήσας lacunam conj. Volkmann || 62 εἰ δὲ addidi : εἰ Müller || 67 βλέπων : βλέπειν A (ων super lineam) C Vat. || 71 καὶ ὅπως : καὶ ὅπερ Vat.

vent (beaucoup d'êtres visent ce but ; ceux qui l'atteignent sont heureux ; les autres ont la destinée qui leur convient le mieux) ; on ne se donne pas à soi tout seul le pouvoir de l'atteindre. Se vanter de posséder un bien, ce n'est pas le posséder ; souvent, on sait bien qu'on ne le possède pas, et on dit qu'on le possède, ou bien on croit le posséder, alors qu'on ne le possède pas, et être seul à le posséder, quand on n'est pas seul à le posséder.

10 Examinez beaucoup d'autres points, et même tous les points de leur doctrine : vous y trouverez une ample matière à faire voir, argument par argument, en quoi elle consiste. Mais, pour moi, j'ai quelque honte à voir certains de nos amis, qui avaient rencontré cette doctrine avant de devenir nos amis, persister à la garder, je ne sais pourquoi. Pourtant, eux, ils n'hésitent pas ; ils veulent donner à leur doctrine une apparence de vérité, en l'accompagnant de preuves solides, ou même ils croient qu'elle est véritable, ce qui les fait parler comme ils parlent. Mais c'est à mes disciples et non à eux que ces discours s'adressent ; car cela ne fera rien de plus pour les convaincre, eux ; je veux éviter que mes disciples soient embarrassés, non par les démonstrations qu'ils apportent (et comment en apporteraient-ils ?), mais par leurs vantardises. J'écrirais d'une toute autre manière, si je voulais me défendre contre leur audace à railler les paroles, si belles et si conformes à la vérité, des hommes divins d'autrefois [1] : il faut donc laisser de côté un examen détaillé de ce genre [2] ; si l'on a bien compris les quelques points dont nous avons parlé, ce sera suffisant pour être instruit de tous les autres. Il faut donc abandonner cette discussion, après avoir indiqué cependant un point de leur doctrine qui dépasse tous les autres en absurdité, s'il faut encore parler d'absurdité.

Selon eux, l'âme et une certaine sagesse ont incliné vers le bas, soit que l'âme ait incliné la première, soit que la sagesse ait été la cause de l'inclinaison de l'âme, soit enfin

1. C'est-à-dire, sans doute, les doctrines platoniciennes de la divinité des astres et de l'éternité du monde.

2. Voyez, *Vie de Plotin* 16, comment il confia à ses disciples Amélius et Porphyre l'examen détaillé des doctrines et des écrits des gnostiques.

κατ' ἀξίαν, σπεύδων δ' ἀεὶ οὗ πάντα σπεύδει τὰ δυνάμενα — πολλὰ δὲ εἶναι τὰ σπεύδοντα ἐκεῖ, καὶ τὰ μὲν τυγχάνοντα μακάρια, τὰ δὲ ὡς δυνατὸν ἔχει τὴν προσήκουσαν αὐτοῖς μοῖραν — οὐχ αὐτῷ μόνῳ διδοὺς τὸ δύνασθαι· οὐ γάρ, εἰ ἐπαγγέλλοιτο ἔχειν ὃ λέγει τις ἔχει, ἀλλὰ πολλοὶ καὶ εἰδότες ὅτι μὴ ἔχουσι, λέγουσιν ἔχειν καὶ οἴονται ἔχειν οὐκ ἔχοντες καὶ μόνοι ἔχειν, ὃ αὐτοὶ μόνοι οὐκ ἔχουσιν.

10 Πολλὰ μὲν οὖν καὶ ἄλλα, μᾶλλον δὲ πάντα ἄν τις ἐξετάζων ἀφθονίαν ἔχοι ἂν καθ' ἕκαστον λόγον δεικνὺς ὡς ἔχει. Αἰδὼς γάρ τις ἡμᾶς ἔχει πρός τινας τῶν φίλων, οἳ τούτῳ τῷ λόγῳ ἐντυχόντες πρότερον ἢ ἡμῖν φίλοι γενέσθαι οὐκ οἶδ' ὅπως ἐπ' αὐτοῦ μένουσι. Καίτοι αὐτοὶ οὐκ ὀκνοῦσι τὰ αὐτῶν ἐθέλοντες δοκεῖν εἶναι ἀληθῆ ἀξιοπίστως ἢ καὶ οἰόμενοι τὰ αὐτῶν οὕτως ἔχειν λέγειν ἃ δὴ λέγουσιν· ἀλλ' ἡμεῖς πρὸς τοὺς γνωρίμους, οὐ πρὸς αὐτοὺς λέγοντες — πλέον γὰρ οὐδὲν ἂν γίγνοιτο πρὸς τὸ πείθειν αὐτούς — ἵνα μὴ πρὸς αὐτῶν ἐνοχλοῖντο οὐκ ἀποδείξεις κομιζόντων — πῶς γάρ; — ἀλλ' ἀπαυθαδιζομένων, ταῦτα εἰρήκαμεν, ἄλλου ὄντος τρόπου, καθ' ὃν ἄν τις γράφων ἠμύνατο τοὺς διασύρειν τὰ τῶν παλαιῶν καὶ θείων ἀνδρῶν καλῶς καὶ τῆς ἀληθείας ἐχομένως εἰρημένα τολμῶντας. Ἐκείνως μὲν οὖν ἐατέον ἐξετάζειν· καὶ γὰρ τοῖς ταῦτα ἀκριβῶς λαβοῦσι τὰ νῦν εἰρημένα ἔσται καὶ περὶ τῶν ἄλλων ἁπάντων ὅπως ἔχει εἰδέναι· ἐκεῖνο δὲ εἰπόντα ἐατέον τὸν λόγον, ὃ δὴ καὶ πάντα ὑπερβέβληκεν ἀτοπίᾳ, εἰ δεῖ ἀτοπίαν τοῦτο λέγειν. Ψυχὴν γὰρ εἰπόντες νεῦσαι κάτω καὶ σοφίαν τινά, εἴτε τῆς ψυχῆς ἀρξάσης, εἴτε τῆς τοιαύτης αἰτίας γενομένης

77 εἶναι : ἔστι Volkmann || ἐκεῖ καὶ : ἐκεῖ πάντα καὶ BCF || 80 εἰ Kirchhoff : ἢ codd. || 80 ἐπαγγέλλοιτο : ἐπαγγέλλει τὸ C Creuzer || ἔχει Kirchhoff : ἔχειν || 81 πολλοὶ Volkmann : πολλὰ codd.

10 7 ἃ δὴ : δὴ ἃ AFE || 14 ἐχομένως : ἐχομένων C || 17 ἐκεῖνο Kirchhoff : ἐκεῖνα codd.

que l'âme soit identique à la sagesse. Les autres âmes, qui sont des membres de la sagesse, sont, disent-ils, descendues ensemble et se sont revêtues de corps, par exemple de corps humains, tandis que celle qui est la raison de la descente des âmes, n'est point descendue; c'est-à-dire qu'elle ne s'incline pas, mais illumine seulement les ténèbres. De cette illumination est née une image dans la matière. Puis ils imaginent une image de cette image qui traverse ici-bas ce qu'ils appellent la matière, ou la matérialité, quelque nom qu'ils veuillent lui donner (car ils disent tantôt l'un, tantôt l'autre, et ils emploient bien d'autres noms pour mieux obscurcir leur pensée); alors ils engendrent l'être qu'ils appellent le démiurge; ils racontent qu'il s'éloigne de sa mère; puis ils font procéder de lui le monde de reflets en reflets jusqu'aux derniers, afin d'injurier avec violence le démiurge qui les a dessinés.

11 D'abord, si la sagesse n'est pas descendue, mais si elle a seulement illuminé les ténèbres, de quel droit dit-on qu'elle s'est inclinée? Si l'on veut dire qu'un courant lumineux est issu d'elle, l'expression *s'incliner* ne convient pas, à moins d'admettre qu'il y avait effectivement une réalité située quelque part en bas, que la sagesse est venue d'un mouvement local jusqu'à cette réalité, et l'a illuminée en s'approchant d'elle.

D'autre part, si elle reste en elle-même et illumine sans faire pour cela aucun acte particulier, pourquoi est-elle seule à illuminer? Pourquoi les êtres qui sont plus puissants qu'elle ne le font-ils pas aussi?

De plus, si elle n'a pu illuminer qu'après avoir eu la pensée réfléchie du monde et par suite de cette pensée, pourquoi ne produit-elle pas le monde, dès qu'elle a illuminé les ténèbres? Pourquoi a-t-elle attendu la génération des images? De plus cette pensée réfléchie du monde, cette « terre étrangère », comme ils l'appellent, qui est produite, disent-ils, par des puissances supérieures, pourquoi n'a-t-elle pas amené à s'incliner ceux qui l'ont produite?

En outre, pourquoi la matière, quand elle est éclairée, produit-elle des reflets animés et non des corps? Le reflet d'une âme n'a nullement besoin des ténèbres ni de la ma-

σοφίας, εἴτε ἄμφω ταὐτὸν θέλουσιν εἶναι, τὰς μὲν ἄλλας ψυχὰς συγκατεληλυθέναι λέγοντες καὶ μέλη τῆς σοφίας ταύτας μὲν ἐνδῦναι λέγουσι σώματα, οἷον τὰ τῶν ἀνθρώπων ἧς δὲ χάριν καὶ αὗται κατῆλθον, ἐκείνην λέγουσι πάλιν αὖ μὴ κατελθεῖν, οἷον μὴ νεῦσαι, ἀλλ' ἐλλάμψαι μόνον τὸ σκότος, εἶτ' ἐκεῖθεν εἴδωλον ἐν τῇ ὕλῃ γεγονέναι. Εἶτα τοῦ εἰδώλου εἴδωλον πλάσαντες ἐνταῦθά που δι' ὕλης ἢ ὑλότητος ἢ ὅ τι ὀνομάζειν θέλουσι, τὸ μὲν ἄλλο, τὸ δὲ ἄλλο λέγοντες, καὶ πολλὰ ἄλλα ὀνόματα εἰπόντες οὗ λέγουσιν εἰς ἐπισκότησιν, τὸν λεγόμενον παρ' αὐτοῖς δημιουργὸν γεννῶσι καὶ ἀποστάντα τῆς μητρὸς ποιήσαντες τὸν κόσμον παρ' αὐτοῦ ἄγουσιν ἐπ' ἔσχατα εἰδώλων, ἵνα σφόδρα λοιδορήσηται ὁ τοῦτο γράψας.

11 Πρῶτον μὲν οὖν, εἰ μὴ κατῆλθεν, ἀλλ' ἐνέλαμψε τὸ σκότος, πῶς ἂν ὀρθῶς λέγοιτο νενευκέναι; Οὐ γάρ, εἴ τι παρ' αὐτῆς ἔρρευσεν οἷον φῶς, ἤδη νενευκέναι αὐτὴν λέγειν προσήκει· εἰ μή που τὸ μὲν ἔκειτό που ἐν τῷ κάτω, ἡ δὲ ἦλθε τοπικῶς πρὸς αὐτὸ καὶ ἐγγὺς γενομένη ἐνέλαμψεν. Εἰ δ' ἐφ' αὐτῆς μένουσα ἐνέλαμψε μηδὲν εἰς τοῦτο ἐργασαμένη, διὰ τί μόνη αὐτὴ ἐνέλαμψεν, ἀλλ' οὐ τὰ δυνατώτερα αὐτῆς ἐν τοῖς οὖσιν; Εἰ δὲ τῷ λογισμόν λαβεῖν αὐτὴ κόσμου ἠδυνήθη ἐλλάμψαι ἐκ τοῦ λογισμοῦ, διὰ τί οὐχ ἅμα ἐλλάμψασα καὶ κόσμον ἐποίησεν, ἀλλ' ἔμεινε τὴν τῶν εἰδώλων γένεσιν; Ἔπειτα καὶ ὁ λογισμὸς ὁ τοῦ κόσμου, ἡ γῆ αὐτοῖς ἡ ξένη λεγομένη γενομένη ὑπὸ τῶν μειζόνων, ὡς λέγουσιν αὐτοί, οὐ κατήγαγεν εἰς νεῦσιν τοὺς ποιήσαντας. Ἔπειτα πῶς ἡ ὕλη φωτισθεῖσα εἴδωλα ψυχικὰ ποιεῖ, ἀλλ' οὐ σωμάτων φύσιν; Ψυχῆς δὲ εἴδωλον οὐδὲν ἂν δέοιτο σκότους ἢ ὕλης, ἀλλὰ γενόμενον, εἰ γίνεται, παρα-

25 τὸ σκότος : τῷ σκότῳ CEF || 27 πλάσαντες : πλάσαντος C Mon. A Marc A Vat. || 29 οὗ : ὃ F in marg. Heigl οὐ BE || 32 ἄγουσιν Heigl : λέγουσιν codd. λοιδορήσηται : ληρήσῃ Volkmann ||
11 9 ἐλλάμψαι : ἐκλάμψαι C Mon. A Vat.

tière ; s'il se produit, il accompagne sa cause productrice et lui reste attaché.

De plus, ce reflet est-il une substance, ou bien, comme ils le disent, un objet de pensée ? Si c'est une substance, en quoi diffère-t-il de l'être d'où il vient ? Si c'est une autre espèce d'âme, et si la première âme est une âme raisonnable, ce reflet est sans doute une âme végétative ou génératrice. Comment, dans ce cas, le démiurge aurait-il créé « afin d'être honoré » ? Comment aurait-il créé « par orgueil et par audace » ? C'est, en effet, lui enlever l'action par représentation, et, encore plus, la faculté de raisonner ; de plus pourquoi alors celui qui a fait le monde devait-il le faire d'une matière et d'un pareil reflet ? Mais, si c'est un objet de pensée, il faut d'abord indiquer d'où lui vient ce nom ; puis en quel sens il existe, à moins d'accorder à une simple notion la puissance de produire. Outre que ce reflet est une fiction, comment se fait la production des êtres ? Dire qu'il y a d'abord tel être, puis, après lui, tel autre être, c'est complètement arbitraire. Pourquoi le feu est-il le premier être ?

12 Et comment ce reflet qui vient de naître, entreprend-il de créer en se souvenant des êtres qu'il a vus ? Pourtant il n'était pas là où il aurait pu les voir, pas plus lui que la mère qu'on lui donne.

En outre, ils ne sont pas eux-mêmes les reflets d'âmes, mais des âmes véritables venues ici-bas ; à peine pourtant un ou deux d'entre eux peuvent s'évader du monde et arriver, à grand'peine, à se souvenir des êtres qu'ils ont vus autrefois ; comment alors ne pas s'étonner que ce reflet qui vient de naître, ait une pensée (obscure, à vrai dire, selon eux) des êtres intelligibles, que sa mère, qui est un reflet dans la matière, ait également cette pensée, et que non seulement il les pense et tire du monde intelligible l'idée du monde sensible, mais y apprenne les éléments dont le monde sensible est formé ? Pourquoi produit-il d'abord le feu ? D'où vient qu'il a pensé qu'il faut le produire le premier ? Pourquoi pas un autre élément ? Et s'il était capable de produire le feu en le pensant, pourquoi ne pouvait-il pas en pensant le monde le produire d'un coup ? D'autant qu'il faut penser le tout avant les parties ; et les idées des autres choses étaient également comprises dans sa pensée. L'action productrice est

κολουθοῖ ἂν τῷ ποιήσαντι καὶ συνηρτημένον ἔσται. Ἔπειτα πότερον οὐσία τοῦτο ἤ, ὥς φασιν, ἐννόημα; Εἰ μὲν γὰρ οὐσία, τίς ἡ διαφορὰ πρὸς τὸ ἀφ' οὗ; Εἰ δ' ἄλλο εἶδος ψυχῆς, εἰ ἐκείνη λογική, τάχα ἂν φυτικὴ καὶ γεννητικὴ αὕτη· εἰ δὲ τοῦτο, πῶς ἂν ἔτι, ἵνα τιμῷτο, καὶ πῶς δι' ἀλαζονείαν καὶ τόλμαν ἐποίει; Καὶ ὅλως τὸ διὰ φαντασίας καὶ ἔτι μᾶλλον τὸ λογίζεσθαι ἀνῄρηται. Τί δ' ἔτι ἔδει ἐμποιεῖν ἐξ ὕλης καὶ εἰδώλου τὸν ποιήσαντα; Εἰ δ' ἐννόημα, πρῶτον τὸ ὄνομα ἐπισημαντέον ὅθεν· ἔπειτα πῶς ἔστιν, εἰ μὴ τῷ ἐννοήματι δώσει τὸ ποιεῖν; Ἀλλὰ πρὸς τῷ πλάσματι πῶς ἡ ποίησις; Τουτὶ μὲν πρῶτον, ἄλλο δὲ μετ' ἐκεῖνο, ἀλλ' ὡς ἐπ' ἐξουσίας λέγοντες. Διὰ τί δὲ πρῶτον πῦρ;

12. Καὶ ἄρτι γενόμενον πῶς ἐπιχειρεῖ μνήμῃ ὧν εἶδεν; Ἀλλ' ὅλως οὐκ ἦν, ἵνα ἂν καὶ εἶδεν, οὔτε αὐτὸς οὔτε ἡ μήτηρ, ἣν διδόασιν αὐτῷ. Εἶτα πῶς οὐ θαυμαστὸν αὐτοὺς μὲν οὐκ εἴδωλα ψυχῶν ἐνθάδε ἐλθόντας εἰς τὸν κόσμον τόνδε, ἀλλ' ἀληθινὰς ψυχάς, μόλις καὶ ἀγαπητῶς ἕνα ἢ δύο αὐτῶν ἐκ τοῦ κόσμου κινηθῆναι ⟨καὶ⟩ ἐλθόντας εἰς ἀνάμνησιν μόλις ἀναπόλησιν λαβεῖν ὧν ποτε εἶδον, τὸ δὲ εἴδωλον τοῦτο, εἰ καὶ ἀμυδρῶς, ὡς λέγουσιν, ἀλλ' οὖν ἄρτι γενόμενον ἐνθυμηθῆναι ἐκεῖνα ἢ καὶ τὴν μητέρα αὐτοῦ, εἴδωλον ὑλικόν, καὶ μὴ μόνον ἐνθυμηθῆναι ἐκεῖνα καὶ κόσμου λαβεῖν ἔννοιαν ⟨ἐκ⟩ κόσμου ἐκείνου, ἀλλὰ καὶ μαθεῖν ἐξ ὧν ἂν γένοιτο; Πόθεν δὴ καὶ πρῶτον πῦρ ποιῆσαι οἰηθέντα δεῖν τοῦτο πρῶτον; Διὰ τί γὰρ οὐκ ἄλλο; Ἀλλ' εἰ ἐδύνατο ποιεῖν ἐνθυμηθεὶς πῦρ, διὰ τί ἐνθυμηθεὶς κόσμον — πρῶτον γὰρ ἔδει ἐνθυμηθῆναι τὸ ὅλον — οὐ κόσμον

22 ἐποίει Müller : ποιεῖ codd. || 23 μᾶλλον τὸ ABF : μᾶλλον τοῦ C || 27 ποίησις ; τουτὶ : ποίησις ; ⟨ἢ ποιῆσαι⟩ τουτὶ Müller.

12. 2 ὅλως : ὅμως C Vat. Ciz || 4 εἰς τὸν κόσμον τόνδε ut dittographiam reiecit Kirchhoff || 6 καὶ Heigl Kirchhoff || 11 ἐκ Kirchhoff || 15 πρῶτον γὰρ : πρῶτον μὲν γὰρ C Mon. A Marc A Vat. || τὸ : τὸν E.

d'ailleurs une action naturelle qui n'est pas comparable à celle des artisans ; les arts sont postérieurs à la nature et au monde. Voyez, même maintenant, les produits des forces naturelles particulières ; ce n'est pas d'abord du feu, puis autre chose, puis le mélange de toutes ces choses ; c'est un dessin d'ensemble où s'esquisse déjà, dans le ventre de la mère, la forme de l'animal entier. Pourquoi donc aussi, dans le premier cas, ne se dessine-t-il pas dans la matière une esquisse du monde qui comprenne la terre, le feu et les autres éléments ? Peut-être, s'ils avaient eux-mêmes fabriqué le monde, ils l'auraient fait ainsi, parce qu'ils ont une âme plus réelle que celle du démiurge ; mais le démiurge n'a pas su le faire !

Pourtant, pour prévoir la grandeur du ciel ou plutôt son exacte dimension, pour prévoir l'obliquité du zodiaque, le mouvement de translation des planètes qui sont au-dessous du ciel, une disposition de la terre, tout cela tel que l'on puisse en donner les raisons, il fallait mieux qu'un reflet, il fallait une puissance issue des êtres parfaits. Et c'est ce qu'ils reconnaissent eux-mêmes malgré eux : « l'illumination dans les ténèbres », à bien l'examiner, leur fera reconnaître les causes véritables du monde. Car pourquoi la sagesse devrait-elle illuminer les ténébres, si ce n'était pas du tout une nécessité ? Cette illumination ou bien est conforme à la nature ou bien lui est contraire. Si elle lui est conforme, elle a toujours été. Si elle lui est contraire, il y a donc dans l'intelligible même des choses contraires à la nature ; alors les maux sont antérieurs au monde visible, et le monde n'est pas la cause des maux ; les réalités intelligibles sont cause de mal pour le monde ; ce n'est pas du monde que le mal vient en l'âme ; c'est de l'âme que le mal vient dans le monde ; et l'argument ira à faire remonter le mal jusqu'aux principes premiers. Mais s'ils disent que la matière est également la cause des maux, qu'ils nous disent l'origine de la matière ; car l'âme en s'inclinant a vu et a illuminé une obscurité qui, d'après eux, existait déjà. D'où vient donc la matière ? S'ils disent que l'âme l'a produite en s'inclinant, elle n'avait donc pas alors de lieu où s'incliner, et la cause de l'inclinaison est alors non pas l'obscurité mais la nature même de l'âme. C'est dire que l'inclinaison est due à une nécessité qui a précédé la matière ; et la responsabilité des maux retombe sur les êtres primitifs.

ἀθρόως ἐποίει; Ἐμπεριείχετο γὰρ κἀκεῖνα ἐν τῇ ἐνθυμήσει. Φυσικώτερον γὰρ πάντως, ἀλλ' οὐχ ὡς αἱ τέχναι ἐποίει. ὕστεραι γὰρ τῆς φύσεως καὶ τοῦ κόσμου αἱ τέχναι. Ἐπεὶ καὶ νῦν καὶ τὰ κατὰ μέρος γινόμενα ὑπὸ τῶν φύσεων οὐ πρῶτον πῦρ, εἶθ' ἕκαστον, εἶτα φύρασις τούτων, ἀλλὰ περιβολὴ καὶ περιγραφὴ τυποῦσα ἐπὶ τοῖς καταμηνίοις παντὸς τοῦ ζῴου. Διὰ τί οὖν οὐ κἀκεῖ ἡ ὕλη περιεγράφετο τύπῳ κόσμου, ἐν ᾧ τύπῳ καὶ γῆ καὶ πῦρ καὶ τὰ ἄλλα; Ἀλλ' ἴσως αὐτοὶ οὕτω κόσμον ἐποίησαν ἂν ὡς ἀληθεστέρᾳ ψυχῇ χρώμενοι, ἐκεῖνος δὲ οὕτως ἠγνόει ποιῆσαι. Καίτοι προιδεῖν καὶ μέγεθος οὐρανοῦ, μᾶλλον δὲ τοσοῦτον εἶναι, καὶ λόξωσιν τῶν ζῳδίων καὶ τῶν ὑπ' αὐτὸν τὴν φορὰν καὶ τὴν γῆν οὕτως, ὡς ἔχειν εἰπεῖν αἰτίας δι' ἃς οὕτως, οὐκ εἰδώλου ἦν, ἀλλὰ πάντως ἀπὸ τῶν ἀρίστων τῆς δυνάμεως ἐλθούσης· ὃ καὶ αὐτοὶ ἄκοντες ὁμολογοῦσιν. Ἡ γὰρ ἔλλαμψις ἡ εἰς τὸ σκότος ἐξετασθεῖσα ποιήσει ὁμολογεῖν τὰς ἀληθεῖς τοῦ κόσμου αἰτίας. Τί γὰρ ἐλλάμπειν ἔδει, εἰ μὴ πάντως ἔδει; Ἢ γὰρ κατὰ φύσιν ἢ παρὰ φύσιν ἀνάγκη. Ἀλλ' εἰ μὲν κατὰ φύσιν, ἀεὶ οὕτως· εἰ δὲ παρὰ φύσιν, καὶ ἐν τοῖς ἐκεῖ ἔσται τὸ παρὰ φύσιν, καὶ τὰ κακὰ πρὸ τοῦ κόσμου τοῦδε, καὶ οὐχ ὁ κόσμος αἴτιος τῶν κακῶν, ἀλλὰ τἀκεῖ τούτῳ, καὶ τῇ ψυχῇ οὐκ ἐντεῦθεν, ἀλλὰ παρ' αὐτῆς ἐνταῦθα· καὶ ἥξει ὁ λόγος ἀναφέρων τὸν κόσμον ἐπὶ τὰ πρῶτα. Εἰ δὲ δή, καὶ ἡ ὕλη, ὅθεν ἐφάνη. Ἡ γὰρ ψυχὴ ἡ νεύσασα ἤδη ὂν τὸ σκότος, φασίν, εἶδε καὶ κατέλαμψε. Πόθεν οὖν τοῦτο; Εἰ δ' αὐτὴν φήσουσι ποιῆσαι νεύσασαν, οὐκ ἦν δηλονότι ὅπου ἂν ἔνευσεν, οὐδ' αὖ τὸ σκότος αἴτιον τῆς νεύσεως, ἀλλ' αὐτὴ ἡ ψυχῆς φύσις. Τοῦτο δὲ ταὐτὸν ταῖς προηγησαμέναις ἀνάγκαις· ὥστε ἐπὶ τὰ πρῶτα ἡ αἰτία.

18 ὕστεραι : ὕστερον C Mon. A Marc A Vat. || 24 ἂν ὡς Kirchhoff : ὡς ἂν codd. || 27 καὶ τῶν : καὶ τὴν F || ὑπ' αὐτὸν : ἐπ' αὐτὸν A (ὑπ super lineam) F (id.) E ὑπ' αὐτῶν Vat. in marg. || 38 τὸν κόσμον : τὸ κακὸν coniecerim || 39 ἐφάνη Kirchhoff : φανείη codd. || 42 ἔνευσεν : ἀνένευσεν F Marc B || αὖ τὸ : αὐτὸ EF.

13 Celui qui se plaint de la nature du monde ne sait donc pas ce qu'il fait et jusqu'où va son audace. C'est qu'il ignore la suite régulière des choses, des premières aux secondes, puis aux troisièmes, et ainsi de suite jusqu'aux dernières : il ne faut donc pas insulter des êtres parce qu'ils sont inférieurs aux premiers ; il faut accepter avec douceur la nature de tous les êtres. Qu'ils s'élèvent eux-mêmes jusqu'aux premiers êtres ; qu'ils abandonnent ce ton tragique en parlant des prétendus dangers de l'âme dans les sphères du monde. Ces sphères n'ont que bienveillance à leur égard. Qu'ont-elles de terrible, pour effrayer ceux qui ignorent les raisons et ne sont pas instruits dans la connaissance scientifique et régulière des choses ? Leurs corps sont des corps en ignition ? On n'a pas à les redouter, puisque ce feu est proportionné à l'univers et à la terre ; il faut plutôt considérer leurs âmes, puisque c'est par l'âme que nos adversaires eux-mêmes jugent de leur propre valeur. Pourtant les corps mêmes des sphères sont déjà d'une grandeur et d'une beauté supérieures aux autres ; ils collaborent aux phénomènes naturels, qui ne pourraient pas se produire sans les causes premières ; ils complètent l'univers, et ils en sont des parties considérables. Et si l'homme a plus de prix que les autres animaux, les corps célestes valent mieux encore, puisqu'ils sont dans l'univers non point pour en être les tyrans, mais pour lui apporter ordre et beauté. On dit que les événements dérivent de ces corps ; mais il faut penser qu'ils sont seulement les signes des événements futurs [1], et que les différences entre les êtres qui naissent simultanément proviennent des hasards (car les mêmes événements ne peuvent arriver à chacun des individus), des circonstances de leur naissance, de l'éloignement des diverses régions où ils naissent et des dispositions de leurs âmes. Il ne faut pas exiger non plus que tous les hommes soient bons, puis se hâter de se plaindre parce que c'est impossible, quand on estime d'autre part que les choses sensibles ne diffèrent en rien des êtres intelligibles et quand on croit que le mal n'est que l'amoindrissement de la sagesse et une diminution progressive et continuelle du bien ; ce serait dire que la nature est mauvaise parce qu'elle n'est pas une

1. C'est l'indication des thèses astrologiques, dont Plotin a si souvent parlé, en particulier *Ennéade*, II 3.

13 Ὁ ἄρα μεμφόμενος τῇ τοῦ κόσμου φύσει οὐκ οἶδεν ὅ τι ποιεῖ, οὐδ᾽ ὅποι τὸ θράσος αὐτοῦ τοῦτο χωρεῖ. Τοῦτο δέ, ὅτι οὐκ ἴσασι τάξιν ἐφεξῆς πρώτων καὶ δευτέρων καὶ τρίτων καὶ ἀεὶ μέχρι τῶν ἐσχάτων, καὶ ὡς οὐ λοιδορητέον τοῖς χείροσι τῶν πρώτων, ἀλλὰ πρᾴως συγχωρητέον τῇ πάντων φύσει αὐτὸν θέοντα πρὸς τὰ πρῶτα παυσάμενον τῆς τραγῳδίας τῶν φοβερῶν, ὡς οἴονται, ἐν ταῖς τοῦ κόσμου σφαίραις, αἳ δὴ πάντα μείλιχα τεύχουσιν αὐτοῖς· τί γὰρ φοβερὸν ἔχουσιν αὗται, ὡς φοβοῦσι τοὺς ἀπείρους λόγων καὶ πεπαιδευμένης ἀνηκόους καὶ ἐμμελοὺς γνώσεως ; Οὐ γάρ, εἰ πύρινα τὰ σώματα αὐτῶν, φοβεῖσθαι δεῖ συμμέτρως πρὸς τὸ πᾶν καὶ πρὸς τὴν γῆν ἔχοντα, εἰς δὲ τὰς ψυχὰς αὐτῶν βλέπειν, αἷς καὶ αὐτοὶ δήπουθεν ἀξιοῦσι τίμιοι εἶναι. Καίτοι καὶ τὰ σώματα αὐτῶν μεγέθει καὶ κάλλει διαφέροντα συμπράττοντα καὶ συνεργοῦντα τοῖς κατὰ φύσιν γιγνομένοις, ἃ οὐκ ἂν οὐ γένοιτό ποτε ἔστ᾽ ἂν ᾖ τὰ πρῶτα, συμπληροῦντα δὲ τὸ πᾶν καὶ μεγάλα μέρη ὄντα τοῦ παντός. Εἰ δὲ ἄνθρωποι τίμιόν τι παρ᾽ ἄλλα ζῷα, πολλῷ μᾶλλον ταῦτα οὐ τυραννίδος ἕνεκα ἐν τῷ παντὶ ὄντα, ἀλλὰ κόσμον καὶ τάξιν παρέχοντα. Ἃ δὲ λέγεται γίνεσθαι παρ᾽ αὐτῶν σημεῖα ⟨δεῖ⟩ νομίζειν τῶν ἐσομένων εἶναι, γίνεσθαι δὲ τὰ γινόμενα διάφορα καὶ τύχαις — οὐ γὰρ οἷόν τε ἦν ταὐτὰ περὶ ἑκάστους συμβαίνειν — καὶ καιροῖς γενέσεων καὶ τόποις πλεῖστον ἀφεστηκόσι καὶ διαθέσεσι ψυχῶν. Καὶ οὐκ ἀπαιτητέον πάλιν ἀγαθοὺς πάντας, οὐδ᾽ ὅτι μὴ τοῦτο δυνατόν, μέμφεσθαι προχείρως ⟨προσήκει⟩ πάλιν ἀξιοῦσι μηδὲν διαφέρειν ταῦτα ἐκείνων, τό τε κακὸν μὴ νομίζειν ἄλλο τι ἢ τὸ ἐνδεέστερον εἰς φρόνησιν καὶ ἔλαττον ἀγαθὸν καὶ ἀεὶ πρὸς τὸ σμικρότερον· οἷον εἴ τις τὴν φύσιν κακὸν λέγοι, ὅτι μὴ αἴσθησίς ἐστι,

13 7 οἴονται : οἷόν τε Mon. A || 17 συμπληροῦντα : συμμετροῦντα C Mon. A Marc A Vat. || 21 <δεῖ> addidi || 22 γίνεσθαι : γίνεται EA (γίνεσθαι sup. lin.) Darm. || 27 προσήκει Müller.

âme sensitive, et la sensation mauvaise parce qu'elle n'est pas la raison. Si le mal consiste à ne pas être la réalité supérieure[1], ils seront forcés d'admettre qu'il y a aussi des maux dans les âmes intelligibles ; car l'âme y est inférieure à l'intelligence, et l'intelligence à un autre principe.

14 Par ailleurs, ils admettent, moins que personne, la pureté sans souillure des êtres d'en haut. Lorsqu'ils composent des incantations adressées à ces êtres, et non seulement à l'âme, mais aux êtres supérieurs à l'âme, qu'est cela, sinon employer des paroles pour les enchanter, les charmer et les affecter ? Croient-ils donc que ces êtres obéissent à leur voix et sont entraînés par elle, si l'on connaît assez bien l'art pour chanter selon les règles, pour crier, pour aspirer, pour siffler, pour émettre toutes ces formules composées pour charmer les êtres d'en haut[2] ? S'ils refusent d'aller jusque-là, qu'ils disent comment des êtres incorporels obéissent à des paroles. Tous ces procédés qui, dans leur pensée, doivent donner plus de poids à leur doctrine, lui enlèvent tout sérieux, sans qu'ils s'en aperçoivent.

Ils prétendent aussi purger leurs corps des maladies ; s'ils prétendaient le faire comme les philosophes, grâce à la tempérance et à une vie régulière, ils auraient raison. Mais pour eux, les maladies sont des êtres démoniaques ; et ils se vantent en paroles de posséder la puissance de les chasser par des formules ! Voilà qui leur donnera du poids auprès du vulgaire, toujours en admiration devant les puissances magiques ; mais ils ne persuaderont pas les gens de bon sens que les maladies n'ont pas pour causes la fatigue, la réplétion, la vacuité, la corruption, en un mot des transformations qui ont leur principe en dedans ou au dehors de nous.

Le traitement des maladies en est la preuve. Une purgation, une potion, une saignée font sortir la maladie ; la diète aussi nous guérit ; est-ce parce que le démon a faim ? Est-ce parce que la potion le fait fondre ? Quand on guérit, il est des cas où il sort subitement du corps, d'autres où il y reste ;

1. Le texte paraît ici altéré. Voyez la conjecture de l'apparat.

2. D'après ce passage et la fin du chapitre, les gnostiques pratiquaient donc deux formes de magie, la conjuration des pouvoirs

καὶ τὸ αἰσθητικόν, ὅτι μὴ λόγος. Εἰ δὲ ** μή, κἀκεῖ τὰ κακὰ ἀναγκασθήσονται λέγειν εἶναι· καὶ γὰρ ἐκεῖ ψυχὴ χεῖρον νοῦ καὶ οὗτος ἄλλου ἔλαττον.

14 Μάλιστα δὲ αὐτοὶ καὶ ἄλλως ποιοῦσιν οὐκ ἀκήρατα τὰ ἐκεῖ. Ὅταν γὰρ ἐπαοιδὰς γράφωσιν ὡς πρὸς ἐκεῖνα λέγοντες, οὐ μόνον πρὸς τὴν ψυχήν, ἀλλὰ καὶ τὰ ἐπάνω, τί ποιοῦσιν ἢ γοητείας καὶ θέλξεις καὶ πείσεις λέγουσι ὡς λόγῳ ὑπακούειν καὶ ἄγεσθαι, εἴ τις ἡμῶν τεχνικώτερος εἰπεῖν ταδὶ καὶ οὑτωσὶ μέλη καὶ ἤχους καὶ προσπνεύσεις καὶ σιγμοὺς τῆς φωνῆς καὶ τὰ ἄλλα, ὅσα ἐκεῖ μαγεύειν γέγραπται. Εἰ δὲ μὴ βούλονται τοῦτο λέγειν, ἀλλὰ πῶς φωναῖς τὰ ἀσώματα ; Ὥστε οἷς σεμνοτέρους αὐτῶν τοὺς λόγους ποιοῦσι φαίνεσθαι, τούτοις λελήθασιν αὐτοὺς τὸ σεμνὸν ἐκείνων ἀφαιρούμενοι. Καθαίρεσθαι δὲ νόσων λέγοντες αὐτούς, λέγοντες μὲν ἂν σωφροσύνῃ καὶ κοσμίᾳ διαίτῃ, ἔλεγον ἂν ὀρθῶς, καθάπερ οἱ φιλόσοφοι λέγουσι· νῦν δὲ ὑποστησάμενοι τὰς νόσους δαιμόνια εἶναι καὶ ταῦτα ἐξαιρεῖν λόγῳ φάσκοντες δύνασθαι καὶ ἐπαγγελλόμενοι σεμνότεροι μὲν ἂν εἶναι δόξαιεν παρὰ τοῖς πολλοῖς, οἳ τὰς παρὰ τοῖς μάγοις δυνάμεις θαυμάζουσι, τοὺς μέντοι εὖ φρονοῦντας οὐκ ἂν πείθοιεν, ὡς οὐχ αἱ νόσοι τὰς αἰτίας ἔχουσιν ἢ καμάτοις ἢ πλησμοναῖς ἢ ἐνδείαις ἢ σήψεσι καὶ ὅλως μεταβολαῖς ἢ ἔξωθεν τὴν ἀρχὴν ἢ ἔνδοθεν λαβούσαις. Δηλοῦσι δὲ καὶ αἱ θεραπεῖαι αὐτῶν. Γαστρὸς γὰρ ῥυείσης ἢ φαρμάκου δοθέντος διεχώρησε κάτω εἰς τὸ ἔξω τὸ νόσημα καὶ αἵματος ἀφῃρημένου, καὶ ἔνδεια δὲ ἰάσατο, ἢ πεινήσαντος τοῦ δαιμονίου καὶ τοῦ φαρμάκου ποιήσαντος τήκεσθαι, ποτὲ δὲ ἀθρόως ἐξελθόντος, ἢ μένοντος ἔνδον.

31 εἰ δὲ μὴ lacunam conicio · εἰ δὲ <κακὸν ὅτι> μὴ fortasse.
14 3 μόνον πρὸς τὴν : μόνον τὴν AE Darm. μόνον πρὸς FBC Mon. A Vat. || 4 ὡς λόγῳ Müller : καὶ λόγῳ codd. || 8 μὴ omis. Marc C || 9 οἷς : οἳ BCE Mon. A Marc AF in marg. A sup. lin. || 15 φάσκοντες : φαίνοντες C Ciz Vat.

s'il y reste, pourquoi n'est-on plus malade, puisqu'il est en nous ; et, quand il sort, pourquoi s'en va-t-il ? Quel mal a-t-il subi ? C'est, dit-on, que la maladie le nourrissait ; la maladie est alors autre chose que le démon. De plus, s'il entre dans le corps sans qu'il y ait de cause de maladie, pourquoi n'est-on pas toujours malade ? S'il y entre seulement quand il y a une cause, à quoi sert-il pour expliquer la maladie ? Cette cause est bien suffisante pour produire la fièvre ; il est ridicule d'admettre que, dès que la cause de la maladie survient, il se présente tout de suite avec elle un démon prêt à l'assister.

On voit bien maintenant le sens et le but de leurs affirmations ; et nous avons rappelé ce qu'ils disent des démons, pour les faire bien connaître. Quant au reste, je vous le laisse à examiner en lisant leurs livres. Ne l'oubliez jamais : la philosophie que nous recherchons rend manifestes avec tous les autres biens, la simplicité des mœurs et la pureté des pensées ; elle recherche la gravité et non l'arrogance ; la confiance qu'elle nous donne en nous-mêmes s'accompagne de raison, d'assurance, et aussi de prudence et d'une extrême circonspection [1]. La doctrine adverse s'établit en complète opposition avec la nôtre. Et il me convient de ne pas parler d'eux davantage.

15 Mais il faut avant tout songer à l'influence de leurs discours sur l'âme des auditeurs et de ceux qu'ils persuadent de mépriser le monde et tout ce qu'il contient. Il y a deux doctrines sur la fin de biens [2] ; l'une pose comme fin le plaisir des corps ; l'autre préfère l'honnête et la vertu ; le désir que

célestes (et il faut noter que Plotin lui-même a failli être victime de cette forme de magie comme il est raconté au chapitre 10 de sa *Vie* ; Olympius n'était-il pas un de ces gnostiques, qui voulut se venger de Plotin ?), et l'exorcisme des démons.

1. L'union de l'assurance et de la circonspection est un des thèmes de la prédication morale d'Épictète (*Entret.*, II 1).

2. C'est la classification banale de doctrines, par laquelle débutaient tous les cours de morale, depuis Chrysippe ; cf. Cicéron, *Acad. Pr.* II, 138 ; le cours de morale stoïcien était devenu de pratique courante dans toutes les écoles.

Ἀλλ᾽ εἰ μὲν ἔτι μένοντος, πῶς ἔνδον ὄντος οὐ νοσεῖ ἔτι; Εἰ δὲ ἐξελήλυθε, διὰ τί; Τί γὰρ αὐτὸ πέπονθεν; Ἢ ὅτι ἐτρέφετο ὑπὸ τῆς νόσου. Ἦν ἄρα ἡ νόσος ἑτέρα οὖσα τοῦ δαίμονος. Ἔπειτα, εἰ οὐδενὸς ὄντος αἰτίου εἴσεισι, διὰ τί οὐκ ἀεὶ νοσεῖ; Εἰ δὲ γενομένου αἰτίου, τί δεῖ τοῦ δαίμονος πρὸς τὸ νοσεῖν; Τὸ γὰρ αἴτιον τὸν πυρετὸν αὔταρκές ἐστιν ἐργάσασθαι. Γελοῖον δὲ τὸ ἅμα τὸ αἴτιον γενέσθαι καὶ εὐθέως ὥσπερ παρυποστῆναι τῷ αἰτίῳ τὸ δαιμόνιον ἕτοιμον ὄν. Ἀλλὰ γάρ, ὅπως καὶ ταῦτα εἴρηται αὐτοῖς καὶ ὅτου χάριν, δῆλον· τούτου γὰρ ἕνεκα οὐχ ἧττον καὶ τούτων τῶν δαιμονίων ἐμνήσθημεν. Τὰ δ᾽ ἄλλα ὑμῖν καταλείπω ἀναγινώσκουσιν ἐπισκοπεῖσθαι καὶ θεωρεῖν ἐκεῖνο πανταχοῦ, ὡς τὸ μὲν παρ᾽ ἡμῶν εἶδος φιλοσοφίας μεταδιωκόμενον πρὸς τοῖς ἄλλοις ἅπασιν ἀγαθοῖς καὶ τὴν ἁπλότητα τοῦ ἤθους μετὰ τοῦ φρονεῖν καθαρῶς ἐνδείκνυται, τὸ σεμνόν, οὐ τὸ αὔθαδες μεταδιώκουσα, τὸ θαρραλέον μετὰ λόγου καὶ μετὰ ἀσφαλείας πολλῆς καὶ εὐλαβείας καὶ πλείστης περιωπῆς ἔχουσα· [τὰ δὲ ἄλλα τῷ τοιούτῳ παραβάλλειν]. Τὸ δὲ παρὰ τῶν ἄλλων ἐναντιώτατα κατεσκευάσθαι διὰ πάντων· οὐδὲν γὰρ ἂν πλέον [οὕτω γὰρ] περὶ αὐτῶν λέγειν ἡμῖν ἂν πρέποι.

15 Ἐκεῖνο δὲ μάλιστα δεῖ μὴ λανθάνειν ἡμᾶς, τί ποτε ποιοῦσιν οἱ λόγοι οὗτοι εἰς τὰς ψυχὰς τῶν ἀκουόντων καὶ τοῦ κόσμου καὶ τῶν ἐν αὐτῷ καταφρονεῖν πεισθέντων. Δυεῖν γὰρ οὐσῶν αἱρέσεων τοῦ τυχεῖν τοῦ τέλους, μιᾶς μὲν τῆς ἡδονὴν τὴν τοῦ σώματος τέλος τιθεμένης, ἑτέρας δὲ τῆς τὸ καλὸν καὶ τὴν ἀρετὴν αἱρουμένης, οἷς καὶ ἐκ θεοῦ

28 ἐτρέφετο : ἐστρέφετο AE || 33 ἕτοιμον : αἴτιον A (ἕτοιμον sup. lin.) F (ἕτοιμον in marg.) || 43 τὰ δὲ — παραβάλλειν glossa videtur || 44 κατεσκεύασται BE : κατεσκευάσθαι CF || 45 οὕτω γὰρ del. Volkmann : οὕτω γε Müller || ἡμῖν ἂν : ἡμῖν <οὐχ> ἂν Müller, qui sic interpungit πάντων, οὐδὲν — πλέον. οὕτω — πρέποι.

15 6 οἷς : ἧς F.

nous en avons procède de Dieu et nous rattache à lui (comment ? C'est ce qu'il faut voir ailleurs). Épicure nie la providence, et il nous conseille de rechercher à nous complaire dans les plaisirs ; c'est la seule chose qui nous reste. Mais la doctrine présente est bien plus téméraire ; elle réprimande le maître de la providence et la providence elle-même ; elle outrage toutes les lois de notre univers ; elle tourne en dérision les vertus qu'on y a trouvées de tout temps, comme la tempérance : pour ne plus laisser aucune honnêteté dans notre univers, ils y détruisent la tempérance, ainsi que cette justice, innée dans les cœurs, qui s'achève par la raison et par l'exercice ; ils détruisent tout ce qui peut faire l'homme de bien. Ce qui leur reste, c'est à rechercher le plaisir, à songer à eux, à éviter toute société avec les autres hommes et à se borner à leurs intérêts, à moins d'avoir un naturel assez bon pour résister à ces doctrines ; pour eux, plus aucun but honnête à rechercher, mais une fin bien différente. Et pourtant, puisqu'ils « possèdent la connaissance », ils n'avaient qu'à partir de là pour aller plus loin ; en poursuivant, ils auraient certainement atteint les réalités premières, puisqu' « ils procèdent d'une nature divine » ; c'est le propre de cette nature de sentir ce qui est honnête, puisqu'elle méprise les plaisirs du corps. Mais, quand on n'a aucune part à la vertu, rien ne vous pousse vers les choses d'en haut. Ce qui prouve ce défaut chez eux, c'est qu'ils n'ont aucune doctrine de la vertu ; ils ont laissé ce sujet complètement de côté ; ils ne disent ni ce qu'elle est ni combien il y a de vertus ; ils ignorent les considérations des anciens, si nombreuses et si belles ; ils n'indiquent pas comment on acquiert la vertu, comment on la possède, et comment on guérit et on purifie les âmes[1]. Il est tout à fait superflu de dire : « Regardez vers Dieu », si l'on n'enseigne pas comment regarder ; qui empêche en effet,

1. On sent, dans ce passage, qui affirme la nécessité de l'éducation morale, rationnelle et technique, une tendance qui ira se développant au cours des derniers travaux de Plotin ; si l'enchantement du monde intelligible a été son point de départ (cf. le traité *du Beau,* I 6), la résignation stoïcienne et le sentiment de complaisance dans l'œuvre de la providence ont été le point vers lequel il tendait (III 2. 3 ; I 7).

καὶ εἰς θεὸν ἀνήρτηται ἡ ὄρεξις — πῶς δέ, ἐν ἄλλοις θεωρητέον — ὁ μὲν Ἐπίκουρος τὴν πρόνοιαν ἀναιρῶν τὴν ἡδονὴν καὶ τὸ ἥδεσθαι, ὅπερ ἦν λοιπόν, τοῦτο διώκειν παρακελεύεται· ὁ δὲ λόγος οὗτος ἔτι νεανικώτερον τὸν τῆς προνοίας κύριον καὶ αὐτὴν τὴν πρόνοιαν μεμψάμενος καὶ πάντας νόμους τοὺς ἐνταῦθα ἀτιμάσας καὶ τὴν ἀρετὴν τὴν ἐκ παντὸς τοῦ χρόνου ἀνηυρημένην τό τε σωφρονεῖν τοῦτο ἐν γέλωτι θέμενος, ἵνα μηδὲν καλὸν ἐνταῦθα δὴ ὀφθείη ὑπάρχον, ἀνεῖλε τό τε σωφρονεῖν καὶ τὴν ἐν τοῖς ἤθεσιν σύμφυτον δικαιοσύνην τὴν τελειουμένην ἐκ λόγου καὶ ἀσκήσεως καὶ ὅλως καθ' ἃ σπουδαῖος ἄνθρωπος ἂν γένοιτο. Ὥστε αὐτοῖς καταλείπεσθαι τὴν ἡδονὴν καὶ τὸ περὶ αὑτοὺς καὶ τὸ οὐ κοινὸν πρὸς ἄλλους ἀνθρώπους καὶ τὸ τῆς χρείας μόνον, εἰ μή τις τῇ φύσει τῇ αὑτοῦ κρείττων εἴη τῶν λόγων τούτων· τούτων γὰρ οὐδὲν αὐτοῖς καλόν, ἀλλὰ ἄλλο τι, ὅ ποτε μεταδιώξουσι. Καίτοι ἐχρῆν τοὺς ἤδη ἐγνωκότας ἐντεῦθεν διώκειν, διώκοντας δὲ πρῶτα κατορθοῦν ταῦτα ἐκ θείας φύσεως ἥκοντας· ἐκείνης γὰρ τῆς φύσεως καλοῦ ἐπαΐειν, τὴν ἡδονὴν τοῦ σώματος ἀτιμαζούσης. Οἷς δὲ ἀρετῆς μὴ μέτεστιν, οὐκ ἂν εἶεν τὸ παράπαν κινηθέντες πρὸς ἐκεῖνα. Μαρτυρεῖ δὲ αὐτοῖς καὶ τόδε τὸ μηδένα λόγον περὶ ἀρετῆς πεποιῆσθαι, ἐκλελοιπέναι δὲ παντάπασι τὸν περὶ τούτων λόγον, καὶ μήτε τί ἐστιν εἰπεῖν μήτε πόσα μήτε ὅσα τεθεώρηται πολλὰ καὶ καλὰ τοῖς τῶν παλαιῶν λόγοις, μήτε ἐξ ὧν περιέσται καὶ κτήσεται, μήτε ὡς θεραπεύεται ψυχὴ μήτε ὡς καθαίρεται. Οὐ γὰρ δὴ τὸ εἰπεῖν « βλέπε πρὸς θεόν » προὔργου τι ἐργάζεται, ἐὰν μὴ καὶ πῶς βλέψει διδάξῃ. Τί γὰρ κωλύει, εἴποι τις

7 πῶς Volkmann : ὡς || 8 ἀναιρῶν FBE Darm. : ἀνελὼν AB (sup. lin.) E (id.) C Mon. A || 10 τὸν : τὸ F in marg. || 15 τό τε Creuzer : τε τὸ CE Vat. Ciz τὸ A Darm. Müller || 19 αὑτοὺς Volkmann : αὐτοὺς || 25 καλοῦ : καλὸν Vat. Volkmann (cf. Müller *Berl. phil. Woch.* 1917, p. 1056 || 34 καὶ πῶς Volkmann : πῶς καὶ codd. || βλέψει C Marc A Marc C : βλέψῃ EF.

pourrait-on dire, de regarder vers Dieu sans s'abstenir d'aucun plaisir et sans réprimer la colère ? Qui empêche de faire toujours revenir le nom de Dieu, tout en restant dominé par les passions, et sans rien essayer pour s'en délivrer ? Ce sont les progrès de la vertu intérieure à l'âme et accompagnée de prudence qui nous font voir Dieu : sans la vertu véritable, Dieu n'est qu'un mot.

16 Non, encore une fois : mépriser le monde, mépriser les dieux et toutes les beautés qui sont en lui, ce n'est pas devenir un homme de bien. C'est le méchant qui méprise les dieux, et avant toute instruction ; ou s'il ne les méprisait pas d'abord et s'il n'était pas d'ailleurs méchant, il le devient par le mépris même [1]. Les honneurs qu'ils prétendent rendre aux dieux intelligibles ne s'accordent pas avec leur mépris du monde ; quand on aime quelqu'un, on aime aussi tous ceux qui lui sont apparentés ; on aime les enfants, quand on aime leur père ; or toute âme vient du père intelligible. Et les âmes des astres ont bien plus d'intelligence, de bonté, bien plus de contact avec les intelligibles que les nôtres. Comment notre monde existerait-il, si on le séparait, comme par une coupure, du monde intelligible ? Comment, en lui, y aurait-il des dieux ? Nous l'avons déjà dit ; disons maintenant qu'ils méprisent les êtres apparentés aux choses intelligibles, parce qu'ils ne connaissent ces choses qu'en parole. Nier que la providence pénètre en ce monde et en toutes choses, est-ce là de la piété ? Est-ce là être d'accord avec eux-mêmes ? Car ils prétendent que la providence s'exerce uniquement en leur faveur : est-ce quand ils étaient là-haut, ou maintenant qu'ils sont ici ? Dans le premier cas, comment sont-ils descendus ? Dans le second, comment restent-ils ici-bas ? Comment Dieu n'est-il pas lui-même ici-bas ? Sans quoi, d'où saurait-il qu'ils sont ici-bas ? Comment saurait-il que, dans ce séjour inférieur, ils ne l'ont pas oublié et ne sont pas devenus des méchants ? Mais s'il connaît ceux qui ne sont pas devenus des

1. C'est là l'indication du paradoxe stoïcien : « les méchants sont impies ; car la piété se définit la justice envers les dieux ; or les méchants transgressent souvent cette justice. » (Stobée apud Arnim *Frag. Vet. Stoic.* III, n° 860).

ἄν, βλέπειν καὶ μηδεμιᾶς ἀπέχεσθαι ἡδονῆς, ἢ ἀκρατῆ θυμοῦ εἶναι μεμνημένον μὲν ὀνόματος τοῦ θεός, συνεχόμενον δὲ ἅπασι πάθεσι, μηδὲν δὲ αὐτῶν πειρώμενον ἐξαιρεῖν ; Ἀρετὴ μὲν οὖν εἰς τέλος προιοῦσα καὶ ἐν ψυχῇ ἐγγενομένη μετὰ φρονήσεως θεὸν δείκνυσιν· ἄνευ δὲ ἀρετῆς ἀληθινῆς θεὸς λεγομένος ὄνομά ἐστιν.

16 Οὐδ' αὖ τῷ καταφρονῆσαι κόσμου καὶ θεῶν τῶν ἐν αὐτῷ καὶ τῶν ἄλλων καλῶν ἀγαθόν ἐστι γενέσθαι. Καὶ γὰρ πᾶς κακὸς καὶ πρὸ τοῦ καταφρονήσειεν ἂν θεῶν, καὶ μὴ πρότερον καταφρονήσας, καὶ εἰ τὰ ἄλλα μὴ πάντα κακὸς εἴη, αὐτῷ τούτῳ ἂν γεγονὼς εἴη. Καὶ γὰρ ἂν καὶ ἡ πρὸς τοὺς νοητοὺς θεοὺς λεγομένη αὐτοῖς τιμὴ ἀσυμπαθὴς ἂν γένοιτο· ὁ γὰρ τὸ φιλεῖν πρὸς ὁτιοῦν ἔχων καὶ τὸ συγγενὲς πᾶν οὗ φιλεῖ ἀσπάζεται καὶ τοὺς παῖδας ὧν τὸν πατέρα ἀγαπᾷ· ψυχὴ δὲ πᾶσα πατρὸς ἐκείνου. Ψυχαὶ δὲ καὶ ἐν τούτοις καὶ νοεραὶ καὶ ἀγαθαὶ καὶ συναφεῖς τοῖς ἐκεῖ πολὺ μᾶλλον ἢ αἱ ἡμῶν· πῶς γὰρ ἂν ἀποτμηθεὶς ὅδε ὁ κόσμος ἐκείνου ἦν ; Πῶς δὲ οἱ ἐν αὐτῷ θεοί ; Ἀλλὰ ταῦτα μὲν καὶ πρότερον· νῦν δέ, ὅτι καὶ τῶν συγγενῶν ἐκείνοις καταφρονοῦντες [ὅτι] μηδὲ ἐκεῖνα ἴσασιν, ἀλλ' ἢ λόγῳ. Ἐπεὶ καὶ τὸ πρόνοιαν μὴ διικνεῖσθαι εἰς τὰ τῇδε ἢ εἰς ὁτιοῦν, πῶς εὐσεβές ; Πῶς δὲ καὶ σύμφωνον ἑαυτοῖς ⟨λέγουσι⟩ ; Λέγουσι γὰρ αὐτῶν προνοεῖν αὖ μόνον. Πότερα δὲ ἐκεῖ γενομένων ἢ καὶ ἐνθάδε ὄντων ; Εἰ μὲν γὰρ ἐκεῖ, πῶς ἦλθον ; Εἰ δὲ ἐνθάδε, πῶς ἔτι εἰσὶν ἐνθάδε ; Πῶς δὲ οὐ καὶ αὐτός ἐστιν ἐνθάδε ; Πόθεν γὰρ γνώσεται, ὅτι εἰσὶν ἐνθάδε ; Πῶς δέ, ὅτι ἐνθάδε ὄντες οὐκ ἐπελάθοντο αὐτοῦ καὶ ἐγένοντο κακοί ; Εἰ δὲ γινώσκει τοὺς μὴ γενομένους κακούς,

16 3 πᾶς κακὸς ut dittographiam reiecit Müller, *ibid.* : τις κακὸς Volkmann || 6 θεοὺς omis. Müller || 14 [ὅτι] Kirchoff || 15 τὸ πρόνοιαν : τὴν πρόνοιαν B Ciz Marc BF τὸ τὴν πρόνοιαν correx. BF || 16 καὶ omis. C Ciz Marc B Marc C || λέγουσι Kirchhoff || 21 ἐπελάθοντο : ἀπελάθοντο Müller.

méchants, il connaît aussi ceux qui le sont devenus, pour les distinguer les uns des autres. Il est donc présent à tous les êtres, et il est dans notre monde, de quelque manière qu'on puisse le concevoir[1] ; le monde participe donc à Dieu. Ou si Dieu est absent du monde, il n'est pas non plus en vous, et vous ne pourrez rien dire ni de lui ni des êtres qui viennent après lui. Que la providence s'étende de là-bas jusqu'à vous, ou qu'il en soit comme vous voudrez, le monde contient en tout cas quelque chose qui vient de Dieu ; il n'est pas abandonné de lui, et il ne le sera jamais. La Providence veille au tout bien plus qu'aux parties, et l'âme du tout y participe plus que les autres ; la preuve, c'est l'existence, et l'existence accompagnée de sagesse. Qui de ces insensés, qui se croient au-dessus de la sagesse, a la belle régularité et la sagesse de l'univers ? Pareil rapprochement est ridicule et déplacé, et, quand on ne le fait pas pour les besoins de la discussion, l'on n'est pas exempt d'impiété. Il est même insensé de poser la question ; il faut être aveugle, n'avoir ni sens ni intelligence[2], être par conséquent bien loin de contempler le monde intelligible, puisque l'on ne sait même pas regarder le monde sensible. Est-il un musicien, connaissant les rapports intelligibles d'harmonie, qui ne soit ému en écoutant un accord sensible dans les sons ? Est-il un géomètre ou un arithméticien, connaissant les rapports, la proportion et l'ordre, qui ne se plaise à les voir avec les yeux du corps ? Voici un tableau ; on ne le regarde pas de la même manière, et l'on n'y voit pas les mêmes choses, quand on le regarde avec les yeux, et quand on y reconnaît l'image dans le sensible d'un être situé dans le monde intelligible ; quel trouble alors, quand on vient à se souvenir de la réalité véritable ! De cet état naît l'amour[3]. Il en est qui, en voyant l'image de la beauté sur un visage, sont transportés dans l'intelligible ; d'autres ont une pensée trop paresseuse, et rien ne les émeut ; ils ont beau regarder toutes les beautés du monde sensible, ses proportions, sa régularité et le spectacle qu'offrent les astres malgré leur

1. Le problème de la présence de l'être universel dans le monde sensible forme l'objet d'*Enn.*, VI 4 et 5.

2. On trouve le même reproche sous la même forme au début du traité *sur la Providence* (III 2).

3. Pour cette description, voir *Phèdre*, 251 e.

καὶ τοὺς γενομένους γινώσκει, ἵνα διακρίνῃ ἀπ' ἐκείνων αὐτούς. Πᾶσιν οὖν παρέσται καὶ ἔσται ἐν τῷ κόσμῳ τῷδε, ὅστις ὁ τρόπος· ὥστε καὶ μεθέξει αὐτοῦ ὁ κόσμος. Εἰ δὲ ἄπεστι τοῦ κόσμου, καὶ ὑμῶν ἀπέσται, καὶ οὐδ' ἂν ἔχοιτέ τι λέγειν περὶ αὐτοῦ οὐδὲ τῶν μετ' αὐτόν. Ἀλλ' εἴτε ὑμῖν πρόνοιά τις ἔρχεται ἐκεῖθεν, εἴτε ὅ τι βούλεσθε, ἀλλ ὅ γε κόσμος ἐκεῖθεν ἔχει καὶ οὐκ ἀπολέλειπται οὐδ' ἀπολειφθήσεται. Πολὺ γὰρ μᾶλλον τῶν ὅλων ἢ τῶν μερῶν ἡ πρόνοια καὶ ἡ μέθεξις κἀκείνης τῆς ψυχῆς πολὺ μᾶλλον· δηλοῖ δὲ καὶ τὸ εἶναι καὶ τὸ ἐμφρόνως εἶναι. Τίς γὰρ οὕτω τεταγμένος ἢ ἔμφρων τῶν ὑπερφρονούντων ἀφρόνως, ὡς τὸ πᾶν; Ἢ παραβάλλειν καὶ γελοῖον καὶ πολλὴν τὴν ἀτοπίαν ἔχει, καὶ ὅ γε μὴ τοῦ λόγου ἕνεκα παραβάλλων οὐκ ἔξω ἂν τοῦ ἀσεβεῖν γενοιτο, καὶ οὐδὲ τὸ ζητεῖν περὶ τούτων ἔμφρονος, ἀλλὰ τυφλοῦ τινος καὶ παντάπασιν οὔτε αἴσθησιν οὔτε νοῦν ἔχοντος καὶ πόρρω τοῦ νοητὸν κόσμον ἰδεῖν ὄντος, ὃς εἰς τοῦτον οὐ βλέπει. Τίς γὰρ ἂν μουσικὸς ἀνὴρ εἴη, ὃς τὴν ἐν νοητῷ ἁρμονίαν ἰδὼν οὐ κινήσεται τῆς ἐν φθόγγοις αἰσθητοῖς ἀκούων; Ἢ τίς γεωμετρίας καὶ ἀριθμῶν ἔμπειρος, ὃς τὸ σύμμετρον καὶ ἀνάλογον καὶ τεταγμένον ἰδὼν δι' ὀμμάτων οὐχ ἥσθήσεται; Εἴπερ οὐχ ὁμοίως τὰ αὐτὰ βλέπουσιν οὐδὲ ἐν ταῖς γραφαῖς οἱ δι' ὀμμάτων τὰ τῆς τέχνης βλέποντες, ἀλλ' ἐπιγιγνώσκοντες μίμημα ἐν τῷ αἰσθητῷ τοῦ ἐν νοήσει κειμένου οἷον θορυβοῦνται καὶ εἰς ἀνάμνησιν ἔρχονται τοῦ ἀληθοῦς· ἐξ οὗ δὴ πάθους καὶ κινοῦνται οἱ ἔρωτες. Ἀλλ' ὁ μὲν ἰδὼν κάλλος ἐν προσώπῳ εὖ μεμιμημένον φέρεται ἐκεῖ, ἀργὸς δέ τις οὕτως ἔσται τὴν γνώμην καὶ εἰς οὐδὲν ἄλλο κινήσεται, ὥστε ὁρῶν σύμπαντα μὲν τὰ ἐν αἰσθητῷ κάλλη, σύμπασαν δὲ συμμετρίαν καὶ τὴν μεγάλην εὐταξίαν ταύτην καὶ τὸ ἐμφαινόμενον ἐν τοῖς ἄστροις εἶδος καὶ πόρρωθεν οὖσιν

36 καὶ omis. BEF Ciz Darm. || 38 τὸν post. τοῦ ins. Kirchhoff || 39 εἰς τοῦτον Müller : εἰς τοῦτο C τοῦτον ABEF || 45 τὰ τῆς Kirchhoff : τῶν τῆς codd.

éloignement, ils ne songeront pas, saisis d'un respect religieux, à dire : « Que c'est beau, et de quelle beauté doit venir leur beauté » ! C'est qu'ils n'ont ni compris les choses sensibles, ni vu les êtres intelligibles.

17 Cette haine pour la nature corporelle vient-elle en eux de ce qu'ils ont entendu Platon reprocher si souvent au corps d'être un obstacle pour l'âme et dire que tout corps est d'une nature inférieure [1] ? Mais qu'ils enlèvent par la pensée à l'univers son enveloppe corporelle, et qu'ils voient ce qui reste : cette sphère intelligible qui contient en elle la forme du monde, ces âmes qui lui donnent, sans qu'il y ait de corps, une grandeur bien proportionnée, en l'étendant dans l'espace conformément à son modèle intelligible autant qu'il faut pour qu'il y ait égalité de grandeur entre le monde produit et la puissance inétendue de son modèle ; car la grandeur intelligible consiste dans la puissance, et la grandeur sensible dans l'étendue. Et qu'on veuille bien concevoir cette sphère du monde comme mobile et animée d'un mouvement circulaire par la puissance d'un dieu qui en contient le commencement, le milieu et la fin, ou au contraire comme immobile, parce que la puissance divine, occupée ailleurs, ne la gouverne pas encore, on aura une idée juste de l'âme qui gouverne cet univers. Qu'on place maintenant le corps en une âme impassible qui donne aux autres êtres ce que chacun d'eux peut recevoir d'elle (car il n'est point permis d'attribuer l'envie aux dieux) ; on aura une idée juste du monde en donnant à son âme autant de puissance qu'il faut pour faire participer à la beauté, autant que faire se peut, la nature corporelle qui n'est pas belle d'elle-même ; c'est aussi cette beauté qui meut les âmes, parce qu'elles sont divines.

S'ils disaient que tout cela ne les ébranle pas et qu'ils voient avec une égale indifférence un beau corps et un laid, alors ils voient avec autant d'indifférence la laideur ou la beauté des occupations, et par conséquent la beauté des sciences, celle de la contemplation, et celle de Dieu. Car les beautés inférieures viennent de la beauté primitive. Si celles-là n'existent pas, celle-ci n'existe pas non plus ; donc après l'une viennent les autres.

1. Allusion très générale et vague à la doctrine du *Phédon*.

οὐκ ἐντεῦθεν ἐνθυμηθήσεται, καὶ σέβας αὐτὸν λαμβάνει, οἷα ἀφ' οἵων; Οὐκ ἄρα οὔτε ταῦτα κατενόησεν, οὔτε ἐκεῖνα εἶδεν.

17 Καίτοι, εἰ καὶ μισεῖν αὐτοῖς ἐπῄει τὴν τοῦ σώματος φύσιν, διότι ἀκηκόασι Πλάτωνος πολλὰ μεμψαμένου τῷ σώματι οἷα ἐμπόδια παρέχει τῇ ψυχῇ, καὶ πᾶσαν τὴν σωματικὴν φύσιν εἶπε χείρονα, ἐχρῆν ταύτην περιελόντας τῇ διανοίᾳ ἰδεῖν τὸ λοιπόν, σφαῖραν νοητὴν τὸ ἐπὶ τῷ κόσμῳ εἶδος ἐμπεριέχουσαν, ψυχὰς ἐν τάξει, ἄνευ τῶν σωμάτων μέγεθος δούσας κατὰ τὸ νοητὸν εἰς διάστασιν προαγαγούσας, ὡς τῷ μεγέθει τὸ γενόμενον τῷ ἀμερεῖ τῷ τοῦ παραδείγματος εἰς δύναμιν ἐξισωθῆναι· τὸ γὰρ ἐκεῖ μέγα ἐν δυνάμει ἐνταῦθα ἐν ὄγκῳ. Καὶ εἴτε κινουμένην ταύτην τὴν σφαῖραν ἐβούλοντο νοεῖν περιαγομένην ὑπὸ θεοῦ δυνάμεως ἀρχὴν καὶ μέσα καὶ τέλος τῆς πάσης ἔχοντος, εἴτε ἑστῶσαν ὡς οὔπω καὶ ἄλλο τι διοικούσης, καλῶς ἂν εἶχεν εἰς ἔννοιαν τῆς τόδε τὸ πᾶν ψυχῆς διοικούσης. Ἐνθέντας δὲ ἤδη καὶ τὸ σῶμα αὐτῇ, ὡς οὐδὲν ἂν παθούσης, δούσης δὲ ἑτέρῳ, ὅτι μὴ θέμις φθόνον ἐν τοῖς θεοῖς εἶναι, ἔχειν, εἴ τι δύναται λαμβάνειν ἕκαστα, οὕτως αὐτοὺς διανοεῖσθαι κατὰ κόσμου τοσοῦτον διδόντας τῇ τοῦ κόσμου ψυχῇ δυνάμεως, ὅσῳ τὴν σώματος φύσιν οὐ καλὴν οὖσαν ἐποίησεν ὅσον ἦν αὐτῇ καλλύνεσθαι μετέχειν κάλλους· ὃ καὶ αὐτὸ τὰς ψυχὰς θείας οὔσας κινεῖ. Εἰ μὴ ἄρα αὐτοὶ φαῖεν μὴ κινεῖσθαι, μηδὲ διαφόρως αἰσχρὰ καὶ καλὰ ὁρᾶν σώματα· ἀλλ' οὕτως οὐδὲ αἰσχρὰ καὶ καλὰ ἐπιτηδεύματα οὐδὲ καλὰ μαθήματα, οὐδὲ θεωρίας τοίνυν· οὐδὲ θεὸν τοίνυν. Καὶ γὰρ διὰ τὰ πρῶτα ταῦτα. Εἰ οὖν μὴ ταῦτα, οὐδὲ ἐκεῖνα· μετ' ἐκεῖνα τοίνυν ταῦτα καλά.

54 καὶ σέβας αὐτων λαμβάνει delev. Müller.

17 7 κατὰ τὸ : καὶ τὸ Kirchhoff || 8 τὸ γενόμενον Kirchhoff : τοῦ γενομένου codd. || 18 κατὰ κόσμου τοσοῦτον Heigl : κατὰ κόσμον τοσούτῳ codd.

En prétendant mépriser les beautés d'ici-bas, ils feraient bien s'ils méprisaient celle des jeunes garçons et des femmes ; ainsi ils vaincraient l'incontinence. Mais sachez-le, ils ne se vanteraient pas, s'ils méprisaient la laideur ; ils se vantent de mépriser ce qu'ils avaient d'abord jugé beau. Quel sentiment les inspire donc ? Car il faut savoir ensuite que la beauté d'une partie n'est point celle de l'ensemble ; celle de chaque être n'est pas celle de l'univers ; mais il y a, dans les êtres sensibles et particuliers, des beautés, telles que celle des démons, qui nous font admirer leur auteur et nous font croire qu'elles viennent de l'au delà ; d'après elles, nous apprécions l'immensité de la beauté intelligible ; nous ne nous fixons certes pas à ces beautés sensibles ; mais nous allons de ces beautés à la beauté intelligible, et nous ne les outrageons pas[1]. Et si elles ont aussi la beauté intérieure, c'est que l'intérieur répond à l'extérieur ; si elles sont laides intérieurement, elles sont inférieures en ce qu'elles ont de meilleur. Mais il n'est pas possible qu'un être réellement beau à l'extérieur ait une âme laide ; l'extérieur ne peut alors être complètement beau, puisque l'intérieur le domine. Les gens prétendus beaux, qui ont une âme laide, ont une fausse beauté extérieure. Si l'on dit qu'on connaît des gens réellement beaux avec une âme laide, c'est, je pense, qu'on n'a pas vu d'hommes réellement beaux et qu'on en prend d'autres pour eux ; ou alors, leur laideur intérieure leur est surajoutée, et ils ont une nature foncièrement belle ; mais bien des obstacles, ici-bas, empêchent la nature d'aboutir à sa perfection. Mais si l'univers est beau, qu'est-ce qui pourrait l'empêcher de posséder aussi la beauté intérieure ? Les êtres à qui la nature n'a pas donné d'arriver dès le début à leur point d'achèvement, peuvent sans doute ne pas aboutir à leur fin, et il peut leur arriver d'être mauvais. Mais l'univers n'a jamais été comme un enfant en bas âge, à qui s'ajouteraient progressivement des parties pour constituer son corps. Et d'où viendraient ces parties, puisqu'il comprend toutes choses ? Il n'y a pas non plus de formation progressive de l'âme. Et si même on accordait ce point à nos adversaires, les éléments qui la forment n'ont rien de mauvais.

1. La dialectique du *Banquet* (210 a) reste donc indispensable pour atteindre le monde intelligible.

Ἀλλ᾽ ὅταν λέγωσι καταφρονεῖν τοῦ τῇδε κάλλους, καλῶς ἂν ποιοῖεν τοῦ ἐν παισὶ καὶ γυναιξὶ καταφρονοῦντες, ὡς μὴ εἰς ἀκολασίαν ἡττᾶσθαι. Ἀλλ᾽ εἰδέναι δεῖ, ὅτι οὐκ ἂν σεμνύνοιντο, εἰ αἰσχροῦ καταφρονοῖεν, ἀλλ᾽ ὅτι καταφρονοῦσι πρότερον εἰπόντες καλόν· καὶ πῶς διατεθέντες ; Ἔπειτα, ὅτι οὐ ταὐτὸν κάλλος ἐπὶ μέρει καὶ ὅλῳ καὶ πᾶσι καὶ παντί· εἶθ᾽ ὅτι ἔστι τὰ τοιαῦτα κάλλη καὶ ἐν αἰσθητοῖς καὶ τοῖς ἐν μέρει, οἷα δαιμόνων, ὡς θαυμάσαι τὸν πεποιηκότα καὶ πιστεῦσαι, ὡς ἐκεῖθεν, καὶ ἐντεῦθεν ἀμήχανον τὸ ἐκεῖ κάλλος εἰπεῖν, οὐκ ἐχόμενον τούτων, ἀλλ᾽ ἀπὸ τούτων ἐπ᾽ ἐκεῖνα ἰόντα, μὴ λοιδορούμενον δὲ τούτοις· καὶ εἰ μὲν καὶ τὰ ἔνδον καλά, σύμφωνα ἀλλήλοις εἶναι λέγειν· εἰ δὲ τὰ ἔνδον φαῦλα, τοῖς βελτίοσιν ἠλαττῶσθαι. Μήποτε δὲ οὐδὲ ἔστιν ὄντως τι καλὸν ὂν τὰ ἔξω αἰσχρὸν εἶναι τὰ ἔνδον· οὐ γὰρ τὸ ἔξω πᾶν καλὸν κρατήσαντός ἐστι τοῦ ἔνδον. Οἱ δὲ λεγόμενοι καλοὶ τἄνδον αἰσχροὶ ψεῦδος καὶ τὸ ἔξω κάλλος ἔχουσιν. Εἰ δέ τις φήσει ἑωρακέναι καλοὺς ὄντως ὄντας, αἰσχροὺς δὲ τἄνδον, οἶμαι μὲν αὐτὸν μὴ ἑωρακέναι, ἀλλ᾽ ἄλλους εἶναι νομίζειν τοὺς καλούς· εἰ δ᾽ ἄρα, τὸ αἰσχρὸν αὐτοῖς ἐπίκτητον εἶναι καλοῖς τὴν φύσιν οὖσι· πολλὰ γὰρ ἐνθάδε τὰ κωλύματα εἶναι ἐλθεῖν εἰς τέλος. Τῷ δὲ παντὶ καλῷ ὄντι τί ἐμπόδιον ἦν εἶναι καλῷ καὶ τἄνδον ; Καὶ μὴν οἷς μὴ τὸ τέλειον ἀπέδωκεν ἐξ ἀρχῆς ἡ φύσις, τούτοις τάχ᾽ ἂν οὐκ ἐλθεῖν εἰς τέλος γένοιτο, ὥστε καὶ φαύλοις ἐνδέχεσθαι γενέσθαι, τῷ δὲ παντὶ οὐκ ἦν ποτε παιδὶ ὡς ἀτελεῖ εἶναι οὐδὲ προσεγίνετο αὐτῷ προιόντι ⟨τι⟩ καὶ προσετίθετο εἰς σῶμα. Πόθεν γάρ ; Πάντα γὰρ εἶχεν. Ἀλλ᾽ οὐδὲ εἰς ψυχὴν πλάσειεν ἄν τις. Εἰ δ᾽ ἄρα τοῦτό τις αὐτοῖς χαρίσαιτο, ἀλλ᾽ οὐ κακόν τι.

31 καλόν · καὶ πῶς διατεθέντες : καλὸν κακῶς διατεθέντες Kirchhoff || 40 μήποτε BC Mon. A Ciz : μηδέποτε AEF || 53 <τι> Heigl Kirchhoff.

18 Leur doctrine, diront-ils peut-être, nous éloigne du corps et nous donne de la haine pour lui, tandis que la nôtre retient l'âme auprès de lui. C'est comme si deux hommes habitaient une belle maison ; l'un critique la construction et il reste pourtant dans la maison ; l'autre ne critique pas ; il dit que l'architecte l'a bâtie avec beaucoup d'art ; et il attend que vienne le temps où il s'en ira et où il n'aura plus besoin de maison. Le premier pense être le plus sage et le mieux préparé à partir, parce qu'il sait nous dire que les murailles sont faites de pierres sans vie et de bois, et qu'elles sont loin de valoir celles de la maison véritable ; il ne sait pas qu'il se distingue du second, en ne supportant pas les nécessités de sa condition ; aussi bien, on ne s'irrite pas contre elles quand on aime paisiblement la beauté des pierres. Tant que l'on a un corps, il faut demeurer en des maisons construites par une âme bonne et sœur de la nôtre [1], qui a le pouvoir de bâtir sans peine. Voilà des gens qui ne dédaignent pas d'appeler frères les hommes les plus vils ; mais ils ne daignent pas donner ce nom au soleil, aux astres du ciel et pas même à l'âme du monde, tellement leur langage s'égare. C'est que les méchants n'ont pas droit à cette parenté ; il faut pour cela être devenu bon, ne plus être un corps, mais une âme dans un corps, et pouvoir résider dans son corps de manière à être plus proche du séjour de l'âme universelle dans le corps de l'univers ; c'est-à-dire qu'il ne faut pas heurter les objets, ni se plier aux impressions extérieures agréables de la vue ou des autres sens [2], ni se troubler de la dureté des événements. L'âme de l'univers, elle, est hors d'atteinte ; et elle n'a rien qui puisse la toucher. Nous, ici-bas, nous subissons des chocs ; repoussons-les avec notre vertu ; amoindrissons-les par les grandes pensées ; n'en soyons même plus frappés grâce à notre force [3]. Ainsi rapprochés des êtres intangibles, nous imi-

1. Voyez, sur ce point, un passage caractéristique, *Ennéade*, IV 3, 6, où l'âme universelle est appelée aussi la sœur de la nôtre ; d'après IV 3, 8, toutes les âmes forment un ensemble systématique.

2. Ce sont les expressions de Platon (*Timée*, 43 b-c), à propos du premier contact de l'âme avec le monde sensible.

3. Ici s'accentuent les traits stoïciens que nous avons relevés plus haut.

18 Ἀλλ' ἴσως φήσουσιν ἐκείνους μὲν τοὺς λόγους φεύγειν τὸ σῶμα ποιεῖν πόρρωθεν μισοῦντας, τοὺς δὲ ἡμετέρους κατέχειν τὴν ψυχὴν πρὸς αὐτῷ. Τοῦτο δὲ ὅμοιον ἂν εἴη, ὥσπερ ἂν εἰ δύο οἶκον καλὸν τὸν αὐτὸν οἰκούντων, τοῦ μὲν ψέγοντος τὴν κατασκευὴν καὶ τὸν ποιήσαντα καὶ μένοντος οὐχ ἧττον ἐν αὐτῷ, τοῦ δὲ μὴ ψέγοντος, ἀλλὰ τὸν ποιήσαντα τεχνικώτατα πεποιηκέναι λέγοντος, τὸν δὲ χρόνον ἀναμένοντος ἕως ἂν ἥκῃ, ἐν ᾧ ἀπαλλάξεται, οὗ μηκέτι οἴκου δεήσοιτο, ὁ δὲ σοφώτερος εἶναι οἴοιτο καὶ ἑτοιμότερος ἐξελθεῖν, ὅτι οἶδε λέγειν ἐκ λίθων ἀψύχων τοὺς τοίχους καὶ ξύλων συνεστάναι καὶ πολλοῦ δεῖν τῆς ἀληθινῆς οἰκήσεως, ἀγνοῶν ὅτι τῷ μὴ φέρειν τὰ ἀναγκαῖα διαφέρει, εἴπερ καὶ μὴ πρὸς ταῦτα δυσχεραίνειν ἀγαπῶν ἡσυχῇ τὸ κάλλος τῶν λίθων. Δεῖ δὲ μένειν μὲν ἐν οἴκοις σῶμα ἔχοντας κατασκευασθεῖσιν ὑπὸ ψυχῆς ἀδελφῆς ἀγαθῆς πολλὴν δύναμιν εἰς τὸ δημιουργεῖν ἀπόνως ἐχούσης. Ἢ ἀδελφοὺς μὲν καὶ τοὺς φαυλοτάτους ἀξιοῦσι προσεννέπειν, ἥλιον δὲ καὶ τοὺς ἐν τῷ οὐρανῷ ἀπαξιοῦσιν ἀδελφοὺς λέγειν οὐδὲ τὴν κόσμου ψυχὴν στόματι μαινομένῳ; Φαύλους μὲν οὖν ὄντας οὐ θεμιτὸν εἰς συγγένειαν συνάπτειν, ἀγαθοὺς δὲ γενομένους καὶ μὴ σώματα ὄντας, ἀλλὰ ψυχὰς ἐν σώμασι καὶ οὕτως οἰκεῖν δυναμένους ἐν αὐτοῖς, ὡς ἐγγυτάτω εἶναι οἰκήσεως ψυχῆς τοῦ παντὸς ἐν σώματι τῷ ὅλῳ. Ἔστι δὲ τοῦτο τὸ μὴ κρούειν, μηδὲ ὑπακούειν τοῖς ἔξωθεν προσπίπτουσιν ἡδέσιν ἢ δρωμένοις, μηδ' εἴ τι σκληρόν, ταράττεσθαι. Ἐκείνη μὲν οὖν οὐ πλήττεται· οὐ γὰρ ἔχει ὑπὸ τοῦ· ἡμεῖς δὲ ἐνθάδε ὄντες ἀρετῇ τὰς πληγὰς ἀπωθοίμεθ' ἂν ἤδη ὑπὸ μεγέθους γνώμης τὰς μὲν ἐλάττους, τὰς δὲ οὐδὲ πληττούσας ὑπὸ ἰσχύος γενομένας. Ἐγγὺς δὲ γενόμενοι τοῦ

18 8 ἥκῃ BC Ciz Mon. A : ἥκοι AE (ex correct.) F || 12 τῷ μὴ : τὸ μὴ C Ciz Vat. || 13 πρὸς ταῦτα δυσχεραίνειν conieci : ποιεῖται δυσχεραίνειν codd. δυσχεραίνων πορεύεται ὁ Creuzer ποιεῖ ταῦτα δυσχεραίνων ἀλλ' Vitringa || 15 μὲν om. Ciz : μὴν Heigl.

terons l'âme de l'univers et celles des astres ; venus si près d'elles, allons jusqu'au même point qu'elles ; alors nous contemplerons les mêmes objets qu'elles, parce que nous aussi nous y serons bien préparés, grâce à notre nature et à notre effort ; pour elles, elles possèdent ces objets dès le principe. S'ils prétendent être les seuls à pouvoir contempler, ils n'y gagnent rien, pas plus qu'à prétendre pouvoir sortir de leur corps après la mort, tandis que les âmes des astres continuent sans fin à gouverner le monde. C'est qu'ils ne savent pas ce que veut dire *être hors du corps* et qu'ils ignorent comment l'âme universelle gouverne l'ensemble des êtres sans âme. Il est donc permis de ne pas s'attacher au corps, d'être pur, de mépriser la mort, de connaître les êtres supérieurs et de les rechercher, sans porter envie aux autres êtres qui peuvent les rechercher et les recherchent éternellement, sans dire qu'ils en sont incapables et sans tomber dans le sentiment de ceux qui croient que les astres ne bougent pas, parce que nous les percevons immobiles. Ils ne croient pas eux-mêmes saisir la nature des astres en contemplant leur extérieur, puisqu'ils ne voient pas leurs âmes à l'extérieur.

ἀπλήκτου μιμοίμεθ' ἂν τὴν τοῦ σύμπαντος ψυχὴν καὶ τὴν τῶν ἄστρων, εἰς ἐγγύτητα δὲ ὁμοιότητος ἐλθόντες σπεύδοιμεν ἂν πρὸς τὸ αὐτὸ καὶ τὰ αὐτὰ ἂν ἐν θέᾳ καὶ ἡμῖν εἴη ἅτε καλῶς καὶ αὐτοῖς παρεσκευασμένοις φύσεσι καὶ ἐπιμελείαις· τοῖς δὲ ἐξ ἀρχῆς ὑπάρχει. Οὐδέ, εἰ μόνοι λέγοιεν θεωρεῖν δύνασθαι, πλέον ἂν θεωρεῖν αὐτοῖς γίγνοιτο, οὐδ' ὅτι αὐτοῖς φασιν εἶναι ἐξελθεῖν ἀποθανοῦσι, τοῖς δὲ μή, ἀεὶ τὸν οὐρανὸν κοσμοῦσιν· ἀπειρίᾳ γὰρ ἂν τοῦ ἔξω ὅ τι ποτέ ἐστι τοῦτο ἂν λέγοιεν καὶ τοῦ ὃν τρόπον ψυχὴ παντὸς ἐπιμελεῖται ἡ ὅλη τοῦ ἀψύχου. Ἔξεστιν οὖν καὶ μὴ φιλοσωματεῖν καὶ καθαροῖς γίνεσθαι καὶ τοῦ θανάτου καταφρονεῖν καὶ τὰ ἀμείνω εἰδέναι κἀκεῖνα διώκειν καὶ τοῖς ἄλλοις τοῖς δυναμένοις διώκειν καὶ διώκουσιν ἀεὶ μὴ φθονεῖν ὡς οὐ διώκουσι, μηδὲ ταὐτὸ πάσχειν τοῖς οἰομένοις τὰ ἄστρα μὴ θεῖν, ὅτι αὐτοῖς ἡ αἴσθησις ἑστάναι αὐτὰ λέγει. Διὰ τοῦτο γὰρ καὶ αὐτοὶ οὐκ οἴονται τὰ ἔξω βλέπειν τὴν τῶν ἄστρων φύσιν, ὅτι οὐχ ὁρῶσι τὴν ψυχὴν αὐτῶν ἔξωθεν οὖσαν.

47 βλέποντες post ἔξω coniecerim.

TABLE DES MATIÈRES

*Ce volume,
le dix-neuvième
de la série grecque
de la Collection des Universités de France,
publié aux Éditions Les Belles Lettres,
a été achevé d'imprimer
en juin 2023
sur les presses
de La Manufacture Imprimeur
52205 Langres Cedex, France*

*N° d'édition : 10588
N° d'impression : 230452
Dépôt légal : juin 2023*